HISTÓRIAS NÃO (OU MAL) CONTADAS
· REVOLTAS, GOLPES E REVOLUÇÕES NO BRASIL ·

RODRIGO TRESPACH

HISTÓRIAS NÃO (OU MAL) CONTADAS
• REVOLTAS, GOLPES E REVOLUÇÕES NO BRASIL •

Rio de Janeiro, 2019

Copyright © 2017 por Rodrigo Trespach
Todos os direitos desta publicação são reservados por Casa dos Livros Editora LTDA.

Diretor editorial	*Omar de Souza*
Gerente editorial	*Renata Sturm*
Assistente editorial	*Marina Castro*
Estagiário	*Bruno Leite*
Copidesque	*Opus Editorial*
Revisão	*Tania Lopes*
Projeto gráfico de capa	*Rafael Brum*
Projeto gráfico de miolo	*Rafael Nobre*
Diagramação	*Katia Regina*
Aberturas de capítulo	*Rafael Nobre e Cadu França*
Ilustrações	*Luís Ernesto de Morais*

Os pontos de vista desta obra são de responsabilidade de seus autores, não refletindo necessariamente a posição da HarperCollins Brasil, da HarperCollins Publishers ou de sua equipe editorial.

HarperCollins Brasil é uma marca licenciada à Casa dos Livros Editora LTDA.
Todos os direitos reservados à Casa dos Livros Editora LTDA.
Rua da Quitanda, 86, sala 218 — Centro
Rio de Janeiro, RJ — CEP 20091-005
Tel.: (21) 3175-1030
www.harpercollins.com.br

CIP-BRASIL. CATALOGAÇÃO NA PUBLICAÇÃO
SINDICATO NACIONAL DOS EDITORES DE LIVROS, RJ

T73h

    Trespach, Rodrigo
    Histórias não (ou mal) contadas: revoltas, golpes e revoluções no Brasil / Rodrigo Trespach. - 1. ed. - Rio de Janeiro : Harper Collins , 2017.
    256 p. : il.

    ISBN 9788569514176

    1. História do Brasil. I. Título.

17-44959	CDD: 981
	CDU: 94 (81)

A todos os brasileiros.

"Há mais ídolos do que realidades no mundo."
Friedrich Nietzsche

"A democracia no Brasil foi sempre um lamentável mal-entendido."
Sérgio Buarque de Holanda

SUMÁRIO

Apresentação   10

1. CONJURAÇÃO DE RICOS ENDIVIDADOS   *13*

2. (DES)ARRANJO POLÍTICO   *31*

3. QUANDO A NAÇÃO DISPENSA A LEI   *49*

4. CAMÉLIAS BRANCAS   *65*

5. AO SOM DA MARSELHESA   *85*

6. PEDREIROS LIVRES   *105*

7. MULHERES DO BRASIL   *125*

8. TENENTES, VERMELHOS E GALINHAS VERDES   *145*

9. A ESFINGE DOS PAMPAS   *169*

10. A DEMOCRACIA ESTRAÇALHADA   *193*

11. IMPEDIDOS   *219*

Bibliografia de referência   *237*

Notas   *245*

APRESENTAÇÃO

Histórias não (ou mal) contadas: revoltas, golpes e revoluções no Brasil surgiu com a ideia de tentar contar, de forma direta e sucinta, o que de mais importante ocorreu no Brasil ao longo dos últimos dois séculos. Um recorte histórico que pode ajudar a entender por que uma das principais nações do mundo ainda patina na própria incompetência: corrupção e trapaça na política nacional não nasceram ontem.

Uma boa parte da população brasileira ainda é "herdeira" do golpe de 1964 — a história recente do Brasil. A memória popular e o conhecimento da história política dificilmente vão além da Era Vargas. A ação militar que derrubou o presidente João Goulart não foi a única, mas última (assim esperamos!) de uma série de intervenções militares na sempre frágil democracia brasileira. Não foram poucas as vezes que as armas falaram mais alto do que as urnas ao longo da história do país.

O mais popular presidente do Brasil surgiu para a política nacional com um golpe apoiado pelos militares. Getúlio Vargas derrubou um presidente democraticamente eleito, depois deu outro golpe no próprio governo constitucional que havia estabelecido. Ele mesmo foi apeado do poder por pressão militar ao fim da Segunda Guerra Mundial e só não foi derrubado uma segunda vez por militares porque cometeu suicídio antes. De 1954 a 1964 o Brasil viveu uma constante ameaça de golpes. Em 1955, a legalidade foi garantida por um general; em 1961, pela coragem de um governador.

Ao longo de sua história como país soberano, o Brasil teve oito Constituições (1824, 1891, 1934, 1937, 1946, 1967, 1969 e 1988) e apenas em uma delas, a última, os redatores estiveram longe da pressão dos fuzis. Talvez, querendo ser mais otimista, pudéssemos incluir a de 1891, a de 1934 e a de 1946, mas, ainda assim, essas três surgiram depois de golpes ou da influência direta de militares na política. A mais antiga, a de 1824, nasceu do primeiro golpe brasileiro, quando do D. Pedro I fechou a Assembleia Constituinte e outorgou a própria Constituição.

A República Velha foi mais civil e também menos golpista. Mas, de todo modo, menos democrática, mais corrupta; marcada por fraudes eleitorais vergonhosas. Motivo das revoltas da década de 1920, foi berço de quase todos os líderes políticos que influenciariam o Brasil nos 50 anos seguintes.

Como observou o sociólogo Sérgio Buarque de Holanda, "a grande revolução brasileira não é um fato que se registrasse em um instante preciso". As "revoluções" no Brasil sempre foram "lentas e graduais". Demais! A abolição veio tarde, quando o século XX já se anunciava, e embora D. Pedro II tenha sido um dos mais exemplares e honestos políticos brasileiros, senão o maior, a monarquia caiu quando já estava decrépita.

Enfim, o que se pode aprender com os quase 130 anos de República ou com os últimos dois séculos de revoltas, golpes e revoluções?

Histórias não (ou mal) contadas: revoltas, golpes e revoluções no Brasil não pretende narrar, de forma completa, a história política do Brasil, muito menos ser base para biografias de políticos brasileiros. Seria demasiada pretensão. Ao longo de mais de 500 anos, a história do Brasil esteve repleta de movimentos populares (motins, rebeliões, revoltas e insurreições) com os mais variados interesses. Pouco mais de 30 desses movimentos tiveram significativa importância política, social ou econômica. Se incluirmos na lista os conflitos de caráter colonial, as inúmeras revoltas escravas, indígenas, militares e religiosas e as manifestações de rua e greves gerais, o número pode facilmente chegar a duas centenas. Quem disse que o brasileiro é acomodado?

Desejo apenas que o brasileiro seja estimulado a conhecer um pouco mais a própria história e que isso sirva de reflexão.

RODRIGO TRESPACH
Osório, 7 de setembro de 2017.

1. CONJURAÇÃO DE RICOS ENDIVIDADOS

A Inconfidência Mineira é considerada o mais importante movimento brasileiro de independência no período colonial, e teve no alferes Joaquim José da Silva Xavier sua maior expressão. Mas Tiradentes estava longe de ser o pobre coitado que os livros de história apresentam. Os conjurados mineiros faziam parte da rica, corrupta e endividada elite colonial.

Na manhã de sábado, 21 de abril de 1792, o carrasco Jerônimo Capitânia se dirigiu à cela da cadeia pública em que estava o prisioneiro Joaquim José da Silva Xavier.[1] Como era de praxe, o executor negro pediu-lhe perdão, pois cumpria o que ordenava a lei. Enquanto Capitânia amarrava-o, Tiradentes beijou-lhe os pés. O carrasco, então, deixou escapar uma lágrima. Pouco depois das 8 horas, o prisioneiro começou a caminhada até seu destino final. Da prisão (local onde hoje está localizado o Palácio Tiradentes, sede da Assembleia Legislativa do Estado do Rio de Janeiro) ao patíbulo instalado no Campo de São Domingos (atual cruzamento da Rua Senhor dos Passos com a Avenida Passos), o prisioneiro andou acompanhado por soldados, nove franciscanos e uma multidão de curiosos. Com a cabeça e a barba raspadas, vestindo a túnica branca dos condenados e tendo um crucifixo entre as mãos, Tiradentes subiu ao cadafalso junto ao frei Raimundo de Penaforte, encarregado de lhe dar conforto espiritual. Enquanto a corda era ajustada em seu pescoço, pediu ao carrasco que lhe abreviasse o sofrimento. Depois, não houve tempo para muita coisa: quando o alçapão se abriu e o corpo magro ficou dependurado pela corda, Capitânia jogou-se sobre ele para que a morte fosse rápida. Eram 11h20.

TIRA-DENTES

Os pintores Décio Villares, Aurélio de Figueiredo, Eduardo Sá e Pedro Américo eternizaram um Tiradentes de barba farta e cabelos longos. Na tela de Américo, *Tiradentes Esquartejado* (1893), de longe a mais conhecida, todos os elementos mítico-religiosos estão presentes. A cabeça, com incrível semelhança à de Jesus Cristo, está junto de um grande crucifixo, e o corpo esquartejado está disposto em um cadafalso em forma de altar como se ofertado em martírio pela liberdade. A disposição do corpo lembra o próprio mapa do Brasil. Alguns historiadores enxergam Américo como responsável por criar uma imagem que atendia as expectativas do novo regime, o republicano, então carente de heróis. Parece pouco provável. Mesmo na época em que foi pintado, o quadro não agradou à crítica; o corpo morto, espedaçado, não transmitia o herói que os republicanos esperavam ver nele. Muito pelo contrário, parecia mais uma obra religiosa do que política.

Apesar dos raros testemunhos sobre sua aparência, a verdade, no entanto, é que ele não usava barba. Como militar, o máximo que lhe seria permitido era usar bigodes, "à moda francesa", com pontas que desciam ao redor da boca. Na época, o costume geral masculino era manter o rosto raspado, e as navalhas que foram encontradas na casa de Tiradentes e na cadeia atestam que ele tinha o costume de se barbear. O tenente-coronel Basílio de Brito Malheiro revelou uma característica do alferes, mas nada esclarecedora: "cabelos brancos". Os poetas Alvarenga Peixoto e Cláudio Manoel da Costa foram ainda menos precisos: "feio", de "olhar espantado", "anda feito corta-vento". E o amigo e também alferes Matias Sanches Brandão o descreveu apenas como "rústico e atroado".

A aparência física é apenas uma parte da imagem mítica criada em torno de Tiradentes. Filho de pai português e mãe brasileira, o alferes pertencia à elite colonial e passava longe de ser o joão-ninguém retratado pela maioria dos livros de história. Nascido na Fazenda Pombal, hoje no município de Ritápolis e na época pertencente a São João del-Rei, Tiradentes foi batizado na freguesia de São Sebastião do Rio Abaixo em 12 de novembro de 1746. A fazenda da família não era pequena. A sede tinha dois pavimentos e um oratório particular. Havia senzala, cozinhas coletivas e 35 escravos que trabalhavam na mineração, um número considerável para os padrões da economia mineira da época.[2] O pai, Domingos da Silva Santos, servia como fiscal de pesos, medidas e preços na Câmara de São José del-Rei (hoje Tiradentes) e também atuara como Procurador dos Reais Quintos, no Arraial do Bichinho. A mãe faleceu quando Tiradentes tinha nove anos de idade — ele recebeu considerável quantia em herança, mais de 965 mil réis.

Em 1761, quando perdeu também o pai, dois irmãos mais velhos eram seminaristas em Mariana. O fato de terem sido aceitos para o sacerdócio é prova do status de elite: a família precisou provar não ter antecedentes negros, mulatos ou judeus. Órfão aos 15 anos, Tiradentes ficou aos cuidados de seu tio e padrinho Sebastião Ferreira Leitão, cirurgião-dentista que também possuía lavras de mineração. Ele trabalhou na fazenda da família até próximo dos 20 anos, quando comprou mulas, escravos e tornou-se tropeiro e mascate, fazendo frequentes viagens entre São João del-Rei, Vila Rica (hoje Ouro Preto) e o Rio de Janeiro, o norte de Minas e o sul da Bahia. Como aprendera com o tio a "pôr e tirar dentes", também atuava como dentista prático sempre que surgia a oportunidade. Tinha ainda "alguma inteligência de curativo" com plantas medicinais, influência de seu primo-irmão, frei José Mariano Velloso, que viria a ser um dos mais respeitados botânicos do país. Perambulou pelo sertão por quase dez anos até se alistar no recém-criado Regimento de Cavalaria de Minas Gerais, em dezembro de 1775. Como na época não havia escolas militares, os efetivos eram alistados entre a população civil e a seleção era feita conforme a posição social. Com bons antecedentes, Tiradentes foi engajado como alferes (o que hoje seria segundo-tenente). Entre 1777 e 1780, serviu no Rio de Janeiro e em Sete Lagoas.

Em 1781, Tiradentes foi nomeado comandante do destacamento do Caminho Novo (depois Caminho do Meneses), na Serra da Mantiqueira, com a finalidade de construir uma nova estrada entre Vila Rica e o Rio de Janeiro. Ao perceber que os rios e córregos estavam cheios de riquezas minerais, pediu autorização para explorar 80 jazidas. Recebeu o direito de explorar 43 delas (localizadas no Porto do Meneses e nos córregos da Vargem e do Convento). Enquanto explorava a área, construía a estrada. Em 1783, escreveu uma carta ao governador detalhando as missões que efetuara para perseguir e prender bandidos salteadores que infestavam a região. Nessa época, conheceu e passou a ter contato próximo com o maior fazendeiro de Minas, o futuro inconfidente José Aires Gomes. Por sua notória "inteligência mineralógica", o governador enviou Tiradentes em inúmeras missões de reconhecimento geológico. Em 1789, no entanto, depois de 14 anos de serviços prestados, de difíceis e arriscadas missões cumpridas, Tiradentes ainda era um reles alferes, chacota de todos, "um mariolas". Até colegas de farda menos competentes e mais novos já haviam subido na hierarquia do exército português.

MINAS SEM OURO

A economia mineira do século XVIII tinha como base o latifúndio agrícola e a mineração com trabalho escravo. Em meados da década de 1730, a extração do ouro atingiu seu ápice. Mais de 10 toneladas de ouro saíram de Minas Gerais com destino à metrópole. Era praticamente todo o ouro brasileiro (até o final desse século, aproximadamente 94% das 280 toneladas de ouro enviadas a Portugal sairiam da região). Mas a sociedade mineira não investe em novas formas

A extração do ouro em aluvião, no interior de Minas Gerais, em 1880. Na segunda metade do século XVIII, a principal região aurífera brasileira estava exaurida.
ACERVO DO INSTITUTO MOREIRA SALLES, RJ.

produtivas ou de extração, pelo contrário, esbanja o ouro na construção de igrejas e favorece uma minoria, menos de 5% da população.[3]

A partir da década de 1750 já não se consegue extrair das minas a mesma quantidade que era obtida com o ouro em aluvião, a fonte inicial que enriquecera a capitania e enchera os cofres de Portugal. Surge, então, um problema para se resolver: o pagamento do quinto, os 20% em impostos que eram destinados à Coroa. Portugal acredita em sonegação e contrabando, e que ouro existiria em quantidade infinita. De fato, a colônia sonega e contrabandeia — principalmente durante a despótica e corrupta administração de Luís da Cunha Meneses —, mas o ouro está mesmo acabando. Em 1784, a extração havia caído para pouco mais de 4,8 mil quilos, contando os últimos quatro anos. Era bem abaixo da arrecadação anual mínima exigida.

Em 1788, Martinho de Melo e Castro, secretário de Estado do Ultramar, exigiu do recém-nomeado governador de Minas que tomasse medidas a fim de cobrar os impostos atrasados: 5.455 contos de réis. Quando Luís Furtado de Mendonça, o visconde de Barbacena, chegou a Vila Rica, estava disposto a declarar a Derrama, o confisco dos bens dos devedores como forma de pagamento do débito junto à Coroa — o que já havia ocorrido em 1762 e 1768.

LIBERDADE, AINDA QUE TARDIA

Tiradentes não era o único insatisfeito com a situação de humilhação que vivia. Os descontentes formavam um grupo heterogêneo: religiosos, militares, comerciantes e juristas; ideólogos, burocratas e endividados; cariocas, paulistas, mineiros e portugueses. Para o historiador João Furtado, não é fácil definir a identidade dos principais interessados na sedição que se organizava para lutar contra a Coroa, tal era a diversidade de suas origens e de suas pretensões.[4] De um modo geral, eram todos brancos da elite colonial, grandes proprietários e ricos em perigo de perderem suas fortunas. A maioria burlava o fisco, contrabandeava diamantes ou ouro e cometia toda sorte de corrupção. Talvez apenas dois ou três fossem, de fato, idealistas em busca da independência política da capitania mineira.

Entre os principais líderes estavam clérigos como o cônego Luís Vieira da Silva, dono de uma biblioteca em Mariana com 270 obras (algo próximo dos mil volumes), isso em uma época que não havia livros e muito menos bibliotecas no Brasil. Além de dicionários e enciclopédias, o acervo do religioso continha obras clássicas de filosofia, história, geometria e ciências naturais, tratados em latim, francês, inglês e português; livros de pensadores romanos e franceses, de Diderot e D'Almbert, dos filósofos Montesquieu e Voltaire. Muitos deles proibidos em Portugal. Vieira da Silva estudou Filosofia e Teologia Moral com os jesuítas em São Paulo. Um dos homens mais bem informados sobre as novas ideias iluministas, o padre não era um exemplo de moralidade: além da acusação de simonia, a venda ilícita de favores divinos e bens espirituais, ele também viveu com uma mulher, com quem teve uma filha. Nada, no entanto, que se comparasse a seu colega de batina, padre José da Silva e Oliveira Rolim, agiota, falsário de moedas, contrabandista, sedutor, pai de muitos filhos, e que havia entrado para o sacerdócio com o intuito de escapar da prisão por assassinato. Ou então ao padre Carlos Correia de Toledo e Melo, vigário da vila de São José del-Rei, que estava entre os cinco mais ricos dos conjurados: dono de cinco propriedades, uma fazenda, duas casas, 31 escravos, uma fortuna em lavras de ouro, gado e até mesmo teares, o que era proibido na colônia.

Havia ainda homens como Cláudio Manuel da Costa, um dos advogados mais requisitados de Minas Gerais, procurador da Coroa, desembargador e membro da elite colonial como proprietário de terras de mineração e de muitos escravos — com uma de suas escravas alforriadas manteve relação duradoura e teve cinco filhos. Poeta sob o pseudônimo de Glauceste Saturnino, autor de *Obras poéticas* (1768) e *Vila Rica* (1773), Manuel da Costa também detinha o Hábito da Ordem de Cristo, honraria para poucos, e era um respeitado intelectual, possivelmente um dos tradutores da obra de Adam Smith para o português.

Outro nome respeitado era o de Tomás Antônio Gonzaga. Jurista, ouvidor-geral de Vila Rica e provedor das Fazendas de Defuntos e Ausentes, Capelas e Resíduos, importante cargo dentro da hierarquia administrativa colonial, Gonzaga também se destacava como poeta árcade. Foi autor de *Cartas chilenas* (1783-88), conjunto de poemas satíricos publicado para atacar o corrupto governo de Cunha Meneses (tratado como "Fanfarrão Minésio"), e da obra lírica *Marília de Dirceu* (1792).

O mais rico dos inconfidentes era o juiz, fazendeiro, coronel do Regimento de Cavalaria e também poeta Inácio José de Alvarenga Peixoto. Tinha um patrimônio de mais de 450 bens listados, avaliados em 84 contos de réis — mais de 50 vezes o de Tiradentes. Entre suas posses havia 134 escravos. Leviano, vivia em um concubinato consentido pelo pai da noiva. Não era exemplo de honestidade: usou do cargo para adquirir terras e enriquecer. Mas estava falido, com dívidas até o pescoço e às raias do desespero.

Outro importante inconfidente era José Álvares Maciel, filho do capitão-mor de Vila Rica José Álvares Maciel. Considerado o mais elitista dos inconfidentes, estudou mineralogia em Coimbra e esteve na Inglaterra, onde tomou contato com industriais e com a maçonaria. Era radicalmente contra a participação dos escravos na conjuração, via perigo na relação entre revolução e escravatura. Tinha medo, como muitos de seu tempo, de que os escravos negros, em maior número que a população branca, pudessem de uma hora para outra revoltar-se contra os senhores e assassinar "todos os europeus". Sem contar que, libertos os escravos, segundo ele, não haveria "quem trabalhasse nas terras, tanto na mineração como na cultura". O receio de Maciel justificava-se. A população mineira era de 320 mil habitantes, dos quais a metade era de escravos. Da parcela de livres, metade era de pardos.[5]

Havia ainda o coronel e contratador Domingos de Abreu Vieira e Francisco de Paula Freire de Andrade, tenente-coronel do Regimento Regular de Cavalaria de Minas, o principal comandante militar da capitania. Mas, para o historiador paulista Carlos Mota, Tiradentes "difundiu mais que qualquer contemporâneo brasileiro a ideia de Revolução".[6] Como não tinha instrução, muito de seu conhecimento veio do empréstimo dos livros do padre Vieira da Silva. Foi provavelmente ouvindo o religioso paulista que Tiradentes teve despertado o interesse pela história da independência dos Estados Unidos e pelas ideias iluministas europeias. Outro historiador, Tarcísio de Gaspar Souza, autor de um trabalho sobre "murmurações e vozes" nas Minas Gerais do século XVIII, definiu Tiradentes como um personagem verborrágico, que "falava pelos cotovelos".[7] E falava com todos, em todos os lugares possíveis. Poucos quartéis, tavernas, repartições públicas ou casas de pessoas proeminentes da capitania ficaram sem a visita do alferes. Não foi à toa que ele recebeu apelidos como "o República" ou "o Liberdade". Como andava sempre com um dicionário debaixo do braço, também o alcunharam de "o Gramaticão". Nas reuniões secretas realizadas, não foram poucas as vezes que Tiradentes reprimiu seus colegas de conjura por usarem a palavra "levante". Insistentemente declarava que a revolução não era "levantar", era "restaurar" (o estado de liberdade), o que mostra o entusiasmo com o movimento e a influência do Iluminismo — que depois teria na Revolução Francesa sua maior expressão. Apesar de linguarudo, Tiradentes foi o articulador do movimento, o responsável por colocar em contato os diversos grupos sociais e os múltiplos interesses envolvidos.

Coube, porém, aos intelectuais Gonzaga, Manoel da Costa e padre Vieira da Silva elaborar uma constituição. O que se sabe sobre ela se depreende dos autos. São João del-Rei seria a capital da nova República, passando a sediar uma universidade, inexistente no Brasil colonial. O novo país seria governado por assembleias municipais, um parlamento nacional e um líder eleito democraticamente, a exemplo dos Estados Unidos. A defesa da República — possivelmente composta por Minas Gerais, Rio de Janeiro e São Paulo — seria realizada por uma milícia. A liberdade dos escravos estava longe de ser cogitada. Somente os inconfidentes possuíam mais de 400 escravos negros, patrimônio que não estavam dispostos a perder.

Em uma das reuniões, Tiradentes apresentou a ideia de bandeira para o novo país: três triângulos entrelaçados, "significando as três pessoas da Santíssima Trindade". Manoel da Costa sugeriu que usassem um "índio desatando as correntes" e o dístico *Libertas aquo Spiritus* [Liberdade para o espírito], como em uma das bandeiras norte-americanas. Alvarenga Peixoto achou que seria "pobreza" imitar a América inglesa. Da Costa sugeriu, então, *Aut libertas aut nihil* [Ou liberdade ou nada], mas Peixoto lembrou-se de um verso do poeta latino Virgílio, *Libertas quae sera tamen* [Liberdade ainda que tardia], que acabou aceito por todos. O índio e "Ou liberdade ou nada" ficariam para as armas no novo Estado. Cores não foram mencionadas, apenas que os triângulos ocupariam o lugar das "cinco chagas" de Cristo, presentes na bandeira portuguesa.[8]

Embora tivessem muitas ideias, a organização, na prática, era deficiente. Mesmo contando com comandantes militares e nomes proeminentes, limitaram a "revolução" à data em que Barbacena decretasse a Derrama e o povo estivesse revoltado e receptivo à causa. A senha para a deflagração da revolta seria "tal dia é o dia do batizado" (provavelmente surgida no batizado do filho de Alvarenga Peixoto). Os insurgentes invadiriam o palácio e o governador, preso, seria morto.

A REVOLUÇÃO MORREU ANTES MESMO DE NASCER

O coronel Joaquim Silvério dos Reis, português de nascimento e amigo particular de Tiradentes, era um dos homens mais ricos de Minas Gerais (fora contratador entre 1782 e 1784). E também um dos que mais devia à Coroa: nada menos que 172 contos de réis. Contrabandista de diamantes e agiota, ele preferiu abrir a boca e delatar os amigos a arriscar perder sua fortuna e a própria vida. No dia 15 de março de 1789, o judas mineiro se dirigiu à casa do visconde de Bar-

A "Cadeia Velha", em 1919. Construída na primeira metade do século XVII, no antigo Largo do Carmo, hoje Praça XV. Serviu de prisão a Tiradentes (1789-1792) e sede da Assembleia Constituinte de 1823, dissolvida por D. Pedro I. O prédio foi demolido em 1922, dando lugar ao Palácio Tiradentes.
ACERVO DO INSTITUTO MOREIRA SALLES, RJ.

bacena e, "cheio de sustos e cautelas", revelou que se tramava uma conspiração contra a Coroa. Nenhuma novidade. O governador assinara e enviara à Câmara de Vila Rica no dia anterior o comunicado de suspensão da Derrama. Barbacena já sabia de tudo muito tempo antes. Era quase óbvio. Um pouco mais tarde, em carta ao vice-rei, datada de 23 de março de 1789, revelou que não apenas sabia de uma conspiração como conhecia seus motivos: "As pessoas de alguma importância ou de maior representação desta capitania são quase todas devedoras de tudo quanto possuem à Sua Majestade, e só uma revolução destas lhes pode ajustar as contas".[9]

Em verdade, tal era o falatório de Tiradentes que a capitania inteira já sabia do conluio (ou pelo menos suspeitava). Mesmo "as gentes da última classe", os negros escravos, os pardos e as prostitutas, já tinham ideia do que se planejava. O tenente-coronel Brito Malheiro contou que, ao entrar em uma estalagem, um soldado ter-lhe-ia comentado sobre um "levante", ao que ele teria respondido: "Só se for um levante de putas".[10]

O visconde tomou todas as providências para capturar os inconfidentes sem levantar suspeitas. Avisou o vice-rei no Rio de Janeiro, mas não decretou a abertura da devassa em Minas Gerais. Na capital da colônia, percebendo que estava sendo vigiado por espiões, Tiradentes tentou fugir, mas Vasconcelos e Sousa ordenou a abertura da devassa e sua prisão. Na noite de 10 de maio de 1789, Tiradentes foi encontrado em uma casa, na Rua dos Latoeiros. Armado com um bacamarte, não resistiu à prisão. Apesar de já ter ordenado várias prisões, interrogatórios e sequestros, somente em 12 de junho o visconde de Barbacena decretou a abertura da devassa em Minas Gerais.

O ALFERES NÃO ERA POBRE

Com a instauração de uma minuciosa apuração realizada pela Coroa portuguesa para encontrar os culpados pela sedição, descobriu-se que Tiradentes era dono de "um sítio com casas de vivenda, senzalas e monjolo", de três escravos (Francisco Caetano, Bangelas e João Camundongo) e oito sesmarias na Rocinha da Negra, no Porto dos Meneses, junto do Rio Paraibuna, na região do atual município de Simão Pereira.[11] As terras, algo em torno de 50 quilômetros quadrados, avaliadas em 700 mil réis, só não foram tomadas pelo governo porque o ferreiro João Alves Ferreira conseguiu comprovar que as havia comprado antes da prisão de Tiradentes. Havia ainda fazendas em três sesmarias nas quais se plantava e criava gado, bens que mais tarde seriam avaliados e arrematados em mais de 100 mil réis.

Na casa alugada em que Tiradentes morava em Vila Rica, na Rua São José, foram apreendidos a escrava Maria e o filho dela, Jerônimo. A casa fora dada à companheira e à filha antes da devassa. O sequestro dos bens reuniu ainda duas caixas de viagem, louça, objetos de cozinha e uso pessoal, um relógio de bolso, roupas, uniformes, uma espada, alguns utensílios de prata, uma tenaz, duas navalhas, quatro livros e créditos de 420 mil réis que Tiradentes havia emprestado a amigos (o que corresponderia a um ano e meio de soldo). Ao todo, o alferes tinha acumulado a quantia de 798 mil réis, quase o dobro dos bens confiscados de seu superior militar e companheiro de conjura tenente-coronel Freire de Andrade, e não muito menos que as posses do desembargador e ouvidor-geral Tomás Antônio Gonzaga. Com 11 sesmarias, fazendas e garimpo, se Tiradentes não era rico, estava longe de ser um pobre coitado.

Ao todo, o alferes prestou 11 depoimentos e acareações. Depois de ter negado qualquer culpa ou conhecimento da conspiração, após oito meses encarcerado, ele confessou. Mas não acusou ninguém. Como Vieira da Silva, era mesmo um idealista. O único herói. Para o brasilianista e historiador britânico Kenneth Maxwell, autor de *A devassa da devassa*, uma das mais importantes obras sobre a Inconfidência, "ninguém o sobrepujou em entusiasmo por uma Minas independente, livre e republicana".[12]

TIRADENTES ESQUARTEJADO

Às 2 horas da madrugada do dia 19 de abril de 1792, as sentenças foram lidas.[13] O tribunal considerou que a sedição teve nove líderes: Tiradentes, Freire de Andrade, Domingos de Abreu Vieira, Álvares Maciel, Alvarenga Peixoto, Francisco Antônio Oliveira Lopes, Luiz Vaz de Toledo Piza e os padres Oliveira Rolim e Correia de Toledo e Melo.

Por crime de alta traição e lesa-majestade, todos foram condenados à morte por enforcamento e deveriam ter as cabeças decepadas.

"Tiradentes Esquartejado", tela de Pedro Américo (1893): semelhança com Cristo e o mapa do Brasil.
ACERVO MUSEU MARIANO PROCÓPIO, JUIZ DE FORA, MG.

Tiradentes e Freire de Andrade teriam as casas derrubadas e os terrenos salgados para que nada mais ali nascesse. Como fora ele o principal divulgador das ideias da revolução, Silva Xavier ainda teria o corpo esquartejado e espalhado pela capitania para que servisse de exemplo.

Salvador Carvalho do Amaral Gurgel, José de Resende Costa (pai e filho homônimos) e Domingos Vidal de Barbosa seriam enforcados, permitindo-se, no entanto, que os corpos recebessem sepultamento. Os demais foram condenados ao degredo — por oito anos, dez anos ou perpétuo. Por ser mulato, Vitoriano Gonçalves Veloso, além do degredo, ganhou a pena adicional de dar três voltas ao redor do patíbulo e açoite público. Todos veriam declarados "infames" os filhos e netos, incluindo os de Cláudio Manuel da Costa, morto na prisão em 1789, e teriam os bens confiscados. Dos sete absolvidos, dois haviam morrido no cárcere.

O advogado de defesa tentou embargar a decisão. Foi em vão. Em verdade, as sentenças proferidas em 1792 eram mera formalidade. Já em outubro de 1790, os juízes haviam recebido instruções especiais da rainha D. Maria I. Os religiosos deveriam ser enviados a Portugal, onde receberiam penas conforme julgamento real. Os principais líderes deveriam ter suas penas comutadas por degredo em Angola ou Moçambique. Só não receberiam perdão os réus que tivessem "com discursos, práticas e declamações sediciosas", em público ou em particular, introduzido no "ânimo de quem os ouvia o veneno da sua perfídia, e dispor, e induzir povos". Justamente o que o alferes Tiradentes fazia de melhor, "falar pelos cotovelos". Foi ele, então, o único a receber aplicação da pena máxima.

Depois de ouvir a sentença, "debaixo de um ar sincero e moderado", o alferes, que sempre manifestara aos juízes o desejo de ser a única "vítima da lei", teria dito a famosa frase: "Se mil vidas eu tivesse, mil vidas eu daria pela causa da liberdade". Se é que Tiradentes, de fato, pronunciou a frase com a qual passou para a história, ele não foi original. Pelo menos em um dos documentos que integram os *Autos de Devassa*, as palavras aparecem na boca de outro personagem — e por outra causa. Em carta-denúncia ao visconde de Barbacena, datada de 14 de novembro de 1789, o padre João Batista de Araújo atacou a Joaquim Antônio Gonzaga, irmão do poeta árcade. Segundo o religioso, o ouvidor de Serro Frio teria feito pouco caso da morte de D. José I, rei de Portugal, em 1777: "Eu vi muitas vezes o príncipe, porque ele ia a Sintra no tempo em que eu lá servia. Porém, morrer por morrer, antes ele do que eu!". Ao que o padre teria exclamado: "Isto não podia deixar de escandalizar o coração de um vassalo fiel, que daria *mil vidas, se as tivesse*, pela preciosa vida do seu príncipe, em que tínhamos a esperança de toda a felicidade pública do Estado".[14]

A frase dita por Tiradentes provavelmente foi outra. O frei José Carlos de Jesus Maria do Desterro, sem informar o autor, apenas mencionou que a máxima foi pronunciada por "um deles": "Eu sou a causa da morte destes homens; desejaria ter mais dez vidas e podê-las dar por todos eles."[15] Seja como for, Tiradentes tinha apenas uma vida. Enforcado, sofreu a "morte natural para sempre" estipulada pela pena que lhe coube. Decapitado, seu corpo "foi dividido em quatro quartos". Salgados e colocados em sacos de couro, deviam cumprir a outra parte da sentença. A cabeça foi posta em uma gaiola e enviada para a Praça de Vila Rica, onde chegou um mês mais tarde, tendo desaparecido dias depois sem deixar rastros. O coração e as entranhas foram enterrados no Rio de Janeiro. Os pedaços foram distribuídos ao logo do Caminho Novo, levados para Cebolas (hoje Inconfidência, distrito de Paraíba do Sul, RJ), Varginha do Lourenço (hoje em Conselheiro Lafaiete, MG), Borda do Campo (em Barbacena, MG) — locais onde Tiradentes havia pregado a revolução — e Bandeirinhas, já próximo de Vila Rica. Em 1972, os restos do tórax e do braço esquerdo foram desenterrados no local da extinta fazenda de Santana, em Inconfidência. Estão até hoje expostos no Museu Sacro Histórico de Tiradentes.

Após o golpe militar que proclamou a República (1889), Tiradentes foi elevado à categoria de herói nacional. Para o historiador José Murilo de Carvalho, "na figura de Tiradentes todos podiam identificar-se, ele operava a unidade mística dos cidadãos, os sentimentos de participação, de união em torno de um ideal, fosse ele a liberdade, a independência ou a república". Além disso, "não antagonizava ninguém, não dividia as pessoas e as classes sociais, não dividia o país, não separava o presente do passado nem do futuro".[16] Em 1965, foi declarado Patrono da Nação Brasileira. Em 1988, o governo brasileiro concedeu pensão especial a três membros da quinta geração do alferes. Quatorze anos mais tarde, o dia 21 de abril, o Dia de Tiradentes, passou a ser feriado nacional.

DEGREDO E LIBERDADE

Joaquim Silvério dos Reis foi mantido preso na fortaleza da Ilha das Cobras até janeiro de 1790. Alguns meses após ser solto, sofreu um atentado no Rio de Janeiro. Em Minas Gerais, sua casa quase foi incendiada e ele era xingado pelas ruas por onde passava. Em 1794, mudou-se para Lisboa, onde recebeu pensão do governo. Retornou ao Brasil com D. João VI. Foi agraciado com o Hábito da Ordem de Cristo e o título de fidalgo da Casa Real. Morreu no Maranhão, em 1819. Teve um sobrinho famoso: o duque de Caxias, Patrono do Exército Brasileiro.

Dos líderes da sedição, o inescrupuloso padre Oliveira Rolim retornou ao Brasil em 1804 após ter sido enviado a Portugal, casou, teve filhos com uma das filhas de Chica da Silva e viveu até 1835. Toledo e Melo também seguiu para a metrópole e lá morreu sem voltar ao Brasil. Resende Costa (filho), o mais jovem dos conjurados condenados à morte na forca (tinha apenas 26 anos em 1792), teve a pena comutada para degredo em Cabo Verde. Lá casou e, depois de retornar ao Brasil, participou da Assembleia Nacional Constituinte de 1823.

O tenente-coronel Freire de Andrade foi enviado para o presídio da Fortaleza de Pedras de Ancoche, em Angola. Foi rebaixado à patente de alferes. Morreu em Luanda, em 1808. Para Angola também foram enviados o mineralogista Álvares Maciel e o sargento-mor Toledo Piza. Alvarenga Peixoto chegou a Luanda em julho de 1792 apenas para morrer no mês seguinte, deprimido e com malária. Destino semelhante teve Domingos de Abreu Vieira. Aos 68 anos (o mais idoso dos conjurados), o contratador chegou a Luanda em setembro do mesmo ano e morreu no presídio de Muxima pouco tempo depois.

Para Moçambique foram degredados Oliveira Lopes e Tomás Antônio Gonzaga, não condenado como líder, mas como comparsa. Gonzaga trabalhou para traficantes de escravos e como juiz da alfândega. Casou-se com a filha de um comerciante rico, teve filhos e morreu em 1816, como importante administrador colonial.

Em 1932 e 1936, os restos mortais dos inconfidentes que haviam morrido no degredo foram exumados e enviados para o Brasil. Dezesseis deles estão depositados no Panteão do Museu da Inconfidência, em Ouro Preto, criado em 1942. Os últimos só foram sepultados ali em 2011, após estudos científicos terem comprovado a autenticidade dos despojos.

CLÁUDIO MANUEL DA COSTA: SUICÍDIO OU ASSASSINATO?

Cláudio Manuel da Costa, uma das principais mentes da revolução, suicidou-se no cárcere pouco depois de sua prisão. Pelo menos essa é a versão oficial que consta nos autos. Uma hipótese que circula em Minas Gerais desde 1789 e passou por gerações de pesquisadores segue outra direção: ele fora assassinado.

Alguns historiadores do século XIX, como José Pedro Xavier da Veiga, nunca tiveram dúvida do assassinato. Muito porque, no depoimento aos interrogadores após sua prisão, Manuel da Costa incriminou amigos íntimos e negou qualquer participação no movimento, o que contrariava a carreira e a personalidade do desembargador e poeta. Soma-se isso à informação de que o interrogatório fora tomado sem a presença de um tabelião e sem o "juramento aos Santos Evangelhos", o que, de acordo com o próprio juiz da devassa, eliminava o "valor jurídico" da delação.

Uma prova do assassinato surgiu quando se tornou público o relato de "Paracatu", a alcunha de Caetano José Cardoso, um dos dois cirurgiões que assinara o exame de corpo de delito realizado quando da morte do poeta, ocorrida em 4 de julho de 1789 em uma cela improvisada na Casa do Real Contrato. Segundo o relato, o médico realizou a perícia e apontou que o inconfidente teria sido assassinado. No entanto, na manhã seguinte, ele foi procurado por um ajudante de ordens de um "general" que lhe ordenara fazer outro laudo, já que derramara o tinteiro sobre o primeiro. O ajudante pediu, porém, que Paracatu escrevesse o novo laudo com "outro teor".[17]

Durante a década de 1930, o pesquisador mineiro José Afonso Mendonça de Azevedo reuniu documentos dispersos que estavam originalmente na Casa dos Contos (a antiga Casa do Real Contrato). Parte da documentação havia sido enviada para a Biblioteca Nacional, no Rio de Janeiro, e outra, como descarte, para uma fábrica de papelão em Juiz de Fora. Resgatados do lixo, organizados e copiados, os textos foram publicados em 1943. Notando que as assinaturas do poeta existentes na documentação não coincidiam com a que constava no depoimento dado por Manuel da Costa aos interrogadores, Mendonça de Azevedo solicitou ao técnico grafologista Edgar Simões Correia que examinasse os papéis. O que para o historiador Tarquínio de Souza seria uma assinatura trêmula, "cansada pela idade e pela emoção" vivida pelo poeta no cárcere, para Correia se revelou ser uma assinatura com autenticidade "altamente duvidosa".[18]

Dez anos depois, em 1953, o médico mineiro Jarbas Sertório de Carvalho pôs definitivamente em xeque a versão de suicídio. Para ele, "Cláudio foi a primeira vítima da cruel 'devassa' da capitania".[19] A nova prova apresentada por Sertório de Carvalho foi a análise técnica, realizada pelo médico-legista Nilton Sales, das informações contidas no laudo original de corpo de delito. O cadáver do poeta, segundo o documento de 1789, fora achado dependurado pelo "cadarço encarnado" das calças em uma prateleira baixa, "com o joelho firme em uma tábua dela e o braço direito fazendo força em outra". A posição um tanto curiosa em que o corpo fora encontrado levou diversos historiadores a justificarem dessa forma a situação: o poeta se preparava para cometer suicídio quando escorregou e acabou matando-se por enforcamento. As conclusões do legista, no entanto, são claras: o laudo de 1789 é "simples e imperfeito", e a "hipótese de enforcamento suicida não se acha cabalmente demonstrada".[20]

Mas se de fato houve assassinato, quem teria sido o mandante? Desde sempre a suspeita recaiu sobre o visconde de Barbacena e está implícita na própria documentação da devassa. A demora do visconde em enviar os autos dos interrogatórios ao Rio de Janeiro foi cobrada por Luís de Vasconcelos e Sousa. O governador dera início à investigação antes do vice-rei com a intenção de ocultar o próprio envolvimento com pessoas ligadas à conspiração. Temia que Manuel da Costa, em depoimentos no Rio de Janeiro, denunciasse toda a história, inclusive os assassinatos cometidos quando de sua prisão.

Um dos protegidos de Barbacena era o contratador João Rodrigues de Macedo, uma das maiores fortunas da capitania, mas com dívidas até o pescoço com a Fazenda Real. Em sua mansão ocorreram os mais acalorados debates e foram conseguidas importantes adesões à causa da conjura! No entanto, às vésperas do levante, Macedo devia à Coroa mais de 750 contos de réis, algo em torno de 2,3 toneladas de ouro. A Casa do Real Contrato, onde o poeta fora preso e encontrado morto, pertencia a ele e havia sido alugada para as instalações do governo. Ele próprio foi citado no processo, mas nunca interrogado. Não por menos, mesmo falido emprestara 20 mil contos de réis (60 quilos em ouro) ao visconde. O "suicídio" de Manuel da Costa viria muito a calhar, tanto para Macedo quanto para Barbacena.

Em pesquisa mais recente, no entanto, a historiadora Laura de Mello e Souza defendeu a ideia de que o poeta se matou por não suportar o fato de ter incriminado os amigos. "Se entendi o homem que foi Cláudio Manuel da Costa, sou levada a afirmar que decidiu pôr um termo a sua vida", escreveu ela.[21]

2. (DES)ARRANJO POLÍTICO

O Brasil independente resultou de um arranjo político. Filho do rei de Portugal, D. Pedro até precisou expulsar tropas lusas do país, mas teve de pagar para que o pai reconhecesse o processo de separação. No poder, dizia-se liberal. Mas deu um golpe, dissolveu a primeira Assembleia Constituinte, prendeu e exilou políticos que o haviam levado ao trono e impôs a primeira Constituição brasileira.

Em agosto de 1820, com a Família Real no Brasil, eclodiu em Portugal a chamada Revolução Liberal do Porto, uma espécie de Revolução Francesa lusitana com três décadas de atraso. O movimento criou uma junta governativa que, por sua vez, convocou as cortes — uma assembleia consultiva da qual saíam leis que delimitavam os poderes e responsabilidades reais. Em virtude do sistema absolutista vigente, havia 120 anos que as cortes não eram convocadas. Influenciada pelo Iluminismo, a revolução portuguesa defendia a limitação do poder do rei, que deveria governar segundo uma Constituição elaborada em assembleia conforme o desejo do povo.

A notícia cruzou o Atlântico e chegou ao Rio de Janeiro em fevereiro de 1821. Pressionado, D. João VI jurou respeitar a Constituição a ser elaborada. Pela primeira vez em 700 anos, um rei português aceitava diminuir sua autoridade diante de um congresso convocado sem o seu consentimento. O Brasil, de seu lado, teve a primeira oportunidade, em mais de três séculos, de enviar representantes eleitos pelo voto para tratar de assuntos de interesse do reino com Portugal.

AS CORTES

Convocada a assembleia, 46 deputados brasileiros se dirigiram a Lisboa. Entre os principais nomes do grupo estavam homens como o médico Cipriano Barata, os padres José Martiniano de Alencar e Diogo Antônio Feijó, o advogado Joaquim Gonçalves Ledo e o magistrado Antônio Carlos Ribeiro de Andrada Machado e Silva. Não havia consenso entre os representantes brasileiros. Alguns eram republicanos radicais, haviam participado (e sido presos) da Inconfidência Mineira e da Revolução Pernambucana. Outros desejavam a manutenção do Brasil na condição de Reino Unido a Portugal e Algarves, como fora estabelecido em 16 de dezembro de 1815.

Na verdade, de modo geral havia um senso velado de independência. É o que pode ser extraído, por exemplo, das instruções dadas aos deputados que representariam São Paulo nas cortes — documento preparado por José Bonifácio de Andrada e Silva e aprovado em outubro de 1821: a ideia era garantir a elaboração de uma Constituição que permitisse equilíbrio entre Brasil e Portugal (como ocorria desde que a colônia fora elevada à categoria de reino).[22] Alguns deputados chegaram a afirmar, como Antônio Carlos, irmão de Bonifácio, que não havia qualquer ideia de independência: "Estou plenamente convencido que Portugal ganha com a união do Brasil, e o Brasil com a de Portugal".

Mas ao chegarem a Lisboa os brasileiros foram surpreendidos: as cortes já haviam deliberado sobre muitos projetos, entre eles, com o intuito de "recolonizar" o Brasil, haviam dividido o território luso na América em províncias autônomas. Não haveria mais um governo central no Rio de Janeiro, cada uma das unidades administrativas responderia diretamente a Lisboa; o Brasil voltava à condição de colônia. Até o sonolento D. João VI previu o que viria a seguir. Chamado de volta à Europa, deixou o herdeiro do trono port   ̂
te de que a independência brasileira era uma questão   ̤empo: "Pedro, se o Brasil se separar, antes seja para ti, que me hás de respeitar, do que para algum desses aventureiros". A rigor, para alguns historiadores, inclusive portugueses, a "independência" brasileira fora decretada pelo próprio D. João VI em 1815, quando da criação do Reino Unido e a equiparação com a metrópole. Quiçá mesmo em 1808, quando a colônia passou a ser o centro do império português depois que a Corte migrou para o Rio de Janeiro. Sobre D. João, o historiador pernambucano Manuel de Oliveira Lima sentenciou: foi "o verdadeiro fundador da nacionalidade brasileira".[23]

Em setembro de 1821, as cortes anularam tribunais de justiça, ordenaram o fechamento das repartições governamentais no Rio de

Janeiro e exigiram o retorno imediato do príncipe regente a Portugal. Quando a notícia chegou ao Brasil, a ideia de separação ganhou ares de revolução. Rapidamente a maçonaria, por meio do frei Francisco Sampaio, redigiu uma representação e coletou 8 mil assinaturas que foram entregues a D. Pedro: o abaixo-assinado pedia a permanência dele no Brasil. O propósito era barrar a maré recolonizadora da metrópole.

INDEPENDÊNCIA OU MORTE

No dia 9 de janeiro de 1822, ainda indeciso, o príncipe regente aceitou permanecer. Teria dito: "Como é para o bem de todos e felicidade geral da nação, estou pronto; diga ao povo que fico". Possivelmente não foram essas as palavras exatas. Em uma primeira publicação oficial, o príncipe teria falado sobre o "bem de toda a nação portuguesa". De qualquer forma, como escreveu Oliveira Lima, "Não há dúvida que a versão que ficou histórica é mais lapidar e, além dessa vantagem de uma maior concisão, soa alto e firme como o toque do clarim".[24] O que está claro é que a versão final do Dia do Fico agradava aos interesses brasileiros — e aos da própria D. Leopoldina, mais decidida e adepta da causa brasileira que o esposo.

Notificando Lisboa, o governo no Rio de Janeiro insistiu na permanência de D. Pedro, declarando que o Brasil "queria ser tratado como irmão, não filho; soberano com Portugal, e nunca como súdito; independente como ele e nada menos". O Brasil já dava clara indicação de que o rompimento formal era uma questão de tempo. O que ainda não estava nítido era como se faria e qual caminho seguir.

Duas facções disputavam o protagonismo. Depois das arbitrariedades das cortes, ambas desejavam a independência política (e as duas eram ligadas à maçonaria). Mas estavam longe de concordar. Em torno de José Bonifácio, nomeado ministro do Reino e dos Negócios Estrangeiros por D. Pedro, reuniam-se os conservadores, que advogavam pela monarquia constitucional e um desligamento gradual e seguro. A facção rival era liderada por Joaquim Gonçalves Ledo. Mais radical, pretendia a instauração de uma república.

Sem uma administração legítima, a ideia e a necessidade de uma Assembleia Constituinte no Brasil à revelia de Lisboa eram debatidas

D. João VI (1767-1826) e D. Pedro I (1798-1834), em litografia de Jean-Baptiste Debret (1839). O Brasil independente resultou de um arranjo político que manteve a Casa de Bragança reinando em dois continentes.
BIBLIOTECA DE NY, DIGITAL.

pelas duas facções. Enquanto o grupo de Bonifácio era contrário à convocação, o de Ledo era favorável. Bonifácio acreditava que, antes de tudo, devia-se garantir a unidade do novo país em torno de D. Pedro e do Rio de Janeiro, que uma Constituinte poderia esperar.

Desdenhado pelas cortes em Portugal como um "desgraçado e miserável rapazinho", D. Pedro ganhava poder no Brasil aproximando-se das elites locais. Despontava como pedra angular do movimento que pretendia a separação definitiva de Lisboa. As províncias do centro e do sul apoiavam as decisões do Rio de Janeiro, apenas as do norte e nordeste ainda resistiam à ideia de independência.

Em abril, por meio de seu jornal, o *Revérbero Constitucional Fluminense*, Ledo adianta-se aos fatos e escreve abertamente sobre a separação. Os acontecimentos precipitaram-se. Em 13 de maio, D. Pedro recebe da loja maçônica Comércio e Artes o título de "defensor perpétuo do Brasil" — a proposta havia partido do brigadeiro Domingos Alves Branco Muniz três dias antes. A facção de Ledo consegue uma petição com 6 mil assinaturas que é entregue a D. Pedro. Em 3 de junho, em texto redigido por Bonifácio, a Constituinte brasileira é convocada. Os dois grupos rivais unem-se por uma "independência moderada pela união nacional", e os jornais brasileiros passam a exaltar a data como o dia em que o Brasil se libertara das "cadeias da escravidão". Até D. João é informado. Em carta ao pai dias depois, D. Pedro afirma que "Portugal é, hoje em dia, um Estado de quarta ordem e necessitado, por consequência, dependente; o Brasil é de primeira, e independente". Mais adiante, declara que "a separação do Brasil é inevitável".[25]

Temendo que a força da maçonaria e a facção de seu rival, com forte inclinação republicana, atrapalhem os destinos políticos da nação, Bonifácio funda sua própria sociedade secreta. O Apostolado da Nobre Ordem dos Cavaleiros de Santa Cruz surgiu quase ao mesmo tempo que a convocação da Constituinte e sua eleição para grão-mestre do Grande Oriente do Brasil, que reunia as três lojas maçônicas no Rio de Janeiro. O próprio D. Pedro participara da reunião inaugural do Apostolado, elevado à dignidade de "arconte-rei" — assinou a ata com as iniciais D.P.A. (de Dom Pedro de Alcântara) e o pseudônimo "Rômulo". Tal como o Grande Oriente, em 1823 o Apostolado dividia-se em três (Independência ou Morte; União e Tranquilidade; e Firmeza e Lealdade) e jurava "defender por todos os meios a integridade, categoria e independência do Brasil, como reino, e a Constituição legítima do Estado".[26] Controlando o Apostolado e com influência na maçonaria, Bonifácio acredita poder direcionar os destinos da política brasileira.

Mas, disputas por poder são sempre passionais. E as que acontecem em 1822 envolvem perseguições e expurgos, e logo incluirão prisões e exílios. Em 1º de agosto de 1822, Ledo lança o "Manifesto aos Povos do Brasil", em que dava a separação como um fato consumado. Cinco dias depois, D. Pedro ordena a publicação do "Manifesto do Príncipe Regente aos Governos e às Nações Amigas". Redigido por Bonifácio, o documento seguia o mesmo caminho, apontava para a separação, mas deixava abertura para uma reconciliação cada vez mais improvável. Enquanto isso, D. Pedro era iniciado na maçonaria com o nome de "Guatimozin", o último imperador asteca. Os historiadores divergem se o convite viera de Bonifácio ou de Ledo; fato é que, na ausência do primeiro, o segundo conseguiu elevar D. Pedro ao grau de mestre da ordem apenas três dias após sua iniciação e sem convocação da "assembleia geral do povo maçônico".[27] Em pouco tempo, na tentativa de se aproximar ainda mais do imperador, Ledo passaria outra rasteira em seu inimigo: consegue eleger D. Pedro grão-mestre do Grande Oriente em substituição a Bonifácio, que pouco frequentava as reuniões e não estava presente no dia.

Um mês mais tarde, às 16h30 de um sábado, 7 de setembro de 1822, depois de deixar Santos, o príncipe regente dirigia-se a São Paulo quando foi alcançado por dois cavaleiros que traziam os correios oficiais vindos da capital (D. Pedro não se sentia bem. Vinha sofrendo de cólicas intestinais desde a subida da serra e era obrigado a saltar da montaria de tempo em tempo para aliviar-se em uma moita qualquer). Eram cartas e ofícios de Portugal e da regência no Rio de Janeiro. De Lisboa vinham ordens para que ele e a família retornassem a Portugal imediatamente. As cortes exigiam ainda que os membros do ministério brasileiro fossem presos e processados. Do Rio de Janeiro, um ofício do Conselho de Estado, dirigido pela imperatriz, propunha a declaração de independência. A carta de D. Leopoldina era clara e firme: "O pomo está maduro, colhei-o já, senão apodrece". A de Bonifácio dava anuência: "O momento não comporta mais delongas ou condescendências". Chegara a hora decisiva para os brasileiros. Às margens de um riacho, sem pompa alguma, vestindo uma simples fardeta azul e um chapéu armado, montado na "besta baia gateada", D. Pedro dirigiu-se à Guarda de Honra. Conforme o padre Belchior Pinheiro relatou, o príncipe teria dito: "Laços fora, soldados! Vivam a independência, a liberdade e a separação do Brasil!". O Grito do Ipiranga. "Brasileiros, a nossa divisa de hoje em diante será Independência ou Morte!"

NOITE DE AGONIA: O PRIMEIRO GOLPE NO BRASIL

Logo depois do Ipiranga, a maçonaria, assim como fizera com o título de "defensor perpétuo", passou a articular também a aclamação de D. Pedro como "imperador constitucional do Brasil". O próprio título, imperador, em detrimento de rei, tinha origem nas ideias liberais maçônicas. O primeiro convinha mais por aclamação popular do que o segundo, que teria origem divina. O grupo de Ledo, que fora

São Cristóvão, 25 de outubro de 1822.

D. Pedro I (1798-1834), grão-mestre da maçonaria no Brasil, assina como "Pedro Guatimozin P∴ M∴", em carta de outubro de 1822.
ACERVO MUSEU IMPERIAL.

Meu I∴

Tendo sido outro dia suspendido nossos augustos trabalhos pelos motivos que vos participei, e achando-se hoje concluídas as averiguações, vos faço saber que segunda-feira que vem, os nossos trabalhos devem recobrar o seu antigo vigor, começando a abertura pela G∴ L∴ em Assembléia Geral. É o que por hora tenho a participar-vos para que, passando as ordens necessárias, assim o executeis.

Queria o S[upremo] ∴ A[rquiteto] ∴ do U[niverso] ∴ dar-vos fortunas imensas como vos deseja o

Vosso I∴
Pedro Guatimozim P∴ M∴
R∴ +

responsável por colocar D. Pedro no posto máximo da maçonaria, pressionou o imperador para que ele jurasse a Constituição a ser elaborada. Bonifácio achou a ideia absurda e conseguiu a garantia de que nada se falaria a respeito durante a aclamação. A data escolhida foi o 12 de outubro, o aniversário de 24 anos do imperador.

Concluída a primeira etapa e declarado governante do novo país, no final de outubro, usando o título de grão-mestre e a prerrogativa de imperador, D. Pedro ordenou o encerramento das atividades da maçonaria e a prisão de Gonçalves Ledo, que conseguiu fugir para Buenos Aires. O passo seguinte foi a coroação. A data escolhida? Primeiro de dezembro. Nada mais significativo: era a data em que a Casa de Bragança chegara ao trono português, em 1640. Além de datas recheadas de representação, símbolos europeus também foram usados na bandeira nacional — criada por decreto 11 dias depois da independência. O desenho do losango foi inspirado na maçonaria francesa e nas bandeiras do império de Napoleão, ídolo de D. Pedro. As cores nada têm a ver com nossas matas e nosso ouro: o verde era a cor dos Bragança e o amarelo dos Habsburgo-Lorena, a família da imperatriz D. Leopoldina.[28]

Alegoria do império brasileiro, realizado por Jean-Baptiste Debret por ocasião da coroação de D. Pedro I, em dezembro de 1822.

BIBLIOTECA DE NY, DIGITAL.

Faltava concluir a última etapa: a formulação de uma Constituição. Convocada em junho do ano anterior, somente em 3 de maio de 1823 a Assembleia Geral Constituinte e Legislativa foi instalada — a data foi escolhida por ser, na época, o dia em que se acreditava ter ocorrido a chegada de Cabral ao Brasil em 1500. O local onde foi reunida não era lá algo muito promissor: uma antiga cadeia pública. A abertura também não se deu de maneira auspiciosa. Depois de discorrer sobre como os deputados deveriam trabalhar, elaborando uma Constituição que "afugente a anarquia e plante a árvore daquela liberdade a cuja sombra deve crescer a união", causando assombro ao velho e ao novo mundo, D. Pedro declarou que a assembleia deveria fazer uma Constituição que fosse "digna do Brasil e de mim". O monarca que até então se apresentara adepto de ideias liberais começava a mostrar as asas (ou as garras).

Ao todo seriam 90 deputados representando 14 províncias, mas nem todos participaram dos trabalhos. Dos presentes, 55 eram formados em curso superior, 34 em Ciências Naturais e 21 em Direito; havia 19 sacerdotes (1 era bispo) e 7 eram militares. A bancada mineira era a maior, com 20 deputados, incluindo 2 conjurados de 1789. No entanto, mesmo alguns líderes do movimento de independência ficaram de fora. Ledo, Clemente Pereira e o padre Januário Barbosa estavam presos ou no exílio por ordens de D. Pedro. Cipriano Barata, o nacionalista exaltado que esteve envolvido nos movimentos de revolta no nordeste em 1798 e 1817, negou-se a participar. Não queria ver a Assembleia "cercada de mais de 7 mil baionetas, tropas formadas de grande número de nossos inimigos portugueses".[29] Ele parecia prever o futuro.

Reunidos, os deputados estavam divididos em quatro facções. O grupo de liberais moderados, composto por proprietários rurais, burguesia e militares, era de longe o mais numeroso. Desejava consolidar a emancipação sem comprometer a ordem social e esperava restringir o poder do imperador. O grupo de liberais exaltados pretendia transformações estruturais políticas e sociais mais amplas, com projetos de redução das desigualdades sociais, emancipação gradual da escravidão, Estado laico e implementação de um sistema federalista ou até mesmo de uma república. Como meio-termo entre eles havia os "bonifácios", liderados pelo ministro José Bonifácio. Do lado oposto aos "brasileiros" encontrava-se o chamado "partido português", que ladeava o imperador e reivindicava poderes absolutos para D. Pedro; era, claro, composto por lusos (comerciantes e militares) que viviam no Brasil desde a chegada Família Real.

O esboço ficou a cargo de uma comissão composta por sete deputados, entre eles Bonifácio e seu irmão Antônio Carlos, que era o presidente e mais liberal. Depois de quatro meses, o anteprojeto ficou pronto — eram 272 artigos. Havia sido previamente apresentado e discutido durante as reuniões do Apostolado, controlado pelos irmãos Andrada e, às vezes, com a presença do próprio D. Pedro.[30] Para o historiador Helio Vianna, "um código liberal, de acordo com as ideias da época". Embora tivesse influência da Carta norueguesa, da recente Constituição de Portugal e das ideias do pensador franco-suíço Benjamin Constant, o texto continha algumas excentricidades brasileiras. No lugar de calcular a capacidade eleitoral e a elegibilidade dos cidadãos conforme a renda em dinheiro, estabelecia como critério censitário o preço de uma mercadoria de consumo bem típica: a farinha de mandioca. Assim, seriam eleitores ou candidatos aqueles que tivessem renda anual entre 150 e 1000 alqueires do produto. A Constituição da Mandioca tinha outros "problemas". Pelo menos na ótica de D. Pedro. O Poder Legislativo teria predomínio sobre o Executivo, o que contrariava os interesses do imperador. Rebento do absolutismo, como lembrou o historiador Pedro Carneiro da Cunha, em D. Pedro "coexistiam os princípios liberais e os antidemocráticos".[31]

O ambiente exasperado emperrava o andamento dos trabalhos. Depois de três meses, em meio a demonstrações de xenofobia (contra os portugueses e ao próprio imperador), atentados, prisões, troca de ministros, discursos, acusações e provocações inflamadas (fundaram-se jornais apenas para isso), os deputados ainda discutiam o artigo 24. Um deputado reclamou que o governo vinha tomando "medidas violentas e anticonstitucionais". Temendo ver seu poder destituído quando surgiram rumores de que na assembleia "algumas vozes se ouviram, pedindo que se declarasse o imperador fora da lei", D. Pedro decidiu dar um ponto final em tudo.

No dia 10 de novembro de 1823 a sessão foi suspensa. Antônio Carlos tinha o "sangue fervendo em borbotões e os cabelos eriçados". Mas enquanto o povo carregava nos ombros ele e seu irmão Martim Francisco, D. Pedro concentrava forças militares nos arredores da Assembleia. Na manhã seguinte, em revista às tropas e em meio à saudação de "Viva o imperador liberal e constitucional!", ele ordenou que os soldados cercassem o prédio onde se reuniam os deputados. O deputado paraibano Manuel Carneiro da Cunha exclamou: "O que eu vejo nisso é o governo a querer dar-nos a lei".[32] Acuados e na esperança de resistir, os constituintes declararam-se em sessão permanente. Passaram por uma "noite de agonia" em vão. Quando o coronel Francisco Vilela Barbosa, recém-nomeado ministro-chefe, entrou no recinto fardado e de espada na cintura, às 11 horas da manhã do dia 12, a Assembleia Constituinte foi dissolvida. O primeiro golpe da história brasileira! Frei Caneca, líder da Revolução Pernambucana de 1817 (mais tarde morto por sua participação na Confederação do Equador, em 1824), declarou que o dia era de luto e "nefasto para a liberdade do Brasil". As historiadoras Lilia Schwarcz e Heloisa Starling escreveram que "é irônico pensar que não só o modelo de independência brasileira preconizou uma monarquia em lugar de uma república, como nosso primeiro projeto constitucional foi vetado, e nem chegou a vingar".[33] Quatorze deputados foram presos. Alguns fugiram e outros foram enviados para o exílio. Afastado do ministério desde julho, Bonifácio foi preso em casa. Encarcerado na Fortaleza da Laje e depois na Santa Cruz, foi expatriado no ano seguinte.

CONSTITUIÇÃO "OUTORGADA"

O golpe que derrubou o primeiro parlamento brasileiro fez nascer uma Constituição imposta de cima para baixo. O que, aliás, será uma constante na história do país. Não sem razão, o sociólogo e intelectual Sérgio Buarque de Holanda escreveu em seu clássico *Raízes do Brasil* que "os movimentos aparentemente reformadores, no Brasil, partiram quase sempre de cima para baixo".[34]

Quando dissolveu a Constituinte, D. Pedro prometeu convocar outra, que deveria trabalhar sobre um anteprojeto apresentado por ele, "duplicadamente mais liberal do que a extinta". Afirmou ainda: "Para fazer semelhante projeto com sabedoria, e apropriação às luzes, civilização e localidade do Império, se faz indispensável que eu convoque homens probos, e amantes da dignidade imperial, e da liberdade dos povos".[35] Na definição do historiador gaúcho Carlos Oberacker Jr., o imperador era "constitucional por entusiasmo, arbitrário por natureza".

Para elaborar a sua Constituição, D. Pedro reuniu dez conselheiros (seis eram também ministros). Um mês de trabalho bastou para que o imperador tivesse em mãos o projeto constitucional desejado. Muito porque o anteprojeto de Antônio Carlos fora, em parte, aproveitado. A versão de D. Pedro, porém, era mais bem redigida e sucinta. Continha 179 artigos apenas.[36]

O Brasil seria uma monarquia constitucional, hereditária e representativa. O diferencial do projeto era a proposta trazida pelo conselheiro José Joaquim Carneiro de Campos — e que seu irmão Francisco Carneiro de Campos já havia apresentado à Assembleia dissolvida: o uso do Poder "Moderador". Segundo o próprio documento, "a chave de toda organização política", o "equilíbrio e a harmonia dos demais poderes". O conceito não era original; havia sido teorizado pelo conde de Clermont-Tonnerre no século XVII e desenvolvido por Benjamin Constant em seu livro *Curso de política constitucional*. No entanto, servia bem à ideia de D. Pedro, ser o fiel da balança entre os Poderes Legislativo e Executivo. No século XIX ainda se desconhecia completamente a funcionalidade do pilar tríplice da política moderna: Legislativo, Judiciário e Executivo. O Poder Moderador atribuía ao imperador a função de nomear e demitir ministros, aprovar e suspender as resoluções dos Conselhos Gerais (depois denominados Assembleias Legislativas Provinciais), dissolver a câmara dos deputados e convocar eleições — até o final da monarquia, a câmara seria dissolvida 12 vezes. Ao se tornar inimputável, D. Pedro teria ainda o direito de conceder anistia e perdoar penas impostas.

Apesar de tudo, não se pode dizer que o novo texto era menos liberal que o projeto constituinte de 1823. "Não deixava de ser um avanço", afirmou a historiadora Lúcia Bastos das Neves. Estabelecia a divisão dos poderes e repartia atribuições. Em alguns pontos, a Carta Magna era até mais liberal e mais avançada, para a época, do que a maioria das constituições ocidentais. Garantia direitos individuais, dava liberdade à imprensa e liberdade de culto. A Igreja Católica permaneceu como igreja oficial, mas sujeita ao Estado; demais credos eram aceitos desde que não externassem publicamente sua profissão de fé, como a construção de templos, campanários etc.

O direito ao voto — que era indireto e censitário — foi concedido a homens com pelo menos 25 anos (ou 21 se casados, oficiais militares, clérigos ou bacharéis) e uma renda mínima considerada baixa para os padrões da época. Os deputados eram eleitos indiretamente. Nas eleições primárias, votariam aqueles com renda líquida anual de 100 mil réis — proveniente de bens e ou de emprego. Escolhidos os "eleitores", que deveriam ter renda anual de 200 mil réis, estes seguiriam para a capital da província e seriam os responsáveis por eleger os candidatos. Os senadores eram escolhidos pelo imperador com base em listas tríplices de eleitos nas províncias. Embora não fosse explícito, mulheres não tinham direito ao voto por questões sociais. Por outro lado, não se excluía diretamente o voto de analfabetos. Fato que não deixa de ser curioso. Mais tarde, na década de 1880, com pequenas diferenças nas leis eleitorais, 50% da população masculina brasileira votava (13% do total), número bem superior ao de países como Inglaterra (onde 7% da população ia às urnas) e Estados Unidos (2,5%). Já na República, nas eleições de 1930, quando apenas o brasileiro alfabetizado tinha direito ao voto, os votantes correspondiam a pouco mais de 5% da população.

O projeto da Constituição foi enviado às câmaras das vilas brasileiras — a maioria delas acordou com a proposta. Em dezembro, a nova carta constitucional foi apresentada ao Senado da Câmara e assinada pelos ministros e pelo Conselho de Estado. Em 22 de abril, Luís Joaquim dos Santos Marrocos, o arquivista da Real Biblioteca, escreveu a versão que seria solenemente jurada pelo imperador na Catedral da Sé do Rio de Janeiro no dia 25 de março de 1824. "A marionete solta das cordas", como se referiram a ela Schwarcz e Starling, ou a "Outorgada", como ficou conhecida, foi a Constituição mais longeva do Brasil. Ao ser revogada pelo governo republicano, em 1889, era a segunda constituição mais antiga do mundo, superada apenas pela estadunidense.

BONIFÁCIO: É TEMPO DE ACORDAR!

Contudo uma questão fundamental ficou de fora da "duplicadamente mais liberal" Carta Magna imposta por D. Pedro: a libertação dos escravos. A abolição fora provavelmente o principal motivo da queda de José Bonifácio em 1823. O principal articulador da independência e da instalação da monarquia foi excluído das questões legislativas. Logo ele, que nas palavras de Maria Graham, amiga e confidente de D. Leopoldina, "havia estudado todas as ciências que imaginou poderiam ser vantajosas aos interesses locais e comerciais do Brasil".[37] O homem de ciência, culto e poliglota, "de raro talento", respeitado em toda a Europa, foi posto a correr de sua pátria.

Suas ideias, já claramente expostas em 1821, em notas sobre "a organização política do Brasil, quer como Reino unido a Portugal, quer como Estado independente", revelam um projeto realmente revolucionário: previa a incorporação dos índios à sociedade (chegou a indicar que o país fosse dividido em "tribos"), o término do comércio escravagista, a abolição gradual da escravidão ("todo cidadão que ousar propor o restabelecimento da escravidão e da nobreza será imediatamente deportado") e a extinção dos latifúndios.[38]

Sobre a escravidão, em *Representação à Assembleia Geral Constituinte e Legislativa do Império do Brasil sobre a escravatura*, Bonifácio escreveu que já era tempo de acabar "gradualmente até com os últimos vestígios da escravidão entre nós, para que venhamos a formar em poucas gerações uma nação homogênea, sem o que nunca seremos verdadeiramente livres, responsáveis e felizes". Conclamava ainda os legisladores do "vasto império do Brasil" a "acordar do sono amortecido" em que permanecia havia séculos o país. "Vós sabeis, Senhores", escreveu ele, "que não pode haver indústria segura e verdadeira, nem agricultura florescente e grande com braços de escravos viciosos e boçais. Mostra a experiência e a razão que a riqueza só reina onde impera a liberdade e a justiça, e não onde mora o cativeiro e a corrupção".[39] O artigo que previa a

José Bonifácio de Andrada e Silva (1763-1838), um dos artífices da Independência. "A riqueza só reina, onde impera a liberdade e a justiça, e não onde mora o cativeiro e a corrupção". Litografia de S. A. Sisson 1861.
ACERVO BIBLIOTECA BRASILIANA GUITA E JOSÉ MINDLIN – USP.

abolição gradual da escravidão negra, no entanto, presente no anteprojeto da Mandioca, foi retirado da Constituição Outorgada. Não é difícil saber o motivo. A economia brasileira estava fundamentada no trabalho escravo; dos pouco mais de 3,5 milhões de habitantes, pelos menos 1,1 milhão eram escravos. A abolição estava em desacordo com os interesses dos conservadores, latifundiários e senhores de escravos que haviam apoiado a ascensão de D. Pedro, davam-lhe sustentação e não entregariam o poder nem se despiriam de seus privilégios.

No entanto as ideias e os sonhos de Bonifácio iam além das questões sociais. Para a doutora em História Social Juliana Bublitz, "Andrada e Silva concebeu um ambicioso e surpreendente projeto de desenvolvimento nacional, de alcance social, político, econômico e ambiental, pautado por uma interpretação *sui generis* da jovem nação brasileira".[40] Levantou a bandeira da criação de universidades de Direito e Agricultura no Brasil. Preocupado com a unidade e interessado na existência de uma nacionalidade brasileira, ele planejou também o desenvolvimento dos meios de transporte e da exploração das minas do país. Defendeu a criação de uma nova capital, "livre de qualquer assalto e surpresa externa", "uma cidade central no interior do Brasil" de onde seriam abertos "caminhos de terras para as diversas províncias e portos de mar".[41]

Ainda no ano da independência, enquanto ministro e antes mesmo do Ipiranga, preocupado com a falta de organização e as dificuldades e entraves da burocracia lusa — profundamente arraigada na colônia — Bonifácio tentou estruturar o país em modelos mais eficientes de administração. Para moralizar o serviço público e salvar o erário, praticamente falido com o regresso de D. João VI a Portugal, baixou uma portaria proibindo acumulação de empregos públicos e exigindo prova de assiduidade para pagamento de vencimentos. Na Secretaria de Estado para os Negócios Estrangeiros, designou o primeiro agente consular para Buenos Aires, em maio de 1822, e enviou os primeiros agentes diplomáticos para a Europa e os Estados Unidos, em agosto do mesmo ano.

O COICE

"A natureza da independência brasileira foi mais de evolução gradual do que de revolução e ruptura súbita", escreveu o diplomata Rubens Ricupero.[42] Pareceu mais com "aquela de um filho que se emancipa", publicaram alguns jornais na época. Talvez, até, um desquite amigável.

Concluído o período de formulação da Carta Magna, tendo a duras penas expulsado as tropas portuguesas do país e suprimidas violentamente as insurreições no Nordeste (que se negavam a prestar obediência ao governo estabelecido no Rio de Janeiro e pretendiam instalar uma república independente), restava um acordo final com Portugal.

Em agosto de 1825, D. Pedro concordou em pagar uma compensação de cerca de 2 milhões de libras esterlinas para que Lisboa reconhecesse a independência do Brasil (das quais 1,4 milhão pagariam uma antiga dívida portuguesa para com a Inglaterra e outras 600 mil serviriam como indenização das "propriedades" perdidas pelo rei português).[43] O Tratado de Aliança e Paz assegurava que além de uma reparação, D. João VI habilmente ainda reservava para si e para os seus o título de "Imperador do Brasil e Rei de Portugal e Algarves", cedendo a seu sucessor direto, D. Pedro, pleno exercício da soberania do Império do Brasil. Informado do tratado no exílio, José Bonifácio alfinetou: "Que galanteria jocosa de conservar João Burro o título nominal de imperador, e ainda nisso convir a P[edro] Malasartes!".[44] A soberania nacional havia recebido "um coice na boca do estômago", escreveu o ex-ministro brasileiro. A Casa de Bragança governaria na América e em Portugal. Como salientaram Schwarcz e Starling, "a emancipação chegava sem mudanças radicais".[45]

Não foi por menos que Oliveira Lima classificou a independência brasileira mais como uma "alta comédia", como na linguagem teatral francesa, do que um drama clássico. Não houve revolução. O Brasil independente foi o resultado mais de um arranjo político (ou melhor, de um desarranjo) do que de um sonho de liberdade.

3. QUANDO A NAÇÃO DISPENSA A LEI

O período regencial foi marcado por revoltas de norte a sul do Brasil, e o país correu o risco de se desintegrar em repúblicas; mas a Regência permitiu a eleição do primeiro governante brasileiro pelo voto. Para terminar com a instabilidade, uma conspiração parlamentar realizou o segundo golpe do Brasil independente, salvou a monarquia, deu ao país o chefe de Estado mais jovem da história e a primeira experiência de parlamentarismo — ainda que às avessas.

As negociações em torno do reconhecimento da independência do Brasil por parte de Portugal apenas reforçaram a ideia de que D. Pedro estava mais inclinado a colocar as questões dinásticas da Casa de Bragança acima dos interesses nacionais. Quando o pai (e rei português) morreu em 1826 e a sucessão do trono lusitano ficou em aberto, o casamento entre o Brasil e seu "defensor perpétuo" começou a desmoronar. O sentimento antiportuguês ressurgiu com mais força do que antes e a impopularidade do imperador aumentou.

A crise econômica e financeira, causada, em parte, pela dispendiosa guerra pela Cisplatina, no sul, acabou quebrando o Banco do Brasil. A situação piorou quando a instabilidade da monarquia francesa derrubou outro rei (a Revolução de 1830). A notícia chegou ao Brasil apenas para aumentar o descontentamento com o imperador brasileiro, o "Pedro Napoleão", na definição do mercenário alemão Carl Seidler. O assassinato do jornalista Líbero Badaró, editor do *Observador Constitucional* e ferrenho opositor do governo, e a luta campal entre portugueses e brasileiros na "Noite das Garrafadas" apressaram o fim do agonizante Primeiro Reinado.

Em 7 de abril de 1831, D. Pedro abdicou da coroa em favor de seu filho de apenas cinco anos, D. Pedro de Alcântara. Talvez seja essa, e não o Sete de Setembro, a real data de nossa independência. "Farei tudo para o povo, mas nada pelo povo", teria dito. E partiu para a Europa reclamar o trono português para outro de seus rebentos, sua filha D. Maria. "Os brasileiros não gostam de mim", revelou em um discurso não oficial a bordo do navio que o levaria de volta ao Velho Mundo. Tinham claros motivos.

Teve início, então, um período conturbado na política brasileira. Instável, cheio de intrigas e violento. "Não foi um desquite amigável entre o imperador e a nação, nem tranquila a passagem do trono para o filho", definiu o historiador José Murilo de Carvalho.[46] No primeiro ano após D. Pedro deixar o Rio de Janeiro, somente a capital sofreu com cinco levantes, todos, com exceção do último, em abril de 1832 — que desejava a restauração do imperador —, tinham como alvo os portugueses, o que resultou na deportação de muitos lusos e na exoneração deles dos cargos públicos. Das 18 províncias, apenas Piauí e Santa Catarina passaram ilesas de levantes e revoltas.

LIBERAIS VERSUS CONSERVADORES

A solução imediata e provisória até que D. Pedro de Alcântara atingisse a maioridade foi a instalação de uma regência. Conforme determinava a Constituição, o governo foi composto por três nomes indicados pelo Senado. Para acomodar os diversos grupos rivais, foram escolhidos o moderado Nicolau Pereira de Campos Vergueiro, o líder militar Francisco de Lima e Silva e o conservador José Joaquim Carneiro de Campos, um dos autores da ideia de incluir o Poder Moderador na Outorgada. Três meses depois, a regência trina passou a ser permanente e o Ato Adicional de agosto de 1834 (uma reforma na Constituição de 1824) implantou a regência una, além de criar as Assembleias Legislativas Provinciais e abolir o Conselho de Estado — o que deu mais autonomia às províncias.

Pela primeira vez na história, o Brasil escolheria por meio do voto o chefe do Poder Executivo. Era a primeira "experiência republicana". As eleições ocorreram em todo o país no dia 7 de abril de 1835. Em razão das grandes distâncias e a precariedade nos meios de comunicação e transporte, o resultado só viria meio ano depois. Em 9 de outubro, a apuração geral no Rio de Janeiro indicou o padre paulista Diogo Antônio Feijó como vencedor. "Brasileiro comum" definiu o doutor em Ciências Políticas da USP Jorge Caldeira; sem tradição familiar num país de dinastias familiares, sem dinheiro ou terras

O padre Diogo Antônio Feijó (1784-1843), o "homem do mato", primeiro brasileiro eleito chefe do poder Executivo por meio do voto. Litografia de S. A. Sisson, 1861.
ACERVO BIBLIOTECA BRASILIANA GUITA E JOSÉ MINDLIN – USP.

e tampouco títulos nobiliárquicos.[47] Algo semelhante só ocorreria 167 anos mais tarde, quando o metalúrgico e sindicalista pernambucano Luís Inácio Lula da Silva seria eleito para o cargo máximo do país em 2002. Abandonado na casa do padre Fernando Lopes de Camargo, sua certidão de batismo o apresentava como "filho de pais incógnitos", o que sempre foi motivo de controvérsia. A mãe seria a irmã solteira do padre e o pai, um cunhado.

Feijó tinha muitos defeitos para um político. Falava mal em público; sem articulação, tinha a voz baixa e o sotaque caipira. Com temperamento difícil e constantemente de mau humor, não era afeito à política de bastidores. Era odiado mesmo dentro da igreja. Além de ser padre secular (formado por conta própria e aprovado em exames civis), opunha-se abertamente ao celibato e era maçom, iniciado na loja Inteligência de Porto Feliz, a primeira loja maçônica de São Paulo. Não tinha a visão, a cultura nem a experiência internacional de José Bonifácio. Ele próprio se considerava um "homem do mato". Mas em um país em que a educação formal era algo raro, ser padre fazia a diferença.

Das 18 províncias, Feijó venceu em oito (São Paulo, Minas Gerais, Goiás, Mato Grosso, Espírito Santo, Rio Grande do Norte, Ceará e Maranhão). Recebeu 2.826 votos dos quase 6 mil eleitores — o que correspondia a menos de 2% da população brasileira, já que a votação era feita em um sistema de representação censitária. O triunfo de Feijó deu vitória aos liberais moderados. Seu principal concorrente, o conservador e rico proprietário rural pernambucano Antônio Francisco de Paula de Holanda Cavalcanti e Albuquerque contabilizou 2.251 votos (Costa Carvalho somou 847, Araújo Lima 760, Lima e Silva 629, Pais de Andrade 605 e Vasconcelos 595).[48] Holanda Cavalcanti também era maçom e mais tarde seria eleito grão-mestre do Grande Oriente do Brasil. O êxito do padre representou a derrota do absolutismo e da centralização do poder, mas refreou as ideias dos liberais mais radicais, que ansiavam pela instalação de um sistema federalista quando não da própria república.

A descentralização era uma reivindicação antiga, mas a criação das Assembleias Provinciais e a atuação dos regentes acirraram as disputas pelo controle do poder entre elites regionais, o que acarretou o grande número de rebeliões com reivindicações econômicas, políticas ou sociais. Como observaram os historiadores Leslie Bethell e José Murilo de Carvalho, "se antes de 1831 os instrumentos do poder e da ordem estavam nas mãos opressoras do governo central, agora haviam caído nas mãos opressoras dos poderosos locais".[49] Explodiram revoltas no Norte, Nordeste e Sul do país. Em algumas províncias, as revoltas foram violentas. Na Cabanagem, calcula-se que tenham morrido cerca de 20% da população paraense em cinco anos de combates. Alguns historiadores afirmam que as mortes podem ter chegado a 30 mil e não raros elevam esse número para 40 mil.[50] Em 1835, liderados por Francisco Vinagre, os "cabanos" tomaram de assalto o quartel e o palácio do governo de Belém, assassinando na rua o presidente Bernardo Lobo de Souza e o comandante militar. Os portugueses e os brancos em geral (a elite provincial) foram trucidados pela malta insurgente, composta por índios, negros e mestiços, a camada mais pobre da população e que deu nome à revolta (basicamente ribeirinhos que viviam em cabanas e palafitas). Recuperada a ordem em Belém, relatos descrevem soldados do governo desfilando com colares confeccionados com as orelhas decepadas dos rebelados. A maior revolta popular da história brasileira (e uma das mais cruéis) perduraria ainda por quatro anos até que o Pará fosse finalmente "pacificado".

Enquanto as revoltas agitavam o país, nascia o germe dos dois grandes partidos do período monárquico brasileiro: o Partido Liberal e o Partido Conservador. Para Sérgio Buarque de Holanda, "efetivamente quase nada os distinguia, salvo os rótulos, que tinham apenas o valor das bandeiras de combate".[51] Já o historiador Caio Prado Júnior, em uma análise mais econômica, via algumas diferenças. Para ele, havia uma "burguesia reacionária", representada por proprietários de terras e senhores de escravos, e uma "burguesia progressista", composta por comerciantes e financistas. Para Lilia Schwarcz e Heloisa Starling, autoras de uma "biografia" do Brasil, os dois partidos podiam se dividir em ideias que privilegiavam ora a centralização do Estado, ora sua descentralização, mas "fechavam, porém, em uníssono quando o negócio implicava manter a escravidão e a estrutura vigente".[52]

Outro proeminente historiador, Boris Fausto, observou que havia certa indiferenciação partidária, confirmada pela "frequente passagem de políticos de um campo para o outro". Ou ainda, como relatou um cronista, era prática comum de um político gaúcho se dizer liberal e, entretanto, dar a votação aos conservadores.[53] Tal como hoje, os políticos dançavam conforme a música. Fausto observou ainda que "conservadores e liberais utilizavam-se dos mesmos recursos para lograr vitórias eleitorais, concedendo favores a amigos e empregando a violência com relação aos indecisos e aos adversários".[54] Havia até uma "dose aceitável" do uso desses recursos. Essa política de coação e intimidação se transformaria em prática corriqueira, tanto durante o império como depois, na república.

QUANDO A NAÇÃO DISPENSA A LEI

A solução imaginada para dar fim à instabilidade seria o retorno da concentração de poder em torno da pessoa do imperador. Mas havia um problema quase insolúvel: D. Pedro de Alcântara era uma criança. O primeiro projeto que visava conceder maioridade ao jovem, então com dez anos, foi apresentado à Câmara pelo deputado Luís

Cavalcanti, em 1835. Por meio dele, o monarca seria declarado maior aos 14 anos, em 1839. Dada a inconstitucionalidade, sem um consenso os deputados sequer admitiram discutir o projeto.

Em 1836, com o país envolto em revoluções, um novo elemento surgiu e pôs a maioridade de vez na mesa de negociações. A princesa D. Januária, segunda filha de D. Pedro I, completara 14 anos, idade em que foi reconhecida como herdeira legítima do trono brasileiro (a filha mais velha, D. Maria, já governava em Portugal). Conforme determinava a Constituição, D. Januária poderia ser imperatriz, caso seu irmão mais novo e primeiro na linha de sucessão morresse. Mas não poderia ser regente, pois a idade exigida para esse posto era de 25 anos. Os partidários de Holanda Cavalcanti, contrários ao regente Feijó, argumentavam que se ela podia ser imperatriz, também poderia ser regente. O que, claro, não era regulado por lei. O trono deveria ser ocupado pelo herdeiro de 18 anos e respeitando a linha de sucessão, preferindo o grau mais próximo ao mais remoto; no mesmo grau, a preferência era pelo sexo masculino. Ou seja, a

O jovem D. Pedro de Alcântara (1825-1891), futuro D. Pedro II, e suas irmãs D. Francisca (1824-1898) e D. Januária (1822-1901), no Palácio de São Cristóvão, Rio de Janeiro.
ACERVO MUSEU MARIANO PROCÓPIO, JUIZ DE FORA, MG.

existência de D. Pedro de Alcântara impedia a ascensão de D. Januária, e para exercer a regência, ela ainda teria de aguardar 11 anos.

Em 1837, o deputado José Joaquim Vieira Souto propôs que o imperador assumisse o trono com ajuda de um Conselho de Estado, como usado durante o Primeiro Reinado e abolido desde o Ato Adicional. Para adiar a discussão e a pressão sobre o jovem herdeiro, propôs-se ainda que D. Pedro de Alcântara fosse viajar para o estrangeiro por cinco anos. Longe do Brasil, ele não seria lembrado.

Quando Feijó renunciou no final de 1837 e foi eleito regente Pedro de Araújo Lima, a situação era delicada. As revoltas ameaçavam destruir a unidade nacional construída a duras penas. Das quatro províncias em guerra civil, pelo menos duas tinham caráter republicano e separatista ou descentralizador: a Revolução Farroupilha, no Rio Grande do Sul, e a Sabinada, na Bahia. Maranhão e Pará também viviam violentas convulsões sociais.

Assim, em 1838, o projeto da maioridade ganhou ares de salvação nacional. A coroação do imperador passou a ser peça fundamental do jogo de xadrez no campo político. Quando os liberais assumiram a regência, os conservadores propuseram a maioridade; quando o Partido Conservador alcançou o poder, foi o Partido Liberal que exigiu a queda da regência. Apenas os palacianos, o "Clube da Joana" (alusão à casa do mordomo imperial, Paulo Barbosa da Silva, situada nas proximidades da Quinta da Boa Vista e perto do Rio da Joana, onde o grupo se reunia), sempre mantiveram a posição de coroar D. Pedro de Alcântara antes da data determinada pela Constituição.

Araújo Lima representava o "regresso", o fim da política liberal. Com uma lei que reinterpretava o Ato Adicional, o governo conseguiu limitar novamente o poder das províncias e manter o controle do Judiciário. Apesar de parecer uma medida conservadora, em uma manobra de oportunismo político, os liberais passaram a articular a maioridade do imperador, movimento pelo qual retornariam ao poder.

Em abril, por iniciativa do senador cearense José Martiniano de Alencar, foi fundada a "Sociedade Promotora da Maioridade", cuja finalidade, óbvia, era trabalhar e divulgar a ideia de antecipação da maioridade de D. Pedro e, consequentemente, sua elevação ao trono.

Além de ser político, padre e pai de uma penca de filhos, entre eles o escritor José de Alencar, Martiniano também era grão-mestre maçom. "Um homem cercado de polêmica", referiu-se a ele o jornalista Lira Neto em uma biografia sobre o filho mais famoso, "maçom de batina, amancebado com uma prima, a encarnação fiel da besta-fera".[55]

Como presidente da sociedade foi escolhido ninguém menos que o deputado Antônio Carlos Ribeiro de Andrada Machado e Silva. Ele mesmo, o liberal radical irmão de José Bonifácio, presidente do anteprojeto da Constituição da Mandioca e deputado da Assembleia dissolvida em 1823. O historiador Raymundo Faoro escreve sobre ele: "O poder, se não corrompe, amansa e infunde o esquecimento das loucuras da mocidade". Além de Andrada, ainda integravam a instituição os senadores Holanda Cavalcanti (derrotado nas eleições para a Regência) e José Bento Leite Ferreira de Melo, além dos deputados Teófilo Ottoni e Antônio Paulino Limpo de Abreu, entre outros. Curiosa situação produz a busca pelo poder: eram todos liberais, o que, em teoria, os deveria fazer menos adeptos da centralização do poder.

Na primeira reunião, os presentes juraram promover por todos os meios "a maioridade do imperador, o senhor D. Pedro II, e guardar inviolável segredo sobre tudo quanto se passar nesta sociedade". Instados a encontrar adeptos entre deputados e senadores, assediaram Manuel Paes de Andrade. O senador pernambucano não perdeu a chance de ironizar: "Senhores, muitas revoluções contra os reis o povo tem feito; mas a favor dos reis só vocês querem fazer".[56]

QUERO JÁ!

O primeiro projeto apresentado ao Senado por Alencar foi rejeitado por 18 votos a 16. Até mesmo José Clemente Pereira (orador da loja União e Tranquilidade e grão-mestre adjunto do Grande Oriente do Brasil, preso por D. Pedro I) e Francisco Vilela Barbosa (encarregado de fechar a Assembleia de 1823) estavam juntos pela causa — obviamente mais política que ideológica. A sociedade tornou-se pública e popular com o nome de "Clube da Maioridade", ganhando a simpatia das ruas por meio de um bombardeio de publicidade exaltando a "fina inteligência" e a "maturidade precoce" do ainda imberbe monarca.

"Queremos Pedro Segundo / Embora não tenha idade! / A Nação dispensa a lei / E viva a Maioridade!", dizia um verso popular.[57]

Tentando contemporizar, o deputado conservador Honório Hermeto Carneiro Leão propôs que na legislatura seguinte os deputados viessem autorizados por seus eleitores a trabalhar em uma reforma constitucional que desse amparo legal à maioridade. Por dois meses, digladiam-se liberais e conservadores, sem acordo. Em julho, Carneiro Leão retirou seu projeto e passou a dar voto à maioridade; e o deputado mineiro Teófilo Otoni propôs que o interesse nacional deveria suplantar a Constituição. Pela primeira vez na história, o Brasil estava disposto a desrespeitar um artigo fundamental da carta magna do país.

No dia 21 de julho, Antônio Carlos propõe que seja votado seu projeto de artigo único: que D. Pedro II seja declarado maior. Aprovado o requerimento, a votação é marcada para a manhã seguinte. Mas querendo ele mesmo tomar as rédeas da situação, que já pendera para os liberais, antes de abrir a votação, o governo conservador decide adiar a sessão legislativa para 20 de novembro. À leitura do decreto na Câmara irrompem gritos de "Calúnia!", "Traição!", "Viva a maioridade!" e "Viva D. Pedro II!". Antônio Carlos, que outrora fizera tudo para restringir os poderes de um monarca, agora brada

Depois do "Golpe da Maioridade", em 1840, D. Pedro II, o "rei filósofo", reinaria por quase cinco décadas até a derrubada da monarquia, em 1889.
ACERVO INSTITUTO MOREIRA SALLES, RJ.

em defesa de outro: "Quem é patriota e brasileiro siga comigo para o Senado! Abandonemos esta Câmara prostituída!".[58] Liderados por Andrada, os deputados se juntam às 3 mil pessoas que cercam o Senado. Definido o acordo, uma comissão é enviada ao Paço Imperial. Com apenas 14 anos de idade, inquirido sobre a possibilidade de tomar o poder, o futuro D. Pedro II teria dito "Quero já!". Versões posteriores alegam, no entanto, que o jovem príncipe era alheio às maquinações políticas do país. "Não tenho pensado nisso", teria retrucado ao ser questionado sobre o assunto pelo regente Araújo Lima. Interessado ou não, o "Golpe da Maioridade" já estava definido.

Em 23 de julho de 1840, por volta das 10h30, o senador Francisco Vilela Barbosa, o mesmo que fechara a Assembleia Constituinte de 1823, declara "desde já maior a Sua Majestade Imperial, o Sr. D. Pedro II, e no pleno exercício dos seus direitos constitucionais". Em seguida, com "lágrimas nos olhos e na voz", o jovem monarca jurou a Constituição (a mesma que acabara de ferir). Era o fim do período regencial que havia perdurado por quase uma década; o Brasil teria novamente um imperador no comando. Faoro, em seu livro *Os donos do poder*, chama o ato de "conspiração da maioridade". O historiador Oliveira Lima definiu o Golpe da Maioridade como uma ação típica do "instinto de conservação" da elite brasileira. E Lilia Schwarcz, no livro *As barbas do Imperador*, lembrou, por sua vez, que a coroação antecipada de D. Pedro II era um símbolo político importantíssimo, "a representação e o prestígio da instituição que deveria 'salvar a nação'".[59] Com a manobra, d. Pedro de Alcântara foi transformado em instituição nacional muito antes de ter qualquer possibilidade real de comando em suas mãos. No dia seguinte, D. Pedro II indicou seu primeiro ministério. O "Gabinete da Maioridade" era composto pelos políticos liberais que haviam liderado o golpe constitucional.

PARLAMENTARISMO ÀS AVESSAS

Com o imperador no trono, o Brasil viveu a primeira experiência de parlamentarismo. Segundo Fausto, durante o governo de D. Pedro I e o período regencial "não houve prática parlamentar". Ela tomaria forma, ainda muito tímida, "peculiar e restrita", a partir de 1847, quando foi criado o cargo de presidente do Conselho de Ministros. Indicado pelo imperador, sempre membro do partido em maioria no parlamento, o presidente passou a formar o ministério cujo gabinete era encarregado do Poder Executivo por meio de um primeiro-ministro. O funcionamento do sistema presumia que, para se manter no governo, o gabinete precisava da confiança tanto da Câmara quanto do imperador.

O diferencial do "parlamentarismo às avessas" brasileiro estava no Poder Moderador. Por meio dele, cabia a D. Pedro II nomear o presidente do Conselho de Ministros, dissolver a Câmara quando bem estendesse e convocar novas eleições. Era "a chave de toda organização política" que constava na singular Constituição de 1824. Como definiu Fausto, era "um sistema flexível que permitia o rodízio dos dois principais partidos no governo, sem maiores traumas".[60] Em pouco mais de quatro décadas foram 36 gabinetes e 30 primeiros-ministros (11 baianos, 5 mineiros, 5 pernambucanos, 4 do Rio de Janeiro, 2 paulistas, 2 do Piauí e 1 alagoano). José Maria da Silva Paranhos, o visconde do Rio Branco, foi quem mais tempo permaneceu no poder (quatro anos e três meses, entre 1871 e 1875), e Zacarias de Góis viveu o período mais curto (menos de uma semana, em 1862). Dessa forma, a organização política brasileira se espelhava no parlamentarismo inglês; na prática, imitava a administração portuguesa, centralizadora. Mais tarde, com a República, entre 1961 e 1962, o Brasil teria um breve período parlamentarista, com três primeiros-ministros.

DOM PEDRO DE ALCÂNTARA

Nascido na madrugada do dia 2 de dezembro de 1825, no Palácio da Quinta da Boa Vista, em São Cristóvão, nos arredores do Rio de Janeiro, D. Pedro II recebeu, como mandava a tradição, um nome extenso e pomposo, abreviado apenas para D. Pedro de Alcântara.[61] Como sétimo filho de D. Pedro I e da imperatriz D. Leopoldina (antes dele, além de quatro mulheres, dois outros meninos haviam nascido e morrido prematuramente), o herdeiro do trono brasileiro era descendente dos grandes monarcas europeus. Seu avô materno era imperador do Sacro Império Romano da Nação Alemã — e também

HISTÓRIAS NÃO (OU MAL) CONTADAS

da Áustria. A família austríaca, seja dito de passagem, era uma das mais importantes casas reais da Europa desde o século XV; havia conseguido fazer correr seu sangue nas veias de quase todas as monarquias europeias. O lado português de D. Pedro não deixava por menos: estava no poder em Portugal desde 1640, quando o duque de Bragança se tornara D. João IV, o "rei libertador" da dominação espanhola. Em agosto de 1826, D. Pedro de Alcântara foi reconhecido formalmente como herdeiro da coroa do império brasileiro — de pele clara, louro e de olhos azuis, lembrava os Habsburgo da família da mãe mais do que os Bragança do pai, e estava longe de parecer com a população mestiça sobre a qual reinaria.

Com um ano de idade, ficou órfão de mãe, falecida antes dos 30 anos de idade. Aos cinco anos, o menino se despediu do pai, que partiu do Brasil uma semana após a abdicação. Nunca mais se viram, embora tenham trocado correspondências até a morte de D. Pedro I, três anos mais tarde. Cresceu, assim, aos cuidados da camareira-mor D. Mariana Carlota de Verna Magalhães Coutinho, mais tarde condessa de Belmonte, a quem ele chamava de "Dadama". D. Pedro II considerava a condessa sua mãe de criação e, por afeto, jamais deixou de chamá-la pelo apelido. Seu primeiro tutor, indicado pelo pai após o Sete de Abril, foi José Bonifácio — que seria destituído dois anos mais tarde, em 1833, e substituído por Manuel Inácio de Andrade Souto Maior Pinto Coelho, o marquês de Itanhaém.

Enquanto a maioridade não chegava, o futuro monarca foi esmeradamente preparado para exercer o cargo. Querendo evitar o mesmo desleixo com que o pai havia sido educado, seus tutores lhe impuseram desde cedo disciplina e orientação adequada. Estudava diversas línguas (quando adulto até o hebraico aprendeu), caligrafia, literatura, geografia, ciências naturais, pintura, música, dança, esgrima e equitação. Acordava cedo e dormia tarde, tinha poucas horas diárias de lazer. Nunca foi original, mas, já adulto, desenvolveu inteligência suficiente para ser considerado intelectual. Criado entre as irmãs, adultos, políticos e religiosos, D. Pedro de Alcântara desde cedo mostrou uma personalidade tímida e reservada — muito diferente da do pai, impulsivo e temperamental. Um ministro francês chegou mesmo a dizer que o menino manifestava "desprezo e um indiferentismo singular pelas mulheres".[62] Ainda assim, em meio às contradições da vida pessoal e pública, iria cumprir bem o pesado fardo que lhe impuseram: o de reinar sobre um imenso país de tradições consideradas ultrapassadas (o Brasil era uma monarquia entre repúblicas liberais e um país arraigadamente escravocrata quando o mundo inteiro já considerava a escravatura uma abominação).

Outro fardo foi seu casamento. Maria Teresa Cristina não era o que as pinturas enviadas ao Brasil antes do matrimônio aparentavam. Quando a princesa do Reino das Duas Sicílias chegou ao Rio de Janeiro, em setembro de 1843, o jovem imperador desandou a chorar nos braços da condessa de Belmonte: "Enganaram-me, Dadama", teria dito. Pronunciadamente coxa e, ao que tudo indica, sem atrativos, a imperatriz desapontou D. Pedro: era baixa, gorda e de rosto achatado. O mordomo Paulo Barbosa lembrou o garoto do compromisso e o encorajou: "Cumpra seu dever, meu filho!". Ao que parece, não foi fácil. Segundo o historiador inglês Roderick Barman, "ele passou várias semanas recusando-se a ter relações sexuais com a esposa e tratando-a com glacial indiferença".[63] De toda forma, ela lhe deu quatro filhos, dos quais dois meninos morreram com pouca idade. Das duas meninas sobreviventes, Isabel seria sua herdeira presuntiva, assumindo o governo sempre que ele estivesse em viagens pelo exterior.

POMPA E CIRCUNSTÂNCIA

Como determinava a elaborada cartilha criada para a ocasião, D. Pedro II entrou na capital do império vindo do Palácio Imperial de São Cristóvão. Uma enorme comitiva composta de cortesãos, carruagens, arqueiros e toda a pompa possível o acompanhava. Tiros e salvas de canhão marcaram determinados pontos do trajeto que terminou no Paço Imperial, no centro do Rio de Janeiro.

A sagração ocorreu no dia 18 de julho de 1841, na Capela Imperial, hoje Igreja Nossa Senhora do Carmo. O local havia sido ligado ao Paço por um edifício provisório, construído especialmente para o evento, chamado de "Varanda". O arquiteto gaúcho Manuel de Araújo Porto Alegre, mais tarde barão de Santo Ângelo, foi o responsável pela construção e ornamentação da Varanda, ricamente decorada com símbolos e alegorias representativas. Dividido em três partes, o edifício era formado por dois pavilhões (o Amazonas e o Prata, que representavam os dois grandes rios nos extremos do país) e um "Templo", na parte central, onde D. Pedro II seria apresentado ao povo depois de coroado.

Para a historiadora Schwarcz, o Templo remetia ao religioso, exprimia a "exposição divina e o respeito". No Pavilhão Prata, dois leões guarneciam o pé da escadaria que o ligava à Capela Imperial; as figuras representavam a força e o poder. Na base da escadaria do Templo, que dava à praça pública, havia duas estátuas simbolizando a justiça e a sabedoria, e a inscrição "Deus protege o Imperador e o Brasil". No interior do Templo, diversas figuras alegóricas e pinturas de grandes imperadores do passado, entre elas a de D. Pedro I entregando as coroas de Portugal e do Brasil a seus dois filhos e diversos símbolos representativos. Até mesmo os signos do zodíaco que regiam as datas de nascimento e coroação do novo monarca (Sagitário e Câncer) estavam presentes. Entre as datas históricas, distinguiam-se ainda o Dia do Fico (9 de janeiro de 1822) e o da Independência (7 de setembro de 1822). Entre os personagens, além de Carlos Magno e Napoleão, apareciam inscritos em colunas nomes como o de Caramuru e do cacique Tibiriçá, os "heróis nacionais".[64]

O cerimonial de coroação propriamente dito também reuniu velhos costumes, antigos e novos símbolos: o manto usado por D. Pedro I, a espada da proclamação da independência no Ipiranga, a Constituição do Império, o globo imperial, o anel, as luvas, a mão da Justiça, o cetro e a coroa. Tudo foi pensado nos mínimos detalhes, como as antigas coroações das grandes monarquias europeias. A espada do fundador do Império Brasileiro era de prata dourada e tinha nas lâminas as armas portuguesas. Na bandeja em que a arma fora carregada estava também a Constituição de 1824. O globo imperial era composto de uma esfera armilar de prata, tendo na eclíptica 19 estrelas de ouro representando as províncias, cortadas pela cruz da Ordem de Cristo — um símbolo português adornado com o céu do Brasil. O anel, usado no dedo anular da mão direita do imperador, tinha dois dragões entrelaçados pela cauda e brilhantes incrustados. As luvas haviam sido confeccionadas em seda e bordadas com as armas do Império. O cetro, de ouro maciço, media 2,5 metros de altura e a serpente alada da ponta tinha como olhos dois grandes brilhantes — a serpente era o símbolo da Casa de Bragança. A coroa, que pesava quase dois quilos, revelava por base uma cinta de ouro fechada por oito cintas do mesmo metal; no remate, uma esfera também em ouro sustentando uma cruz. As pérolas e os brilhantes haviam sido retirados da coroa de D. Pedro I. Apesar do luxo, as vestimentas do imperador apresentavam elementos típicos dos indígenas brasileiros, como o cabeção de penas de papo de tucano, a obreia ruiva de penas de galo-da-serra e o manto com ramos de cacau e tabaco. O Brasil, dessa forma, transportava para a América todo o cerimonial que mesmo na Europa já perdia sentido.[65]

Estandartes, bandeiras, armas, entoações em latim e os hinos da Independência e do Imperador também fizeram parte da encenação. O arcebispo D. Romualdo Antônio de Seixas iniciou o ato solene às 11h30 e só o encerrou duas horas e meia depois, quando D. Pedro de Alcântara passou a ser "D. Pedro II, Imperador Constitucional do Brasil, por Graça de Deus e Unânime Aclamação dos Povos". Antes de terminado o cerimonial, o imperador teve as mãos purificadas, como mandava a tradição ritualística portuguesa. A "mão da Justiça", baseada na mão direita de D. Pedro II, foi modelada em gesso e distribuída entre as famílias mais importantes da Corte. Durante nove dias o Rio de Janeiro viveu o esplendor de ser a única monarquia do continente americano. As festas se encerraram com um baile de gala para 1.200 convidados, no dia 24 de julho.

O "rei filósofo" reinaria por quase cinco décadas até que outro golpe — o primeiro orquestrado por militares — o depusesse e encerrasse 67 anos de monarquia. Como escreveu Murilo de Carvalho, "o comportamento político do monarca foi marcado pelo escrupuloso cumprimento da Constituição e das leis, pelo respeito não menos escrupuloso ao dinheiro público, pela garantia da liberdade de expressão". Diga-se de passagem, nenhum outro governante do país até hoje mereceu tal nota.

4. CAMÉLIAS BRANCAS

Os negros não se submeteram à escravidão pacificamente; criaram formas de resistência armada e passiva — assim como também praticaram a escravidão. A abolição, por sua vez, não foi apenas obra de um projeto de governo ou de intelectuais com ideais humanitários. A conquista da liberdade foi lenta e gradual, alcançada por meio de uma campanha duríssima, marcada por confrontos acirrados entre abolicionistas e uma elite econômica poderosa.

Eram cerca de 10 horas de uma ensolarada manhã de domingo, 13 de maio de 1888, quando a população carioca começou a se aglomerar em torno do Paço Imperial. Atendendo ao chamado da Confederação Abolicionista, estampado em todos os jornais do dia, 5 mil pessoas se espremeram nas apertadas ruas do centro do Rio de Janeiro para acompanhar o dia mais importante da história brasileira desde 1822. Pouco antes da uma hora da tarde, o Senado aprovou o projeto de lei. Previamente preparado em pergaminho pelo calígrafo Leopoldo Heck, o texto foi imediatamente levado para sanção da princesa regente. Às 15 horas, a lei imperial n$^{\circ}$ 3.353 foi assinada por D. Isabel com uma pena de ouro cravejada de diamantes e pedras preciosas. Tinha apenas dois artigos: 1° — É declarada extinta desde a data desta lei a escravidão no Brasil; 2° — Revogam-se as disposições em contrário. Da sacada do velho prédio, Joaquim Nabuco comunicou aos que aguardavam do lado de fora que o Brasil era naquele momento, de fato, um país de homens livres. A multidão irrompeu em aplausos e manifestações de júbilo. Anos mais tarde, Machado de Assis escreveria: "Verdadeiramente, foi o único dia de delírio público que me lembra ter visto". Opinião compartilhada por Lima Barreto, "jamais, na minha vida, vi tanta alegria".

Povo reunido no lado de fora do Senado, aguardando o fim da votação do projeto de Abolição da Escravidão, maio de 1888. "Verdadeiramente, foi o único dia de delírio público que me lembra ter visto", escreveu Machado de Assis.

ACERVO ICONOGRAPHIA.

ESCRAVIDÃO AFRICANA

O desfecho da história da abolição, bem elaborado, aparentemente democrático e altruísta, encobriu, no entanto, três séculos de opressão, violência, dor, lutas, esperança e lágrimas. E nem de longe resolveu os problemas sociais do país. "A Lei Áurea aboliu a escravidão", observou a historiadora Emília Viotti da Costa, "mas não o seu legado". A escravidão não nasceu no Brasil, é verdade, mas o país usufruiu do suor do trabalho escravo como poucos.

Desde os tempos mais remotos era prática usual. No auge do Império Romano se estima que havia na Itália cerca de 3 milhões de escravos, entre 35% e 40% da população. Mas mesmo com índices altos, o trabalho escravo não representava a principal força na produção de bens ou realização de serviços. Um pouco mais tarde, as Cruzadas deram novo impulso à comercialização de escravos, utilizando-se de novas rotas e mercados. No final da Idade Média, o trabalho servil ainda era largamente utilizado em muitos países, mas na maioria das vezes, o escravo não era empregado na agricultura. Na África também havia escravidão, mas, como na Europa, não estava ligada ao setor agrícola, nem era fundamental para a economia local. A ascensão de impérios islâmicos no leste mediterrâneo e no norte da África e a abertura do comércio marítimo no Atlântico tornaram os cativos negros da África subsaariana consideravelmente mais baratos. Fato que serviu aos interesses de um império em ascensão no Ocidente: o português.

Em meados do século XVI, Lisboa era a capital europeia com maior número de escravos. Dos seus 100 mil habitantes, 10% eram escravos negros. Nas ilhas de Cabo Verde, São Tomé e Madeira, importantes entrepostos comerciais, 87% dos quase 16 mil habitantes eram escravos. Com a introdução da cultura do açúcar na América, não apenas o número de africanos escravizados iria aumentar consideravelmente nos séculos seguintes como também a sua utilização se tornaria indispensável na lavoura. Dessa forma, o eixo da escravidão se deslocaria da Europa para a América, para onde seriam enviados cerca de 11 milhões de africanos escravizados, em um comércio desumano, destrutivo e desigual. Destes, 4,5 milhões teriam como destino o Brasil, cerca de 40% do total. Mas, ao contrário do que ocorria até então, o trabalho escravo passaria a ser o alicerce da economia — em algumas regiões brasileiras, eles chegariam a representar 75% da população.

No entanto, como afirmaram as pesquisadoras Lilia Schwarcz e Heloisa Starling, é um engano "descrever os negociantes africanos como ingênuos ou passivos na comercialização. Ao contrário, eles condicionavam as relações mercantis às circunstancias de seus próprios mercados". Na verdade, segundo o historiador inglês Martin Meredith, "a maior parte do comércio interno de escravos para venda no exterior era conduzida por mercadores e *warlords*, ou senhores da guerra, africanos", que até o século XIX haveriam de comercializar 24 milhões de escravos.[66] Durante os séculos XVIII e XIX, não eram raros os reinos africanos com embaixadores no Brasil ou que enviavam os filhos da elite local para estudar na Bahia, estreitar laços e tratar de interesses mercantis, entre eles a própria escravidão. Africanos livres também vinham frequentemente para a América; em vez de dinheiro, traziam muitos escravos. Os cativos eram vendidos conforme a necessidade, como se fossem letras de câmbio. Cândido da Fonseca Galvão, por exemplo, também conhecido como "Obá II da África", era neto de um rei africano. Seu pai fora vendido como escravo para o Brasil — o que, devido a questões políticas e disputas dinásticas, também não era incomum —, mas havia conquistado alforria nas minas de diamante da Bahia. Obá II, "com seu grosso bigode, cavanhaque pontiagudo e pincenê acavalado no nariz", comparecia todos os sábados à cerimônia de beija-mão do imperador D. Pedro II, vestido com uniforme militar e com as condecorações a que tinha direito. Durante a semana, passeava pelas ruas de "cartola, fraque preto e luvas brancas", era saudado por muitos negros que lhe reconheciam a origem nobre africana, assim como era sustentado por um tributo pago aos que se consideravam seus súditos.[67]

A escravidão só passou a ser uma vergonha para a humanidade no século XVIII, quando os filósofos iluministas e os economistas começaram a ver irracionalidade no trabalho escravo por questões morais — e técnicas, na visão dos liberais. Ainda assim, até mesmo o célebre Montesquieu duvidava que os negros pudessem ter alma. "Não podemos aceitar a ideia de que Deus, que é um ser muito sábio, tenha introduzido uma alma, sobretudo uma alma boa, num corpo completamente negro", escreveu o barão e pensador francês.[68]

Provavelmente, menos por questões filosóficas do que por conveniência, no Brasil os movimentos nativistas, separatistas e republicanos que sacudiram o país durante a primeira metade do século XIX não tinham como estratégia ou plano concreto de governo a abolição da escravatura — caso da Revolução Pernambucana de 1817, em que os republicanos ainda se atinham ao direito de "propriedade"; a Cabanagem, no Pará, movimento eminentemente popular, mas que sufocou revoltas escravas; ou a Revolução Farroupilha, no Sul, onde os líderes e grandes estancieiros eram proprietários de escravos. Nem mesmo os mais radicais defensores da causa da liberdade escapavam à regra. Entre os bens confiscados do conjurado Tiradentes e de Cipriano Barata, o principal agitador político no Nordeste, também foram encontrados escravos.[69]

Intelectuais, como o advogado e romancista José de Alencar, autor de clássicos da literatura brasileira como *A viuvinha*, *Iracema* e *O guarani*, também eram ferrenhos defensores da escravidão. Alencar, que também foi ministro da Justiça e conselheiro de Estado, chamava os abolicionistas de "emissários da revolução, apóstolos da anarquia" e alegava que os operários europeus passavam por provações piores do que as enfrentadas pelos escravos brasileiros.[70] Também havia muitos escravos alforriados que praticavam a escravidão deliberadamente, como a "crioula" Bárbara de Oliveira, proprietária de 22 cativos, e Chica da Silva, com uma centena de escravos (provavelmente o caso mais conhecido de mulher que se livrou da escravidão e ascendeu economicamente casando com um contratador de diamantes nas Minas Gerais do século XVIII).[71] Ou então do negro Francisco Paulo de Almeida, o barão de Guaraciaba, cafeicultor no Vale do Paraíba fluminense, dono de diversas fazendas, propriedades (como o Palácio Amarelo, em Petrópolis), bancos e 200 escravos. Estudos recentes mostram que em Minas Gerais cerca de 30% dos donos de escravos eram ex-cativos ou deles descendiam.

Em todos os casos, os comerciantes e senhores de escravos sempre contaram com o apoio de um aliado poderoso: a Igreja Católica. Desde que Portugal dera início à expansão ultramarina, a administração lusitana se valeu de diversas bulas papais para submeter à escravidão os povos "infiéis" que viviam ao sul do Marrocos. Com base no texto bíblico, os negros, como descendentes de Cam, o filho amaldiçoado de Noé, eram destinados à servidão. Por isso, os cristãos teriam o direito de escravizar as populações não cristãs, tanto na América como no continente africano. No Brasil, não raro, os próprios padres jesuítas dispunham de barcos para o comércio escravo, ganhando 5% em comissões sobre a venda dos negros.[72] Ainda que houvesse críticos da exploração do indígena americano (como o frei dominicano Bartolomé de Las Casas, desde 1516) ou da própria escravidão africana (combatida pelo padre Manoel Ribeiro da Rocha, em 1758), somente em 1839, a Igreja passou a condenar a escravidão dos índios e o tráfico negreiro de forma mais veemente. "Admoestamos os fiéis para que se abstenham do desumano tráfico dos negros ou de quaisquer outros homens que sejam", disse Gregório XVI. Enquanto os emancipacionistas e abolicionistas lutavam pelo fim da escravidão desde a independência, em 1822, a Igreja só condenou abertamente a escravatura quando a abolição já era um fato consumado.

POVO MARCADO

A condição do escravo no Brasil era tão dura que mesmo importando dez vezes mais africanos que os Estados Unidos, o país mal conseguia manter os níveis da população escrava existente. Enquanto na América do Norte a população negra (cativa e livre) aumentava quase na mesma proporção que a de brancos, no Brasil houve acentuado declínio com o corte no comércio negreiro na década de 1850. Um dos motivos da baixa fecundidade era o número de mulheres trazidas para o Brasil. Consideradas impróprias para o trabalho, representavam apenas 30% do total. Some-se a isso a alta taxa de mortalidade in-

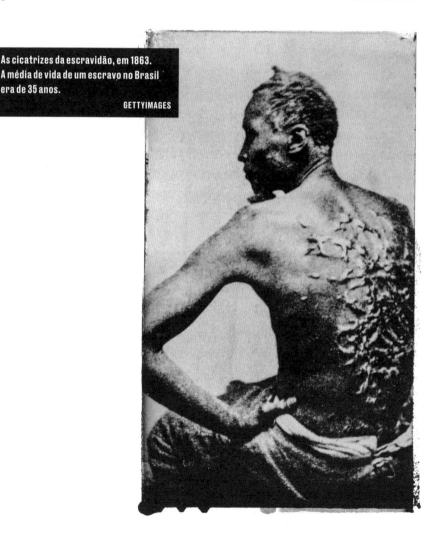

As cicatrizes da escravidão, em 1863. A média de vida de um escravo no Brasil era de 35 anos.
GETTYIMAGES

fantil, que, causada pela insalubridade, subnutrição ou falta de assistência, alcançava 88%.

A alimentação de modo geral era precária, para dizer o mínimo. Farinha de mandioca, carne seca e, quando muito, peixe — só escravos doentes eram tratados com carne de frango, a conhecida "canja de galinha". Até 25% dos escravos nas fazendas permaneciam inaptos temporariamente para o trabalho, acometidos de doenças, acidentes ou pela aplicação de penas severas, no caso dos insubmissos e rebeldes. Embora as punições não fossem aplicadas somente aos cativos (os militares também estavam sujeitos a elas e até mesmo a população livre), escravos fugitivos ou quilombolas poderiam sofrer 300 chibatadas por sua insubordinação; os que assassinavam seus donos ou familiares destes recebiam a pena de morte. Somente em 1886 os escravos ficariam sujeitos às mesmas penalidades estabelecidas pelo Código Criminal e à legislação em vigor, livrando-se, assim, de uma lei de 1835 que regulamentava a pena de açoites. Ter o corpo marcado a ferro quente também não era costume raro. Castigos comuns incluíam ainda o uso de algemas, argolas de pescoço ("gargalheiras") e máscaras de latão, usadas em escravos dependentes do álcool ou com o hábito de comer terra, consequência da verminose. Como se pode deduzir, o número de mortes e deformações causadas por excesso de castigos ou espancamentos era alto.

Comparado às quase 20 horas diárias exigidas para serviço extenuante na lavoura, o trabalho no engenho não era menos doloroso. Rotineiramente se perdiam dedos e braços na moenda, nas fornalhas ou nas caldeiras. Queimaduras na pele e nos olhos também eram frequentes. A historiadora brasileira Emília Viotti da Costa afirma que, na década de 1860, a cada 100 escravos comprados em boa saúde somente um quarto ainda permanecia apto ao trabalho depois de três anos. A duração média da força de trabalho era de quinze anos.[73] Cerca de 6% morriam de exaustão. Mesmo os escravos domésticos (como babás, cozinheiras, pajens, cocheiros etc.) estavam sujeitos aos caprichos e desejos de seus proprietários. Ainda que os casos sexuais envolvendo senhores e escravas fossem mais comuns, o historiador Ronaldo Vainfas revelou, em um trabalho baseado na atuação da Inquisição no Brasil, que muitos senhores abusavam sexualmente de cativos homens. Caso de Francisco Serrão, proprietário de engenho no Pará do século XVIII, incriminado por violentar quase 20 escravos — muitos dos quais morreram dada a rudeza praticada. Ou do padre José Ribeiro Dias, vigário em Minas Gerais, dono de 27 escravos, e igualmente dado ao abuso sexual de seus cativos.[74]

Os escravos viviam com a regra infeliz dos três pês: pau, pão e pano. O aborto e o suicídio eram formas de resistência e de liberdade. Assim como as fugas. Em 1826, só na prisão do Rio de Janeiro havia quase mil escravos recapturados — de um total de 36 mil cativos da cidade. As descrições feitas por muitos fazendeiros, de que os escravos eram preguiçosos e descuidados, "refletiam mais a vontade dos escravos em resistir ao trabalho espoliativo do que seus hábitos pessoais", definiu um historiador. É o que se denominou de "resistência cotidiana".[75] "Insurreições, crimes, fugas, trabalhos mal executados, ordens não cumpridas, pachorra e negligência eram a maneira de o escravo protestar", escreveu Emília da Costa. A pesquisadora Sandra Graham, da Universidade da Califórnia, notou que, apesar da violência com que eram tratados, da falta de comida e da saúde debilitada pelos maus-tratos, "relativamente poucos, na verdade, assassinaram seus senhores, ou participaram de rebeliões,

Quitandeiras no Rio de Janeiro, em fotografia de Marc Ferrez, 1875. Os "escravos de ganho", como eram chamados, vendiam uma infinidade de produtos, de doces a estatuetas de santos, e repassavam uma porcentagem da venda ao seu proprietário.

ACERVO INSTITUTO MOREIRA SALLES, RJ.

enquanto a maioria, por estratégia, criatividade ou sorte, ia vivendo da melhor forma possível".[76]

João Reis e Eduardo Silva afirmam, no livro *Negociação e conflito*, que entre Zumbi (o "ira sagrada", o "treme-terra") e Pai João ("a submissão conformada") havia um mundo muito mais complexo. Uma questão de sobrevivência. "Os escravos negociaram mais do que lutaram abertamente contra o sistema", definiram os dois historiadores. Quem pôde, barganhou. O escravo urbano, por exemplo, tinha maior liberdade de ação do que aquele que estava preso à lavoura. Os "acordos" eram mais flexíveis. Na cidade eles podiam circular pelas ruas, vender ou oferecer serviços. Os "escravos de ganho", como eram chamados, vendiam uma infinidade de produtos, de doces a estatuetas de santos, e repassavam uma porcentagem da venda ao seu proprietário. Podiam atuar ainda como ferreiros, barbeiros, quitandeiros, doceiras, mascates, lixeiros e carregadores (transportando bagagens ou clientes em liteiras). Em muitos casos conseguiam comprar a própria alforria. Como tinham oportunidade de encontrar outros escravos membros da mesma etnia e também interagir com libertos, foi nas grandes cidades que surgiram as maiores rebeliões escravas.

REBELIÕES ESCRAVAS

Desde meados do século XVI se tem notícia de fugas de escravos e da formação de comunidades de fugitivos no Brasil. O maior exemplo dessa atividade está centrado na história do Quilombo de Palmares, na região da serra da Barriga, no sertão alagoano — a cerca de 90 quilômetros de Maceió. Os primeiros documentos que fazem referência ao quilombo datam de 1584, e embora o local tenha sido destruído em 1694 pela ação do bandeirante Domingos Jorge Velho, ainda havia a presença de escravos na área na década de 1740. Na verdade, Palmares era o nome dado a uma reunião de 12 acampamentos ou comunidades interdependentes. O povoado mais conhecido foi o de Macaco, com uma população estimada em 6 mil quilombolas e célebre pela atuação de Ganga Zumba e de seu mítico sobrinho Zumbi, morto em 20 de novembro de 1695 — data que o movimento negro brasileiro consagrou como Dia da Consciência

Negra. Palmares reunia não apenas escravos fugitivos, mas também indígenas e brancos marginalizados. Por volta de 1670, a população total estimada era de 20 mil habitantes. Salvador, a maior cidade nordestina na época, tinha menos de 15 mil. Por se organizar como as comunidades africanas, a presença de escravos também era comum. O termo quilombo, antes chamado também de mocambo (esconderijo), teria origem na língua banto, falada na África Central. Além de significar acampamento fortificado, "kilombo" traria ainda o sentido de iniciação militar entre os imbangalas (jagas). Segundo Flávio dos Santos Gomes, doutor em História Social pela Unicamp e professor da UFRJ, era prática comum em Angola, "como estratégia política, social e militar", a incorporação de habitantes de regiões conquistadas, "o que explicaria a cultura escrava e a recriação do ritual africano entre os cativos do Brasil".[77]

No século XIX, com os grandes quilombos do interior destruídos, as revoltas urbanas entraram em cena. Apresentando uma das maiores populações escravas do Brasil (mais de 150 mil pessoas), a Bahia foi o foco de muitos levantes. Em 1807, quilombolas fugitivos de Salvador e do Recôncavo, que intencionavam atacar a capital baiana, foram descobertos antes que causassem maiores estragos. Ainda assim, pelo menos 78 insurgentes, entre escravos e libertos, foram presos. Em 1814, 250 escravos de uma armação pesqueira em Itapuã assassinaram o feitor e membros de sua família, incendiaram as instalações e na tentativa de fuga entraram em choque com tropas do governo. Mais de 70 cativos morreram, 23 foram deportados, 4 foram enforcados. Pelo menos duas dezenas morreram na prisão devido aos maus-tratos; alguns cometeram suicídio. Dois anos depois, outra rebelião teve início em Santo Amaro e São Francisco do Conde, nas proximidades da capital. O conflito durou quatro dias, tendo os revoltosos incendiado engenhos e matado vários brancos. A insurreição foi sufocada por uma força de "escravos leais" comandada por Jerônimo Fiúza Barreto, o "salvador do Recôncavo". Nova revolta ocorreu em 1822, envolvendo mais de duas centenas de escravos do engenho Boa Vista, em Itaparica. Em 1826, o levante do quilombo do Urubu tinha como lema "morra branco e viva negro". Em menor número que a força que os combatia e diante da ameaça de serem capturados, os escravos cometeram suicídio coletivo — "se degolaram uns aos outros", noticiou um boletim policial.⁷⁸

A maior revolta de escravos ocorrida na província, no entanto, aconteceu em 1835 com os malês. A origem do termo, segundo o antropólogo Nina Rodrigues, teria ligação com Mali, o poderoso estado muçulmano da Costa do Ouro, no litoral ocidental africano. Pierre Verger, por sua vez, associou-o a "imale", expressão ioruba para islã. De todo modo, o "Levante dos Malês", como ficou conhecido, além de político tinha também caráter religioso e étnico.

Escrava mina nagô, em 1865. O Levante dos Malês reuniu escravos da religião islâmica de Salvador, na Bahia, em 1835.
ACERVO INSTITUTO MOREIRA SALLES, RJ.

A capital baiana possuía nessa época 22 mil escravos, e o número estimado de rebeldes ficava entre 400 e 600. Em sua maioria, eram nagôs, haussás e jejes. A data escolhida para o levante foi o dia 25 de janeiro, festa do Bonfim. "Os malês esperavam combinar o relaxamento do poder senhorial num domingo de festa cristã com o seu próprio fortalecimento espiritual num dia do mês sagrado do Ramadã", escreveu o historiador João Reis. Na noite do sábado, dia 24, os muçulmanos ocuparam as ruas de Salvador. Mas sem conseguir cooptar o restante da população negra da cidade, o levante foi esmagado por uma junção de forças heterogêneas: tropas do governo, população livre (branca e mulata) e escravos dos engenhos baianos. Depois de três horas de luta, mais de 70 insurretos morreram em combate, centenas foram presos, julgados e condenados. Entre as punições, condenações à morte e às galés. Sete malês receberam 800 açoites, o restante recebeu entre 300 e 600 chibatadas; o mestre malê Pacífico Licutan foi condenado a mil açoites.[79]

Embora as revoltas no Nordeste tenham sido mais frequentes, elas se proliferaram em todo o país, com dimensões variadas. Em Minas Gerais, a maior população escrava do país (170 mil cativos), o líder negro Argoim, proprietário de terras e lavras de ouro, liderou um grande movimento de massas em junho de 1821. Alegando que a Revolução do Porto tornara iguais brancos e negros, ele teria conseguido reunir aproximadamente 20 mil revoltosos em Ouro Preto e São João do Morro antes de o movimento ser sufocado por soldados e milicianos no ano seguinte.[80]

Organizados em quilombos, praticando resistência cotidiana ou revoltas urbanas, o fato é que, como definiram as historiadoras Schwarcz e Starling no livro *Brasil: uma biografia*, "os escravos jamais abriram mão de serem agentes e senhores de suas vidas".[81]

CAMÉLIAS BRANCAS

No Brasil, as ideais iluministas chegaram logo após as revoluções americana e francesa, mas levaram bem mais tempo para derrubar as estruturas arcaicas sobre as quais o país fora construído. Por aqui, a "nova consciência", como se referiu Joaquim Nabuco, foi se construindo "pouco a pouco". A ideia de José Bonifácio de emancipação gradual da escravidão foi seguida à revelia de leis para tal, mas foi lenta demais. Nem em Portugal o processo de libertação dos escravos levou tanto tempo. O Brasil acabaria sendo o último país do Ocidente a pôr fim à escravatura.

Em 7 de novembro de 1831, uma lei elaborada por Felisberto Caldeira Brant, o visconde de Barbacena, e pelo regente Diogo Feijó, conhecida como "Lei Feijó-Barbacena", proibiu a entrada de novos escravos no Brasil, considerando livres todos os africanos trazidos para o país a partir daquela data (de acordo com o Código Criminal, pessoas acusadas de importar escravos seriam punidas por reduzir pessoas livres à escravidão). Era uma lei "para inglês ver". Mais uma, já que desde 1810 a Inglaterra tentava inibir o comércio escravo praticado por Portugal e, desde 1826, pelo Brasil. Em 1845, a "Bill Aberdeen" considerou o tráfico pirataria e a Marinha britânica passou a capturar os navios negreiros, mesmo em águas brasileiras. Pressionado, cinco anos mais tarde, o Brasil promulgou a lei Eusébio de Queirós, determinando a extinção do tráfico de escravos no Brasil. Ainda assim, dois outros anos se passariam até o cessamento total do transporte ilegal de carga humana.

Nesse ínterim, começavam a aparecer as primeiras manifestações de apoio popular à abolição. Surgiu em Salvador a "Sociedade filantrópica estabelecida na capital da Bahia em benefício dos brasileiros que tiveram a infelicidade de nascer escravos", e no Rio de Janeiro era criada a "Sociedade contra o tráfico de africanos e promotora da colonização e civilização dos índios". Depois das pioneiras, as agremiações contra a escravidão foram se multiplicando. Segundo levantamento feito pela historiadora Angela Alonso, da USP, entre 1868 e 1888 foram criadas 296 associações abolicionistas pelo país.[82] O número de manifestações públicas na última década pré-abolição passou de 780.

Pressionado interna e externamente, em 28 de setembro de 1871, o visconde do Rio Branco promulgou a "Lei do Ventre Livre", que declarou livres os filhos de escravos nascidos a partir daquela data. Mas os "ingênuos" deviam ainda permanecer oito anos em poder do proprietário de sua mãe. Só depois desse prazo poderiam ser libertados, tendo ainda o proprietário de receber 600 mil réis — ou então utilizar os seus serviços até a idade de 21 anos. A lei criou ainda o "Fundo de Emancipação", cujos recursos seriam destinados à libertação de determinado número de escravos, e a obrigatoriedade de uma matrícula, que serviria de base para o cálculo de indenização. Foi um fracasso. Até 1885, apenas 10 mil escravos haviam sido libertados pelo fundo. Em contrapartida, no mesmo espaço de tempo, 60 mil alforrias foram concedidas espontaneamente.

Enquanto isso, intensificaram-se as ações abolicionistas. Os principais líderes do movimento lançaram mão de todos os instrumentos possíveis. Lutavam, dessa forma, em todas as frentes, com diversos estilos de ativismo. Joaquim Nabuco era o porta-voz do abolicionismo no parlamento. André Rebouças, amigo da família imperial, servia-se de *lobby*, articulação entre o espaço público e o político. Abílio César Borges atuava por meio do associativismo e de cerimônias cívicas. Luís Gama, o "rábula negro", valia-se do ativismo judicial. José do Patrocínio preferia ações parlamentares e candidaturas eleitorais, além da campanha publicista, com artigos em jornais. E Antônio Bento de Souza e Castro e seus "caifazes" articulavam fugas de escravos, promoviam ameaças a feitores e surras em capitães do mato. Embora o grupo se dividisse entre monarquistas e republicanos, eram todos maçons. "Variados intérpretes de um só repertório. Não coro, orquestra", escreveu Angela Alonso.[83]

A sensibilização popular, tal como ocorrera na Inglaterra e em outros países da Europa, começava a surtir efeito no Brasil. Em 1880, surgiu a Sociedade Brasileira contra a Escravidão, e três anos depois, a Confederação Abolicionista, que congregava cerca de 30 associações antiescravistas de todas as províncias do Império. Com apoio dos abolicionistas, multiplicaram-se os quilombos. Em São Paulo, havia pelo menos três; no Jabaquara se reuniram aproximadamente 20 mil escravos. No Rio de Janeiro, entre muitos, o quilombo do Leblon se tornou famoso por uma particularidade: os escravos refugiados ali se dedicavam ao cultivo e ao comércio de flores. Uma em especial: camélias brancas. A flor foi logo associada à abolição. Usar uma camélia na lapela esquerda do paletó ou cultivá-la no jardim de casa passou a ser um gesto político, uma declaração de adesão à causa abolicionista e sinal de apoio e proteção aos cativos fugidos. Até mesmo a princesa Isabel passou a usar camélias em passeios públicos.

Em 25 de março de 1884, o presidente Sátiro Dias declarou extinta a escravidão no Ceará — a primeira província do país a fazê-lo. O Amazonas seguiu o exemplo logo em seguida. No ano seguinte, no aniversário da Lei do Ventre Livre, aprovou-se a lei Saraiva-Cotegipe, a "Lei dos Sexagenários". Claramente uma tentativa de conter o avanço abolicionista por uma extinção imediata; a lei, uma aliança entre liberais e conservadores, regulava sobre a libertação dos escravos com mais de 60 anos, desde que prestassem ainda mais três anos de trabalho como meio de indenização ao proprietário. A título de comparação, ainda na década de 1970, passadas oito décadas de então, a expectativa de vida do brasileiro não ultrapassava os 60 anos. José do Patrocínio a chamou de "lei infamante", "vômito de vinho alegre". Não apenas era ridícula a lei, levando-se em consideração que a rudeza do trabalho escravo limitava a idade média do cativo a não mais do que 35 anos de idade, como a manobra realizada para aumentar ainda mais o tempo de servidão era vergonhosa. O decreto de regulamentação fixou a matrícula de escravos entre março de 1886 e março de 1887. Como a lei só seria implantada depois do registro, os escravistas ganhavam um ano e meio a mais de trabalho escravo antes de ter que libertar os idosos. A lei ainda regulava que na matrícula se utilizasse como base a filiação e não a origem do escravo (a "filiação desconhecida" tornava legal o escravo adquirido por meio do tráfico ilegal interprovincial). Rui Barbosa definiu os escravistas do país como "travessões opostos a todo movimento". "Não admitem progresso, a não ser para trás", disparou um dos maiores intelectuais brasileiros.

A manobra de 1885, no entanto, apenas retardava o que era iminente. Quando a princesa Isabel assumiu pela terceira vez a regência do Império em junho de 1887, o golpe final no sistema escravista era uma questão de tempo. Em março do ano seguinte, com apoio dos moradores de Petrópolis, advogando em causa própria ou não, a regente comprou a liberdade dos mais de 150 escravos da cidade imperial. Simultaneamente, os filhos — e herdeiros do trono — criaram o jornal abolicionista *Correio Imperial*.

Por determinação da princesa, que na primeira regência já havia assinado a Lei do Ventre Livre, o ministro da Agricultura Rodrigo Augusto da Silva apresentou à Câmara um projeto de abolição incondicional dos escravos. No dia 9 de maio de 1888, os deputados aprovaram a lei: 83 votaram a favor, somente 9 contra. Dois dias depois, quando o projeto de abolição chegou ao Senado, apenas os conservadores João Maurício Wanderley, o barão de Cotegipe, e Paulino José Soares de Sousa fizeram longos discursos em oposição. Cotegipe achava que a lei era uma violação dos diretos de propriedade. "Daqui a pouco se pedirá a divisão das terras e o Estado poderá decretar a expropriação sem indenização", reclamou. Mesmo os que votaram a favor do projeto sustentavam a opinião dos homens que tinham mantido, sem pudor, a escravidão por séculos. O senador alagoano Lourenço de Albuquerque declarou: "Não fiz mais do que render homenagem ao inevitável, submeter-me à fatalidade dos acontecimentos". O deputado José Luís Coelho e Campos, de Sergipe, afirmou ter votado a favor "porque não havia outra solução".[84]

Depois de quase sete décadas desde a independência, no dia 13 de maio o Brasil finalmente declarou extinta a escravidão em todo o país. Mas a encenação feita com a chamada "Lei Áurea" e a posição de quase idolatria dos principais líderes do movimento à imagem da princesa Isabel, a "redentora dos negros", acabou por ofuscar a participação dos próprios escravizados no processo. Nascia ali a ideia de que o negro nunca fora capaz de lutar contra a opressão e só conseguiria a liberdade mediante um presente concedido. O historiador brasileiro José Honório Rodrigues afirmou que, longe de ser uma dádiva, a abolição da escravatura negra no Brasil foi "uma conquista de escravos ajudados por aqueles cuja consciência iluminada os fez servir desinteressadamente à História".[85]

Se corrigia (ao menos politicamente) um erro da época da independência, a Lei Áurea deixou a desejar quanto ao amparo social. Uma imensa massa humana, analfabeta e marginalizada, tinha liberdade e pouco o que fazer com ela. Os projetos de distribuição de terras entre os ex-escravos (uma reforma agrária) e a criação de escolas públicas para os filhos dos libertos nunca saíram do papel ou do idealismo de alguns poucos. Por outro lado, o impacto da abolição foi devastador na relação já conflituosa entre o governo imperial e os grandes proprietários rurais. Segundo os historiadores Mary del Priore e Renato Venancio, a indenização pretendida pelos escravistas, que viam no Treze de Maio um confisco da propriedade privada, era impossível: os 723.719 escravos libertados custariam algo em torno de 210 milhões de contos de réis aos cofres públicos, o que correspondia a uma quantia 22% acima do orçamento total do Império.[86] A "traição" do trono para com os interesses da elite econômica do país teria resultado prático e imediato: não haveria Terceiro Reinado no Brasil.

RUI BARBOSA E A QUEIMA DOS ARQUIVOS

Mas os proprietários de escravos não se deram por vencidos. Em junho, Paulino de Souza protocolou um pedido de indenização na Câmara dos Deputados. Cotegipe entrou com projeto semelhante no Senado. Exigiam o valor das propriedades que julgavam espoliadas e subsídios para mão de obra substituta para suas lavouras. Joaquim Nabuco reagiu imediatamente, solicitando à Câmara dos Deputados "que os livros das matrículas de escravos de todos os municípios do Império sejam cancelados ou inutilizados, para que em tempo algum possam servir de base às indicadas pretensões".[87] Os pedidos de indenizações e os debates em torno do assunto seguiriam pelos dois anos seguintes.

Quando a monarquia caiu, o governo republicano passou a ser o alvo. Em despacho datado de 14 de dezembro de 1890, Rui Barbosa, então ministro da Fazenda, ordenou a destruição dos documentos da escravidão — o que seria realizado, de fato, por seu sucessor, Tristão de Alencar Araripe, um ano mais tarde.

A decisão radical e temerária colocou o ministro, abolicionista de primeira hora, na posição de "destruidor da memória nacional". Logo ele, um dos primeiros a manifestar a importância do negro no movimento que culminou no Treze de Maio. "O não quero do escravo impôs ao fazendeiro a abolição", afirmou. Embora não fosse oportuna (nem uma Constituição o novo regime tinha), a deliberação de Barbosa pretendia acabar com a pressão sobre o governo, eliminando a documentação fiscal que pudesse servir de prova aos ex-proprietários em pedidos de indenização. A mobilização dos "indenizistas" era tal que o grupo havia pleiteado junto ao governo a subvenção de um banco para o ressarcimento de suas "propriedades". A resposta do ministro não poderia ter sido mais direta: "Mais justo seria e melhor se consultaria o sentimento nacional se se pudesse descobrir meio de indenizar os ex-escravos não onerando o tesouro". Em um estudo sobre a queima dos arquivos, Francisco de Assis Barbosa escreveu que a acusação contra Barbosa era fruto de "irreflexão, leviandade ou aleivosia".[88]

Há, no entanto, quem acredite que o contrário também poderia ter ocorrido (embora, pelas estruturas sociais e políticas da época, fosse pouco provável). Com os registros de compra, os negros poderiam reivindicar indenizações por escravização ilegal, já que a lei Feijó-Barbacena proibia a entrada de novos cativos no Império. Acredita-se que entre a lei de 1831 e a Lei Eusébio de Queirós, de 1850, pelo menos meio milhão de africanos foram trazidos para o Brasil e aqui ilegalmente escravizados.[89]

A GUARDA NEGRA

Rui Barbosa afirmou que não passava de um "troço de maltrapilhos entoando vivas à monarquia e ao Partido Liberal", a "ralé carioca". Para o sociólogo Clóvis Moura, era uma "organização terrorista". Composta de escravos libertos, mulatos e capoeiristas, a "Guarda Negra" era uma milícia; tinha como objetivo dissolver comícios e manifestações públicas republicanas, demonstrar gratidão à princesa Isabel e defender um Terceiro Reinado depois da morte de D. Pedro II. Embora alguns historiadores acreditem que a guarda tenha sido criada em meados de 1888, na casa do abolicionista e monarquista Emílio Rouedé, oficialmente ela surgiu em 28 de setembro desse ano, de uma reunião entre José do Patrocínio e representantes da Liga dos Homens de Cor no jornal abolicionista *Cidade do Rio*. A data marcava o aniversário da Lei do Ventre Livre, de dezessete anos antes.

No Treze de Maio, Patrocínio teria afirmado que enquanto houvesse "sangue e honra abolicionistas, ninguém tocará no trono de Isabel, a Redentora".[90] Dias depois ele negaria que tivesse usado tais termos, mas a criação da Guarda Negra parece dar crédito à frase. O biógrafo do líder negro, Oswaldo Orico, escreveu que "o fanatismo abrira-lhe na alma a ilusão desse recurso com que imaginava cercar de garantias e prestígio a Redentora de sua raça".[91] Para Schwarcz e Starling, Patrocínio acreditava que a "lealdade à abolição era mais importante do que os sistemas políticos, incluindo-se a República", pela qual manifestava inclinação.

Marcados por incontida violência, os choques entre milicianos negros e partidários da república provocaram ondas de "luta e sangue", com atuação policial, tiros, brigas de rua, lutas com paus e pedras e muitos feridos. Em um dos casos, talvez o mais conhecido, a Guarda Negra liderada por Manuel Benício dos Passos, o "Macaco Beleza", envolveu-se no que ficou conhecido como o "massacre do Taboão", ocorrido em junho de 1889 na Bahia, quando o grupo entrou em confronto com os partidários de Silva Jardim, importante e radical líder republicano. A derrubada do império e o exílio da redentora acabaram também com a Guarda Negra. Mas os negros continuaram a cultuar a princesa Isabel ainda por algum tempo. Em 13 de maio de 1891, um grupo de ex-escravos foi preso por autoridades republicanas em Minas Gerais após ostentar a bandeira do Império, ter ameaçado queimar a da República e dar vivas à Monarquia e à herdeira de D. Pedro II.

5. AO SOM DA MARSELHESA

A Proclamação da República foi orquestrada por militares. Mas enquanto o marechal Deodoro hesitava em destronar o velho amigo, o imperador d. Pedro II, um grupo de republicanos civis proclamava o novo regime ao som da Marselhesa, hasteando uma bandeira com o desenho do estandarte dos Estados Unidos.

Rio de Janeiro, manhã de quinta-feira, 15 de novembro de 1889. O chefe de gabinete, ministro Afonso Celso de Assis Figueiredo, envia ao imperador D. Pedro II o terceiro telegrama do dia. Afirma o visconde de Ouro Preto, sitiado no Quartel-General da Guerra: "Não há possibilidade de resistir com eficácia". Passava das 9 horas quando o marechal Deodoro da Fonseca adentrou o quartel e encontrou os ministros reunidos em uma sala. Fez um breve discurso, ressentido, falou das humilhações pelas quais ele e o Exército haviam passado e anunciou que o ministério estava demitido; em seu lugar seria organizado outro, com nomes que levaria ao imperador — que a essa altura se dirigia de Petrópolis para o Rio de Janeiro. O visconde assentiu: "Submeto-me à força". Ainda convalescendo da dispneia causada pela arteriosclerose, Deodoro se retirou do cômodo, montou um cavalo, deixou o quartel e desfilou pelas ruas do Rio de Janeiro. Segundo um relato, mal se sustentava na sela, tinha a cara fechada e a cor ferrosa puxando para verde. Ao ouvir gritos de "Viva a República!" se conteve em dizer que ainda era cedo. "Não convêm, por ora, aclamações". Dirigiu-se até sua casa e foi descansar.[92]

A CONSPIRAÇÃO

A ideia de república não era novidade no Brasil. Pelo menos desde Tiradentes ela virara tema recorrente. O primeiro clube republicano do país foi fundado em 3 de novembro de 1870. Além da criação do Partido Republicano e de um jornal, nasceu ali também a ideia de lançar um manifesto à nação. O documento foi redigido por uma comissão liderada pelo advogado e grão-mestre maçom Joaquim

Saldanha Marinho, ex-deputado liberal por Pernambuco e também ex-presidente das províncias de Minas Gerais e São Paulo. Um mês após a reunião, o "Manifesto Republicano" foi publicado no primeiro número de *A República*. Trazia uma retrospectiva histórica dos problemas enfrentados pelo Brasil, creditando à incompatibilidade entre o sistema monárquico e a democracia a causa das mazelas do país, propunha o federalismo e uma Assembleia Constituinte (nada falava sobre a abolição da escravatura). Entre os quase sessenta signatários estavam nomes como Quintino Bocaiúva, Francisco Rangel Pestana, Aristides da Silveira Lobo, Antônio Ferreira Viana e José Lopes da Silva Trovão, quase todos dissidentes do Partido Liberal e também ligados à maçonaria.

Duas décadas depois, havia no Brasil 237 clubes e 74 jornais republicanos que pregavam uma nova ordem com a derrubada da monarquia. Embora fossem ativos, tendo participado vivamente do movimento abolicionista, os republicanos não tinham ideia clara quanto ao modo como a República seria instaurada. Manuel Ferraz de Campos Sales, mais tarde presidente do Brasil, acreditava na força das urnas e na propaganda, o que, para ele, naturalmente levaria os eleitores a optar por um novo regime. O que, na verdade, se mostrara infrutífero até então. Em 1884, somente três deputados republicanos haviam sido eleitos; na última eleição do Império, em agosto de 1889, apenas Minas Gerais conseguira eleger dois deputados. O próprio Sales não foi eleito, assim como nomes importantes dentro do partido, entre eles Aristides Lobo, Lopes Trovão, Julio Mesquista e Prudente de Morais, que mais tarde também seria presidente do país. Antônio da Silva Jardim, por sua vez, defendia a implantação da república por via revolucionária, com apoio popular, tal como ocorrera na França. (Seu radicalismo era tal que ele propunha executar a família imperial em praça pública caso houvesse resistência à derrubada da monarquia). "Matar, sim, se tanto for preciso; matar!", afirmou certa vez. Seu radicalismo o afastaria dos líderes militares do movimento e ele não seria informado sobre o dia do golpe. Saldanha Marinho e Bernardino de Campos desejavam uma "revolução pacífica"; o moderado Quintino Bocaiúva preferia esperar a morte de D. Pedro II para só então, com apoio do Exército, fazer a troca do regime monárquico pelo republicano. "Sem a força armada ao nosso lado, qualquer agitação de rua seria não só um ato de loucura", afirmou, "mas principalmente uma derrota antecipada".

Enquanto os civis se reuniam em torno do Partido Republicano, os militares enfrentavam uma crise de relacionamento com o Império, a chamada "Questão Militar". As desavenças entre os oficiais do Exército e os monarquistas tiveram início em razão do crescente ressentimento dos militares em relação à classe política (principalmente os membros do Partido Conservador), considerada corrupta e antipatriótica. Além disso, os militares estavam sob a influência de uma nova filosofia, o "positivismo" do pensador francês Auguste Comte.

O sistema filosófico de Comte, chamado de "filosofia da história", era baseado na "lei dos três estados".[93] Segundo ele, o espírito humano passaria por três fases distintas de evolução: teológica, metafísica e positiva. Na fase teológica, a mais primitiva, o homem tenta explicar a natureza por meio da crença em espíritos e seres sobrenaturais. Sociedades em fase teológica alcançaram maior coesão social aceitando a origem divina da autoridade, o que, no plano político, fez surgir a monarquia. O estado metafísico, intermediário, passaria pela argumentação abstrata. O sobrenatural é substituído por ideias e forças naturais. No campo político, o Estado não aceitaria mais a origem divina do poder, como na monarquia, mas o governo se instauraria pela soberania popular, motivo das constantes revoluções do século XIX. O último estágio evolutivo, segundo Comte, seria o positivo, em que imaginação e argumentação seriam subordinadas à observação. Há, a partir daí, uma busca pela compreensão das leis — o que se denomina hoje de método científico. Para o filósofo francês, a ciência orientaria a vida social e pessoal, pois o conhecimento das leis naturais e sociais tornaria possível prever o futuro. Vindo esse sistema de uma evolução, ocorreria uma reforma intelectual no homem e o poder não estaria mais nas mãos dos juristas, mas nas dos cientistas, que teriam uma "concepção universal da humanidade". A tarefa de reformar a sociedade caberia então a uma elite culta. E como a enorme massa da população permaneceria ignorante, ela seria conduzida e controlada pelos positivistas, que, instaurando e vivendo em uma "ditadura republicana" — ou científica —, seriam capazes de estabelecer e executar um projeto de futuro de paz e prosperidade. Por fim, como acontece com muitas ideias políticas, a filosofia de Comte acabou se transformando em uma religião, que ele denominou de "Religião da Humanidade": o Deus cristão foi substituído pela humanidade e a devoção aos santos pelo culto aos grandes nomes da história. Os templos positivistas, dessa forma, eram decorados com símbolos e instrumentos científicos, e seus membros se reuniam como se em uma igreja (hoje, o único templo da Igreja Positivista ainda restante no mundo se encontra em Porto Alegre, RS). Dessa "religião" surgiu também o uso da efígie de uma mulher como símbolo da República, imagem essa inspirada na musa do filósofo, Clotilde de Vaux.

No Brasil, referências à filosofia positivista de Comte começam a aparecer nos principais estabelecimentos educacionais do Império, principalmente na Escola Politécnica e na Escola Militar, o chamado "Tabernáculo da Ciência". Em abril de 1876, um pequeno grupo criou uma associação para promover um "curso científico" e a constituição de uma biblioteca. Desse grupo participou Benjamin Constant, que teria papel fundamental no Quinze de Novembro, sendo considerado o "fundador da República brasileira". Segundo o pesquisador positivista Mozart Pereira Soares, a conversão de Constant às ideias de Comte ocorreu em 1857, mesmo ano da morte do pensador francês.[94] Depois de ter servido na Guerra do Paraguai, Constant atuou como professor na Escola Militar da Praia Vermelha, onde surgiu a chamada "mocidade militar", que seria fortemente influenciada pelas ideias positivistas e se tornaria o "elemento iniciador e dinâmico da conspiração republicana no interior do Exército", na definição de Celso Castro, historiador e autor de um estudo sobre a influência dos militares na formação da República.

Em 1877, Raimundo Teixeira Mendes e Miguel Lemos, ex-alunos da Escola Politécnica, foram estudar em Paris. Dois anos depois, Teixeira Mendes aproximou a associação fundada por Benjamin Constant da ortodoxia positivista, dando-lhe o nome de Sociedade Positivista do Rio de Janeiro. De regresso ao Rio, em 1881, Miguel Lemos assumiu a presidência da sociedade, transformando-a em

A Escola Militar da Praia Vermelha, no Rio de Janeiro, em fotografia de Marc Ferrez, 1880. Conhecida como "Tabernáculo da Ciência", a escola reunia o núcleo positivista que tramaria a derrubada da monarquia em novembro de 1889.
ACERVO INSTITUTO MOREIRA SALLES, RJ.

Apostolado e Igreja Positivista do Brasil. Quando a Sociedade Positivista passou a ser militante da Religião da Humanidade, Constant e outros sócios deixaram a instituição por discordarem da orientação proselitista dos diretores. Constant se considerava discípulo de Comte, tinha a visão positivista do mundo, desejava a salvação da pátria e acreditava na capacidade de executar um plano de futuro, mas, como observou Celso Castro, "sua admiração pela Religião da Humanidade era mais ideal ou teórica que militante". Não por menos, entre a mocidade militar Constant era "o mestre", o líder que os guiaria até a República.

Para que a monarquia fosse derrubada, restava unir os dois grupos militares, os "científicos" (com educação superior e positivista) e os "tarimbeiros" (oficiais de tropa, sem formação). A criação do Clube Militar, em junho de 1887, ajustou os ponteiros e os militares delinearam seu próprio projeto republicano. Dos 248 sócios fundadores, 176 eram do Exército e 72 da Marinha; 5 membros eram generais e 39 oficiais superiores. Entre os líderes do Clube estavam o marechal Manuel Deodoro da Fonseca e o tenente-coronel Benjamin Constant. Para Celso Castro, o golpe de 15 de novembro foi "militar em sua organização e execução". Os políticos republicanos civis tiveram um papel importante na organização do novo regime, mas não antes.[95]

Enquanto a Corte se refestelava no Baile da Ilha Fiscal, o último da monarquia, dia 9 de novembro de 1889, o Clube tramava a queda do imperador. Dois dias mais tarde, em reunião na casa de Deodoro, militares e civis ajustaram os detalhes para que o gabinete de Ouro Preto fosse derrubado no dia 16 — só Deodoro ainda relutava em depor D. Pedro II. Mas no dia 14 de novembro, boatos de que o governo ordenara a prisão do marechal precipitariam tudo.

VIVA A REPÚBLICA!

Doente, exausto e com a respiração ofegante, Deodoro não estava com disposição para realizar muita coisa naquele 15 de novembro. Sem ter declarado o fim da monarquia, trancou-se no quarto e não quis dar ouvidos aos companheiros golpistas. Para o velho marechal, derrubar o ministério de Ouro Preto já era suficiente. Mas não para Constant. Foi ele quem alertou Aníbal Falcão, chefe republicano de Pernambuco que estava no Rio de Janeiro: "Agitem o povo. A República não está proclamada!". Cercado de um "sentimento de angústia", Falcão se dirigiu até a redação do jornal *Cidade do Rio*, de propriedade de José do Patrocínio. Ali foi redigida a "Proclamaçao da República". Endereçada aos representantes do Exército e da Armada Nacional (a Marinha), anunciava que "o povo, reunido em massa na Câmara Municipal, fez proclamar, na forma da lei ainda vigente, pelo verea-

O tenente-coronel Benjamin Constant (1836-1891), positivista e professor, teve papel fundamental no golpe de Quinze de Novembro, sendo considerado o "fundador da República".
REPRODUÇÃO.

dor mais moço, após a gloriosa revolução que *ipso facto* aboliu a Monarquia no Brasil".

O "povo reunido" era o grupo republicano que se juntou apressadamente para concluir o que Deodoro não terminara — muito provavelmente mais por falta de vontade do que pela doença. Além de José do Patrocínio, Aníbal Falcão, Silva Jardim e Pardal Mallet, faziam parte também Almeida Pernambuco, Campos da Paz, Lopes Trovão, João Clapp, Luís Murat, Magalhães Castro, Alberto Torres, Olavo Bilac e o padre João Manuel de Carvalho — quase todos também ligados à maçonaria. O "vereador mais moço" era o próprio José do Patrocínio, presidente da Câmara com apenas 36 anos de idade, que decidira de última hora deixar de amar a monarquia e sua "redentora" princesa Isabel.

Concluída a redação da moção, os autointitulados "órgãos espontâneos da população do Rio de Janeiro" esperavam que os militares referendassem a decisão com "a pronta e imediata proclamação da República". Para o historiador Heitor Lyra, tudo não passou de um embuste, uma "verdadeira comédia". Mais uma na história brasileira. Não só a monarquia não havia sido derrubada, mas tão somente o gabinete de Ouro Preto, como não havia governo instituído.

O texto foi levado à Câmara Municipal onde, por volta das 18 horas, realizou-se uma cerimônia improvisada. Com tudo feito às pressas, sem símbolos nacionais previamente preparados, enquanto José do Patrocínio hasteava uma bandeira cujo desenho lembrava a dos Estados Unidos, todos cantaram a *Marselhesa*, o hino nacional francês. Terminada a "cerimônia", o grupo se dirigiu à casa de Deodoro, onde encontraram Mariana Cecília de Sousa Meirelles, a esposa do marechal, a impedir qualquer contato com o marido. Benjamin Constant recebeu o grupo e prometeu que tão logo fosse possível seriam convocados uma Constituinte e um referendo, "a fim de que pudesse a nação deliberar definitivamente acerca de uma forma de governo". Diga-se de passagem, a consulta veio a acontecer somente em 1993, mais de um século depois.

Enquanto isso, durante a tarde, D. Pedro II chegava à Corte e se dirigia ao Paço da Cidade. Ali ficou a par de um plano esboçado por André Rebouças e que já havia sido apresentado ao conde d'Eu (genro do imperador, marido da princesa Isabel): reunir o maior número de aliados possível, retornar a Petrópolis e de lá comandar a resistência. O imperador, no entanto, achava que tudo não passava de fogo de palha. "Conheço os brasileiros", teria dito, "isso não vai dar em nada". Depois de ouvir seu ministro deposto (logo depois de preso, Ouro Preto havia sido libertado por Deodoro), o imperador decidiu nomear o senador Gaspar Silveira Martins como novo chefe de gabinete. Era a pior escolha possível. Não apenas porque Silveira Martins não estava no Rio de Janeiro, mas o gaúcho era inimigo figadal do marechal Deodoro, tanto político como pessoal — segundo se dizia, Martins levara a melhor em uma disputa pela baronesa de Triunfo. Já à noite, demovido da ideia, D. Pedro II aceitou a indicação de um Conselho de Estado reunido às pressas: o baiano José Antônio Saraiva chefiaria o novo gabinete. Mas antes de aceitar o cargo, Saraiva despachou um emissário para conferenciar com Deodoro.

Do lado republicano, Benjamin Constant sabia que precisava ser rápido antes que os monarquistas pudessem controlar a situação, principalmente convencendo Deodoro a permanecer leal ao imperador. Não apenas o marechal se mostrava indeciso quanto à derrubada da monarquia, mas dos três comandantes de batalhão que haviam retirado Ouro Preto do ministério pela manhã, dois eram monarquistas convictos (o tenente-coronel Silva Teles e o major Lobo Botelho). Apenas Sólon Ribeiro era republicano e, ainda assim, de última hora.

O que se tinha naquele momento era, de um lado, um imperador tentando organizar um gabinete, e, de outro, um marechal doente recolhido à cama, sem decidir nada nem permitindo que outros o fizessem. Heitor Lyra descreveu a situação: "Um Monarca já praticamente desprovido de todo poder, mas pensando que ainda governava, e um marechal, praticamente, com todo o poder na mão, mas sem saber, ou não querendo saber, que o tinha".[96] A situação se definiu quando Constant informou Deodoro sobre a indicação de Silveira Martins. O marechal deixou a indecisão e a amizade com D. Pedro II de lado. Acreditando que era uma afronta pessoal e prevendo que se a revolta fosse derrotada pelo político gaúcho, ele seria um homem morto (ele e todos os que haviam participado da quartelada), Deodoro assentiu, finalmente, em proclamar a república.

Com a anuência do líder militar, Constant reuniu o grupo de republicanos na sede do Instituto dos Meninos Cegos, do qual era diretor. Ali se definiram os nomes do novo governo. Constant assumiria como ministro da Guerra, Quintino Bocaiúva como ministro das Relações Exteriores, Rui Barbosa atuaria na Fazenda e Aristides Lobo no ministério do Interior, enquanto Campos Sales ocuparia a pasta da Justiça, Eduardo Wandenkolk seria ministro da Marinha e Demétrio Ribeiro ficaria responsável pela Agricultura e Comércio. A chefia do governo caberia, claro, ao marechal Deodoro. Além da organização dos ministérios, foram redigidos os primeiros decretos: "Art. 1º — Fica proclamada provisoriamente e decretada como a forma de governo da Nação Brasileira a República Federativa; Art. 2º — As províncias do Brasil, reunidas pelo laço da federação, ficam constituindo os Estados Unidos do Brasil". Com tudo definido e posto no papel, o tenente Jaime Benévolo foi encarregado de colher a assinatura de Deodoro, cuja casa não ficava muito longe do Instituto onde estavam. Já era madrugada do dia 16 de novembro de 1889 quando finalmente o Brasil passou a ter novo governo. Não deixa de ser cômico que a primeira Assembleia Constituinte brasileira, a de 1823, tenha se reunido em uma cadeia e o primeiro governo republicano, 66 anos depois, em uma instituição para cegos.

Pouco depois de Benévolo, chegava à casa de Deodoro o emissário de Saraiva. "Agora já é tarde", declarou o marechal. Quando Saraiva retornou ao Paço, a família imperial tomou conhecimento de que já não havia mais volta, a monarquia não existia mais no Brasil. A Casa de Bragança fora destituída do poder. Pela manhã, por volta das 10 horas, uma ordem do governo provisório determinou que ninguém deixasse o palácio. O conde d'Eu esboçou um plano de fuga, imediatamente rechaçado pelo monarca. Às 15 horas, o major Sólon Ribeiro entregou nova ordem: D. Pedro II e toda a família imperial teriam 24 horas para deixar o país. Mas o temor de manifestações em favor do velho monarca e de confrontos entre partidários exaltados fez com que nova determinação fosse despachada para o palácio por volta de 1h30 da madrugada do domingo, dia 17: a partida teria que ser imediata. Levados ao cais do porto, o imperador e a família foram acomodados no cruzador *Parnaíba* e depois no vapor *Alagoas*, que os levou para o exílio.

Enquanto D. Pedro II — agora D. Pedro de Alcântara — era notificado de sua prisão palaciana, o governo provisório tomava posse. Na Câmara Municipal! Nem a Câmara dos Deputados nem o Senado foram consultados, tampouco informados, do novo governo. Sem a presença de Deodoro, ainda acamado, os vereadores receberam os representantes da República e declararam que em função da ausência do imperador, "que se retira do país", e se achando o governo provisório "à testa dos negócios públicos", tendo a Câmara tomado conhecimento dos fatos, "resolveu reconhecer a nova ordem de coisas e declarar em nome da paz pública que o povo deste município adere ao governo provisório".[97] Em seguida, Rui Barbosa, Aristides Lobo, Benjamin Constant e Eduardo Wandenkolk juraram "manter a paz, as liberdades públicas e os direitos dos cidadãos". A mesma Câmara Municipal que serviu para dar legalidade ao golpe seria destituída dias mais tarde, por ser "decadente e insuficiente".

OS BESTIALIZADOS

"O povo assistiu àquilo tudo bestializado, atônito, surpreso, sem conhecer o que significava", escreveu o jornalista republicano Aristides Lobo no *Diário Popular*, de São Paulo. O governo era militar, "a colaboração do elemento civil foi quase nula". Lobo assistiu a tudo como membro do governo republicano, mas a opinião dos diplomatas estrangeiros não foi diferente; o povo passou longe de qualquer envolvimento no golpe. O embaixador da Áustria, em despacho para Viena, afirmou que a população do Rio de Janeiro se manteve indiferente à "comédia, encenada por uma minoria decidida". Londres foi notificada por seu representante de que o povo demonstrou "a maior indiferença pelo acontecido". A Inglaterra recebeu a notícia do golpe com desconfiança — agente financeiro do país na Europa, a família Rothschild era constantemente chamada para salvar os combalidos cofres públicos brasileiros desde a independência, assim como concedia empréstimos pessoais ao imperador. O embaixador francês observou que "dois mil homens comandados por um soldado revoltado bastaram para fazer uma revolução".[98]

Para o historiador Boris Fausto, a passagem do Império para a República "foi quase um passeio".[99] Na verdade, a monarquia não foi derrubada, caiu sozinha. Para Lilia Schwarcz e Heloisa Starling, "o projeto republicano — a despeito dos titubeios iniciais — significou uma saída legítima diante da falência do Império".[100] Talvez não tenha definição melhor. Tal era a falência que quase ninguém levantou a mão para salvar o imperador, ou, como o sociólogo Gilberto Freyre observou, "a Monarquia no Brasil caiu sem ter tido quem morresse por ela". Na Bahia, o responsável militar pela província, general Hermes Ernesto da Fonseca, ameaçou resistir à República, mas capitulou ao saber que o líder do golpe era seu irmão Deodoro. Pequenos distúrbios aconteceram em Desterro (hoje Florianópolis), onde pelo menos três soldados morreram durante as manifestações, e no Rio de Janeiro, com uma revolta no 2º Regimento de Artilharia (curiosamente, uma das unidades que participara do golpe). Um observador civil afirmou, no entanto, que os insubordinados eram "quase todos pretos ou mulatos".[101] Uma pequena sublevação ocorreu também quando um destacamento no Mato Grosso recebeu a informação do golpe. Os soldados rebeldes saíram às ruas aos gritos de "morras à República" e "vivas à Monarquia", resistiram à prisão e incendiaram o quartel. Na realidade, as manifestações populares de lealdade à monarquia (essencialmente de negros e mulatos) tinham como razão de ser o Treze de Maio, não faziam parte de uma ideia de projeto político. Mesmo a elite aduladora de D. Pedro II rapidamente se desfez do ideal monárquico. Tão logo soube da notícia, o barão de Tefé enviou telegrama ao marechal Deodoro felicitando-o pelo sucesso. O visconde de Bom Conselho e o conde de Araruama fizeram o mesmo, manifestando publicamente adesão à causa republicana. E até mesmo o professor dos filhos da princesa Isabel, Benjamin Franklin Ramiz Galvão, o barão de Ramiz, trocou de lado quando oportuno, comparando Deodoro a George Washington, herói da independência e primeiro presidente dos Estados Unidos.[102] A propósito, o nome do barão não poderia soar mais republicano: Benjamin Franklin é considerado um dos pais fundadores dos Estados Unidos, a primeira república das Américas.

BANDEIRA "MARCA COMETA"

O movimento republicano brasileiro não tinha uma bandeira definida. Uma das versões utilizadas era a dos inconfidentes mineiros. Ela havia sido usada em 21 de abril de 1881, na primeira celebração pública em homenagem a Tiradentes, realizada no teatro São Luís, por iniciativa do Clube São Cristóvão, do qual eram membros, entre outros, Lopes Trovão, Quintino Bocaiúva e os dois mentores da festividade, os militares Cabral Noya e Ernesto Senna. Essa versão mantinha a ideia original de 1789, porém acrescentava as cores verde e amarela da bandeira imperial. Permaneceu hasteada por muito tempo nas dependências do jornal *Gazeta da Noite*, de vertente republicana.[103] O escritor mineiro Júlio Ribeiro Vaughan chegou a propor, em julho de 1888, uma bandeira de listras horizontais brancas e pretas, alternadas, e que no canto esquerdo teria um retângulo vermelho, um globo de prata, o desenho do mapa do Brasil em azul e quatro estrelas de ouro. A ideia acabou servindo de modelo para outra bandeira, a paulista.

A versão hasteada por José do Patrocínio na Câmara Municipal no dia 15 de novembro (ali permanecendo até o dia 19) pertencia ao Clube Republicano Lopes Trovão e fora levada pelo estudante Domingos Mascarenhas. Sua confecção foi iniciada pela família de Emílio do Amaral Ribeiro e concluída na alfaiataria do capitão Maximiano de Souza Barros (na Rua Sete de Setembro, 90, o "quartel-general republicano"), para recepcionar Trovão quando de seu retorno da Europa, em 1888.

A bandeira estava guardada no Clube Republicano Tiradentes, mesmo local de encontro dos sócios do Clube Lopes Trovão. Era uma cópia da *The Stars and Stripes* (estrelas e faixas), a bandeira estadunidense, mas suas listras horizontais tinham as cores brasileiras no lugar do vermelho e branco da original norte-americana. No quadrilátero, a cor preta do fundo era sugestão do escritor e jornalista Fávila Nunes; uma homenagem aos negros. As estrelas eram bordadas na cor branca. Mais tarde, o próprio Souza Barros afirmou que nem todos aceitaram a escolha do modelo norte-americano: "[...] todas as preocupações [...] eram de fato copiadas das tradições francesas. Falávamos na França bem-amada, na influência da cultura francesa;

nas menores coisas das nossas lutas políticas relembrávamos a França. A *Marselhesa* era o nosso hino de guerra, e sabíamos de cor os episódios da grande revolução. Ao nosso brado 'Viva a República' seguia-se quase sempre o de 'Viva a França!'".[104] O historiador José Murilo de Carvalho acredita que a adoção do modelo americano teve como motivo agradar os republicanos paulistas, menos radicais que a ala francesa.

Outra bandeira "americana" foi confeccionada por um pequeno grupo de entusiastas liderado pelo fotógrafo Augusto Malta. Copiado da bandeira do Clube Lopes Trovão, o novo modelo foi costurado na agitação do próprio dia 15 de novembro; com ele o grupo desfilou pelas ruas cariocas, contornando o largo do Paço e dando vivas à República. Uma versão um pouco modificada também foi criada pelo oficial da Marinha Gabriel Cruz. Servindo em Pernambuco, Cruz enviou seu modelo em 1888 para Quintino Bocaiúva e José do Patrocínio. No lugar do quadrilátero preto, Cruz usou um fundo azul sobre o qual havia um Cruzeiro do Sul e vinte estrelas em círculo, representando os estados brasileiros. Uma versão semelhante foi usada no navio *Alagoas*, que transportou a família imperial para o exílio.[105] Com pequenas diferenças, os estados de Goiás, Piauí e Sergipe adotaram bandeiras nos moldes do primeiro pendão do país.

Seja como for, a versão *The Stars and Stripes* não agradou aos positivistas ortodoxos. Surgiram, então, ideias esdrúxulas, como a de Silva Jardim, que propôs uma bandeira com três faixas, nas cores preta, vermelha e branca, que representariam as "três raças que compõem etnograficamente a nossa nacionalidade".[106] Sobre as faixas, além de um escudo brasileiro, seriam colocados ainda um globo, uma âncora, um cavalo, um boi e, claro, um barrete frígio, símbolo dos revolucionários franceses. A desastrosa criatividade de Jardim não foi sequer considerada.

A ideia menos revolucionária, e nem por isso menos polêmica, foi proposta por Raimundo Teixeira Mendes — segundo alguns historiadores, com contribuição de Miguel Lemos — e desenhada por Décio Villares. Tomando a bandeira imperial como base, mantiveram-se as cores e o losango, retirando os emblemas imperiais (a coroa, a esfera armilar etc.). No lugar surgiu uma esfera azul cruzada por uma faixa branca em sentido descendente, da esquerda para a direita, e cujo interior reproduzia o céu do dia 15 de novembro, com estrelas brancas que representariam os estados da federação. A polêmica ficou por conta da divisa "Ordem e Progresso" que ia escrita na faixa, abreviatura do lema positivista "O amor por princípio e a ordem por base; o progresso por fim", de autoria de Comte. Opiniões contrárias argumentavam que o lema de uma "seita" religiosa não poderia constar em um símbolo nacional. Além do mais, a faixa branca lembrava um cometa caindo e a propaganda da "Marca Cometa". A disposição das estrelas também estaria errada, com um equívoco científico: chegou-se a consultar um astrônomo na Europa, que apontou constelações invertidas e dimensões exageradas.

Teixeira Mendes, positivista convicto assim como Miguel Lemos, membros do Apostolado, alegava que sua bandeira era uma ligação do passado (a Monarquia) com o presente (a República) e o futuro do país. Chegou a dar outro sentido para o verde-amarelo: a natureza e as riquezas do Brasil, além de representar a esperança e a paz inauguradas pela Revolução Francesa. Fez até uma associação entre os atacantes da Bastilha, que usaram como emblema folhas verdes das árvores do Palais Royal de Paris, e Tiradentes, líder dos inconfidentes mineiros (revolta que ocorrera no mesmo ano da revolução europeia).

O novo modelo foi entregue a Benjamin Constant e declarado oficial pelo governo provisório em 19 de novembro de 1889. Apesar das duras críticas e da troca de farpas entre os autores da proposta e os jornais da época, mantém-se até hoje. Projetos tentaram excluir, sem sucesso, a divisa "Ordem e Progresso" em 1892, 1906, 2003 e 2008. Com pequenas alterações e ajustes, a última atualização da Bandeira Nacional foi realizada em 1992.

AO SOM DA *MARSELHESA*

Onde quer que houvesse revolução, lá estava *La Marseillaise*. Criada pelo engenheiro militar Claude Joseph Rouget de Lisle em 1792, como uma convocação de guerra e estímulo aos defensores da França revolucionária contra a coalizão europeia que ameaçava invadir o país, a música se tornou símbolo da luta contra a tirania e, por consequência, da República. Mas enquanto na França se tentava oficializar a canção como hino nacional, como definiu o historiador José Murilo de Carvalho, autor de um livro sobre o imaginário republicano no Brasil, no resto do mundo "a *Marselhesa* era a revolução, a república radical". A *Marselhesa* era cantada como hino dos revolucionários em todos os países. No Brasil não foi diferente; ela foi cantada na noite da primeira celebração a Tiradentes, em 1881, e em muitas ocasiões que se seguiram até o golpe de Quinze de Novembro. Em 1883, quando o professor da Escola Militar, no Rio de Janeiro, Roberto Trompowsky foi transferido para a Paraíba como retaliação por escrever artigos que atacavam o ministro da Guerra, no dia do embarque seus alunos protestaram ao som da *Marselhesa*.[107]

Silva Jardim chegou a procurar os poetas Olavo Bilac e Luís Murat para a criação de uma letra nacional para a música, mas influenciados

Página do jornal *O Mequetrefe*, de 17 de novembro de 1889, com a "Proclamação da República Brasileira". No centro, o marechal Deodoro da Fonseca (1827-1892) tendo ao seu lado José do Patrocínio (1853-1905) com a primeira bandeira do Brasil republicano.
ACERVO DA FUNDAÇÃO BIBLIOTECA NACIONAL – RIO DE JANEIRO.

por José do Patrocínio (então defensor da monarquia), os dois declinaram — mais tarde, Bilac seria o autor do Hino à Bandeira. Até mesmo em uma sessão espírita, no Rio de Janeiro, o espírito de Rouget de Lisle teria ditado uma "Marselhesa brasileira", nunca usada. Já às vésperas do golpe, a versão oficial do Partido Republicano foi redigida pelo escritor pernambucano José Joaquim de Campos da Costa de Medeiros e Albuquerque e musicada pelo farmacêutico Ernesto Souza. Mas a *Marselhesa* original continuava a ser a preferida dos republicanos, tanto que foi a canção executada na cerimônia da Câmara Municipal em 15 de novembro e continuou a ser usada por pelo menos dois meses. Ao famoso regente Carlos Gomes se ofereceu a vultosa quantia de 20 contos de réis para que compusesse o novo hino. Amigo do ex-imperador, que lhe financiara os estudos na Europa, Gomes teria dito "Não posso!".

Quando em 15 de janeiro de 1890 o major Inocêncio Serzedelo Correia preparou uma manifestação militar para homenagear o marechal Deodoro e o governo provisório, a música tocada foi a *Marselhesa*. Mas o povo reunido em torno do palácio do Itamaraty ouviu o hino com indiferença e apatia. Surgiu, em seguida, o pedido para que a banda tocasse a música de Francisco Manuel da Silva, que era o hino do país até então. "Foi um delírio!", relatou o jornalista de *O Paiz*. Mesmo o concurso promovido pelo governo para eleger um novo hino nacional não alterou as expectativas populares, e a composição vencedora, com música de Medeiros e Albuquerque e letra de Leopoldo Miguez, acabou não sendo oficializada (mas foi conservada e decretada Hino da Proclamação da República). O próprio Deodoro teria dito "prefiro o velho!". E o "velho" permaneceu. Sua letra definitiva, porém, só foi escrita por Joaquim Osório Duque Estrada em 1909 e oficializada em 1922. Duas décadas depois, Getúlio Vargas tornaria obrigatório tanto o ensino do desenho da Bandeira quanto o canto do Hino Nacional.

ESTADOS UNIDOS DO BRASIL

"Os vitoriosos da República fizeram muito pouco em termos de expansão de direitos civis e políticos", observou Murilo de Carvalho. "O que foi feito já era demanda do liberalismo imperial. Pode-se dizer que houve até retrocesso no que se refere a direitos sociais".[108] De fato, a tão esperada participação popular na transformação do Brasil não passou mesmo de propaganda. O poder, que segundo o Manifesto Republicano de 1870 deveria se basear na vontade do povo, passou das mãos do imperador para as do quartel e, logo em seguida, como sempre, para as da oligarquia latifundiária. Mais uma vez não houve revolução. "O ano de 1889 não representou na história brasileira uma ruptura significativa", observou a historiadora Emília Viotti da Costa.[109]

Uma semana depois do golpe, a liberdade de imprensa já fora censurada sob ameaça de fuzilamento — o "Decreto-Rolha". Diversos jornais pelo país sofreram represálias e muitos jornalistas foram presos e surrados. O jornal *O Estado de S. Paulo* foi taxativo: a liberdade de imprensa "tem hoje na República garantias menos seguras e menos eficazes do que as que lhe dava a Monarquia". Foi instaurada uma "semiditadura" militar. Tanto que Deodoro guindou à patente de general todos os ministros do governo. Até mesmo aqueles que eram civis e nunca haviam envergado um uniforme, como Francisco Glicério, Quintino Bocaiúva e Rui Barbosa. O advogado e escritor Eduardo Prado, monarquista convicto, ironizou: "O Quinze de Novembro não foi, portanto, um ato heroico, foi um bom negócio".

De toda forma, para que fosse reconhecido no exterior, o governo provisório tratou logo de organizar uma Assembleia Constituinte. Uma comissão de cinco juristas se pôs a esboçar a nova Constituição. Saldanha Marinho (o presidente), Américo Brasiliense de Almeida Melo, Antônio Luís dos Santos Werneck, Francisco Rangel Pestana e José Antônio Pedreira de Magalhães Castro elaboraram três anteprojetos independentes (e mais uma vez a maçonaria bem representada). Deles surgiu a síntese do projeto que foi apresentado ao governo provisório, revisado e editado por Rui Barbosa. Embora a sugestão não tenha passado, Deodoro estranhou a imunidade jurídica dada aos parlamentares. "O homem sério, verdadeiro e de caráter nobre não admite o disposto neste artigo", escreveu no rascunho.

A Constituinte foi instalada no primeiro aniversário do novo regime, no edifício do Cassino Fluminense, no Rio de Janeiro (sendo depois transferida para o Palácio Imperial da Boa Vista, em São Cristóvão). Sob a presidência de Prudente de Morais, era composta por 205 constituintes, dos quais 40 eram militares. Três meses depois, em 24 de fevereiro de 1891, o Brasil tinha promulgado sua primeira Constituição republicana. Benjamin Constant havia morrido no mês anterior, aos 55 anos.

Seguindo o modelo dos Estados Unidos, pela nova carta o país se convertia na "República dos Estados Unidos do Brasil", constituída por 20 estados autônomos e um distrito federal (o Rio de Janeiro). Federalista e presidencialista, a Constituição estabelecia a divisão dos três Poderes (Legislativo, Judiciário e Executivo), "harmônicos e independentes entre si". O Executivo era exercido agora por um presidente da República, eleito para um período de quatro anos (o vice-presidente era eleito de forma independente). Embora os estados tenham ganhado certa autonomia, como elaborar a própria constituição, contrair empréstimos no exterior, criar impostos de exportação (fator importante para a elite cafeeira de São Paulo que havia ajudado a derrubar o antigo regime), instituir forças militares próprias e exercer atribuições diversas, o federalismo brasileiro não passou de uma cópia malfeita do modelo estadunidense. A União ainda mantinha para si o direito de criar bancos emissores de moeda, de reter impostos advindos das importações, o poder de criar forças armadas nacionais e de intervir nos estados quando necessário.

Ainda segundo a nova carta, a Igreja foi dissociada do Estado. O que antes era atribuição dos padres da Igreja Católica passou a ser dos cartórios civis. Aos brasileiros e estrangeiros residentes no país foram assegurados direitos individuais, como liberdade religiosa, segurança e propriedade privada. A pena de morte foi extinta. As eleições seriam realizadas por sufrágio universal e não obrigatório. O critério econômico foi abolido, mas criou outros obstáculos à participação popular: não podiam votar os menores de 21 anos, as mulheres (que sequer foram mencionadas e só puderam votar a partir de 1932), os mendigos, o clero regular sujeito a voto de obediência ou regra restritiva de liberdade, os soldados (exceto quando alunos de escola militar de ensino superior) e os analfabetos (que eram mais de 65% da população).[110]

Nove meses depois de promulgada a Constituição, em 3 de novembro de 1891 o marechal Deodoro deu um golpe, mais um na história brasileira: dissolveu o Congresso Nacional e instaurou o estado de sítio, pelo qual ficavam suspensos os direitos individuais e políticos. Pressionado, vinte dias depois ele renunciaria ao cargo, assumindo o seu lugar o vice-presidente e também marechal Floriano Peixoto. Deodoro morreria nove meses depois, aos 65 anos. O "marechal de Ferro", como Floriano ficaria conhecido, daria lugar ao primeiro presidente civil em 1894. A Constituição de 1891 iria durar exatos 15.695 dias até ser substituída pela de 1934 (também vinda de golpe militar, o da Revolução de 1930).

6. PEDREIROS LIVRES

Subversiva, a maçonaria esteve por trás dos principais acontecimentos políticos do Brasil durante o século XIX e o início do século XX, mas esteve longe de ser uma organização coerente. Entre os maçons havia republicanos e monarquistas, abolicionistas e escravistas, brancos e negros, padres e militares, nobres e plebeus. Foi importante em 1822, 1888 e 1889, mas afundou junto com a Primeira República.

Poucas instituições na história mundial atraem para si tanta especulação, sentimentos contraditórios e teorias de conspiração quanto a maçonaria. Seu caráter secreto e simbologia estranha aos "profanos", assim chamados os que não pertencem à ordem, sempre alimentou a fantasia geral sobre os reais objetivos da mais popular sociedade secreta. A lista de maçons famosos também ajuda a criar uma áurea de mistério. Ela inclui nomes como o do primeiro-ministro britânico durante a Segunda Guerra, Winston Churchill; o escritor e criador de Sherlock Holmes, Arthur Conan Doyle; o compositor austríaco Mozart e John Paul Jones, baixista da banda Led Zeppelin; o rei Eduardo VIII da Inglaterra e até Kamehameha V, rei do Havaí.

Embora seja comum associar o surgimento da maçonaria à Antiguidade, sua origem mais aceita entre os historiadores modernos remonta à Idade Média, nos canteiros de obras das grandes catedrais europeias. Ali nasceram as corporações de pedreiros, que tinham como finalidade prestar auxílio mútuo, além de servir de escola e aperfeiçoamento. Em especial, um grupo de pedreiros trabalhava com uma pedra calcária conhecida como *freestone*; é dela que teria surgido o termo inglês *freemason*, ou seja, pedreiro-livre, já que, na época, para exercer o ofício o homem deveria ser necessariamente livre e não servo. Mais tarde, o termo foi traduzido para o francês como *franc-maçon*, que originou a expressão franco-maçonaria ou apenas maçonaria. Por esse motivo, boa parte da simbologia maçônica é composta por instrumentos de construção (esquadro, prumo,

Um dos homens mais influentes do século XVIII, Benjamin Franklin (1706-1790) era grão-mestre da maçonaria, membro da loja mais antiga das Américas.

GETTY IMAGES.

compasso, martelo, cinzel, colunas e figuras geométricas). Outros símbolos e expressões usadas são os ramos de acácia (o símbolo da imortalidade da alma), a letra "G" (que teria origem no nome de Deus em diversas línguas: Gott, God, Gat etc.), o grande olho que tudo vê (que representa a onisciência de Deus), a abreviatura GADU (Grande Arquiteto do Universo, que é Deus) e os três pontinhos em triângulo, geralmente usados nas assinaturas de maçons. O termo "loja", empregado para designar o local das reuniões ou de grupos de atividades maçônicas, também tem origem nas corporações de ofício, em que *lodge* significava a cabana ou o local de alojamento dos pedreiros.[111]

A AMÉRICA PARA OS AMERICANOS

Pelo menos na forma como é conhecida hoje, a maçonaria surgiu quando as quatro lojas existentes em Londres se reuniram para fundar a Grande Loja. A reunião inaugural ocorreu em 24 de junho de 1717, em uma cervejaria que ficava no quintal da catedral de Saint Paul, a *Goose and Gridiron* (Ganso e Grelha) — local de encontro de uma das lojas, a mais antiga delas, que remonta ao ano de 1691 e na qual teria sido iniciado o rei Guilherme III.[112] O que se sabe da reunião de 1717 foi publicado somente em 1738 pelo reverendo James Anderson em uma edição ampliada do texto que ficou conhecido como *Constituição de Anderson*, uma compilação das regras normativas da maçonaria editada 15 anos antes. Segundo Anderson, o primeiro grão-mestre eleito foi Anthony Sayer, o mais antigo maçom presente na reunião. Ao morrer duas décadas mais tarde, Sayer ainda era um simples livreiro, mas já havia mais de cem lojas maçônicas espalhadas por Londres. E além de se alastrar pela Inglaterra e Europa, elas haviam chegado também à América do Norte, no final da década de 1720. Em 1732, quando Benjamin Franklin se tornou maçom, ele ajudou a redigir os estatutos da loja da Filadélfia, a mais antiga em atividade na América. Em menos de três anos, Franklin se tornaria grão-mestre da ordem.

Embora inicialmente os maçons tenham se dedicado à solidariedade, à ajuda mútua, às obras cívicas, à tolerância religiosa e aos estudos filosóficos, rapidamente as lojas passaram a servir de base também para organizações políticas — os Setecentos foram anos de efervescência intelectual, em que as bases do absolutismo monárquico começavam a ser contestadas e uma concepção de liberdade e igualdade ganhava força. O próprio frei Caneca, revolucionário e líder da Confederação Pernambucana de 1824, escreveu que a maçonaria se propunha a divulgar "fins justos, tendendo ao melhoramento da espécie humana e sua conservação".[113] Para ele, a maçonaria não envolveria nem religião nem política. O que, aliás, já havia sido definido nas *Constituições, Estatutos e Regulamentos*, de 1762.

Na prática, no entanto, as lojas maçônicas passaram a ser importantes centros de conspiração. E por motivos óbvios: elas atraíam pessoas instruídas ou com desejo de estudar, que teriam ali a oportunidade de pensar e se expressar sem censura religiosa ou política. O primeiro exemplo prático da ação da maçonaria como elemento condutor e subversivo ocorreu na América do Norte. Em menos de cinquenta anos desde a chegada dos primeiros maçons às colônias inglesas, a ideia de liberdade e independência política já era algo consolidado. A prova disso está na Declaração de Independência dos Estados Unidos, de 1776. Dos 56 signatários, 50 eram maçons, incluindo o próprio Franklin, um dos homens mais influentes do mundo na época, e George Washington, o primeiro presidente do país e grão-mestre da loja Alexandria 22, na Virgínia. Ao longo dos dois séculos seguintes, pelo menos 14 maçons seriam eleitos presidentes do país, entre os quais Abraham Lincoln, James Monroe, Teddy e Franklin Delano Roosevelt e Harry Truman — outros 14 maçons seriam vice-presidentes.[114] Não é por menos que, além da moeda, o dólar, a própria capital norte-americana, Washington, é farta em simbologia maçônica.

A independência dos Estados Unidos deu o primeiro passo, mas foi a Revolução Francesa, deflagrada em 1789, que disseminou a ideia de revolução como nunca antes na história. No entanto, é importante ressaltar que, apesar da participação da maçonaria, nem todos os revolucionários franceses eram maçons. Aristocratas como o marquês de La Fayette e o marquês de Mirabeau ou o jornalista radical Jean-Paul Marat estavam ligados às lojas maçônicas. O próprio Rouget de Lisle, autor da *Marselhesa*, também era maçom — frequentava a loja *Les Frères Discrets* (Os Irmãos Discretos). Músico autodidata, Lisle compôs a música a pedido de Philippe-Frédéric de Dietrich, prefeito de Estrasburgo e também ligado à maçonaria. Alguns importantes líderes revolucionários, como Danton e Robespierre, porém, não tinham ligação com a instituição. O próprio lema da Revolução Francesa não teria origem na maçonaria, embora ela tenha, de fato, popularizado o lema "Liberdade, Igualdade e Fraternidade". Nas lojas inglesas, por exemplo, o usual é "Fraternidade, Alívio e Verdade". De todo modo, a ideia de revolução havia sido lançada e por meio dos maçons logo atingiria as Américas Espanhola e Portuguesa.

Nas colônias hispânicas, o movimento por independência em relação à metrópole surgiu na casa do venezuelano Francisco de Miranda, na Rua Grafton Street, n° 27, em Londres, com a criação da *Gran Reunión Americana*, em 1797. Miranda, que fora iniciado nos Estados Unidos, transformou a loja instalada no coração da capital inglesa na catalisadora dos ideais de liberdade e república na América. Por meio dela, surgiram lojas maçônicas denominadas "Lautaro" — homenagem ao índio araucano que lutou contra os invasores espanhóis no século XVI — em Madrid, Cádiz, Buenos Aires, Mendoza, Santiago e diversas outras cidades europeias e sul-americanas. Os "libertadores", como Bernardo O'Higgins, Manuel Belgrano,

Carlos María de Alvear, José de San Martin e Simón Bolívar, eram todos maçons influenciados por Miranda.

IRMÃOS LUSITANOS

A maçonaria chegou a Portugal em 1728 com protestantes ingleses, daí o nome da primeira loja, Loja dos Hereges Mercantes, regularizada pela Grande Loja de Londres em 1735. É provável que o próprio marquês de Pombal, primeiro-ministro do rei D. José I e representante do "despotismo esclarecido", tenha sido iniciado na Inglaterra, o que teria alavancado decisivamente a maçonaria em Portugal. Mais tarde, no começo do século XVIII, havia seis lojas maçônicas em funcionamento em Lisboa e dois importantes fidalgos portugueses

Hipólito José da Costa (1774-1823) foi iniciado maçom em 1798, na Filadélfia, nos Estados Unidos, onde servia como embaixador de Portugal. Exilado em Londres, editou o primeiro jornal brasileiro, o *Correio Braziliense*, impresso entre 1808 e 1822.
ACERVO DO MUSEU DA COMUNICAÇÃO HIPÓLITO JOSÉ DA COSTA.

entre os maçons: o duque de Lafões, marechal do Exército de D. João Carlos de Bragança, e o conde de Linhares, D. Rodrigo de Souza Coutinho, importante conselheiro de D. João VI. Outro nome importante na maçonaria portuguesa era o brasileiro Hipólito José da Costa, iniciado maçom em 1798, na Filadélfia, nos Estados Unidos, onde servia como embaixador de Portugal. Por sua atuação na maçonaria, foi preso pela Inquisição. Tendo conseguido fugir para Londres, lá editou o primeiro jornal brasileiro, o *Correio Braziliense*, impresso entre 1808 e 1822.

Mas disseminar ideias era um problema no Brasil. Ao contrário da América Espanhola, no Brasil não havia universidades, bibliotecas ou jornais (o próprio *Correio Braziliense* de José da Costa era impresso na Europa, financiado pelo governo português em troca de moderação nas críticas à monarquia). Antes da chegada da corte de D. João VI, em 1808, quase não havia livros na colônia, salvo alguns poucos volumes contrabandeados de Portugal e que compunham as bibliotecas de particulares — a maioria de temática religiosa. Ainda assim, mesmo depois da chegada do rei português, livros como os de Voltaire e Rousseau eram proibidos, e depois da fracassada tentativa de liberdade política com os inconfidentes mineiros, raras bibliotecas haviam escapado da censura real. Na opinião do historiador Tarquínio de Sousa, os livros no Brasil joanino eram "mais espionados do que as mulheres".[115] Em verdade, desde 1720 a impressão de qualquer "escrito" estava proibida no Brasil, e após a Revolução Francesa, a Coroa proibiu a remessa de qualquer livro ou impresso para a colônia.

Por isso, para propagar novas ideias, surgiram várias sociedades secretas sob o disfarce de clubes literários, os "gabinetes de leitura". No Rio de Janeiro foi fundada a Associação Literária dos Seletos, em 1752, a Científica, em 1772, e a Arcádia Ultramontana, em 1786. Na Bahia, em 1759, nasceu a Academia dos Renascidos. Em Pernambuco, o Areópago de Itambé, em 1796, e a Academia de Suassuna, em 1802. Apenas para citar algumas. Embora seja atraente aos adeptos das teorias conspiratórias, como se tudo fosse parte de um plano estratégico traçado nos mínimos detalhes, nem mesmo historiadores maçons concordam em classificar como "lojas maçônicas" tais sociedades secretas. "Nada prova que essas sociedades tenham sido lojas maçônicas", observou o historiador maçom Nicola Aslan.[116] O que ocorria, na maioria dos casos dessa época, é que membros maçons se encarregavam de divulgar ideias ou de contatar "irmãos" em diversos outros lugares do mundo, não necessariamente constituindo organizações regulares — o que na verdade, era até proibido.

Para o historiador Luís Henrique Dias Tavares, a maçonaria chegou ao Brasil no final do século XVIII pelos portos, "nas cabeças, baús e amarrados de jovens brasileiros" que retornavam dos estudos na Europa.[117] O Areópago de Itambé, por exemplo, teve como fundador Manoel Arruda Câmara, que era oriundo da Universidade de Montpellier, um dos focos da maçonaria na França. Arruda Câmara também era conhecido de José Bonifácio (outro nome ligado à maçonaria), com quem viajara pela Europa em estudos científicos. Em Montpellier também estudaram os conjurados Álvares Maciel e Domingos Vidal Barbosa, o que, para muitos, é prova da presença da maçonaria na Inconfidência Mineira.[118] Nesse caso em especial, é sabido que, enquanto estudante em Montpellier, José Joaquim Maia escreveu a Thomas Jefferson, então embaixador estadunidense na França, solicitando apoio para a causa brasileira. Maçom, Jefferson fora o redator da Declaração de Independência dos Estados Unidos e, como Franklin, era um dos principais nomes da república americana. Receoso do resultado da conspiração, embora manifestasse interesse, o norte--americano esquivou seu governo de qualquer ajuda oficial aos conjurados. Em que pesem opiniões contrárias, da documentação oficial ajuntada no processo que condenou Tiradentes e seus parceiros de conjura, nada se pode extrair quanto à participação da maçonaria (pelo menos não enquanto organização constituída).

Outro movimento nativista muito associado à maçonaria ocorreria em 1798 com a Conjuração Baiana, também conhecida como "Conspiração dos Alfaiates", cujo fim era "reduzir o continente do Brasil a um governo de igualdade". Teria sido tramada por um grupo maçônico chamado "Cavalheiros da Luz", organizado em Salvador, no ano anterior. No entanto, pesquisas minuciosas como a de Dias Tavares não encontraram menção à presença dos Cavalheiros da Luz na documentação existente. Na verdade, embora os nomes de alguns conspiradores realmente apareçam, como o do comerciante José Borges de Barros, grão-mestre na ilha da Madeira, os Cavalheiros da Luz terão ação efetiva somente duas décadas depois, com a Revolução Pernambucana de 1817.[119] Entre os líderes das duas sedições estava o médico baiano Cipriano Barata, maçom e um dos mais radicais partidários da república. Eleito para a Assembleia Constituinte de 1823, negou-se a comparecer porque tinha "opiniões livres" que iam "quase todas de encontro ao projeto de Constituição". Acabou preso e ainda assim continuou a escrever para o seu jornal, o *Sentinela da Liberdade*.

É quase consenso entre os historiadores, maçons e não maçons, que não havia lojas maçônicas regulares no Brasil antes do século XIX. A primeira foi a Reunião, instalada no Rio de Janeiro em 1801, ligada ao Grande Oriente da França e iniciativa de um misterioso "cavalheiro Laurent", viajante no navio de guerra francês *Hydre*. Nos anos seguintes foram surgindo novas lojas em vários outros lugares, como Recife e Salvador. Em 1815, havia duas lojas no Rio de Janeiro, a Beneficência e a São João de Bragança, cujo nome seria uma homenagem velada ao rei D. João VI, que permitia reuniões maçônicas no próprio Paço Real. A passividade acabou após a Revolução Pernambucana, quando as lojas foram proibidas de funcionar. Para Evaldo Cabral de Mello, o movimento deflagrado em Recife "escapou ao controle da maçonaria portuguesa e fluminense".[120] Segundo o historiador, enquanto as lojas do Rio de Janeiro estavam vinculadas ao Grande Oriente Lusitano, com ideais monárquico-constitucionais, os maçons do Nordeste eram filiados à maçonaria inglesa, que alimentava ideais republicanos.

MAÇONARIAS

Pouco depois de proibidas, as lojas voltariam a funcionar e delas participavam quase todos os homens com influência no processo de independência brasileira, incluindo o imperador D. Pedro I. Em 1822, a atividade da loja Comércio e Artes era tal que dela surgiram a União e Tranquilidade e a Esperança de Niterói. As três juntas, por iniciativa de João Mendes Viana, grão-mestre da Comércio e Artes, formaram em 17 de junho de 1822 o Grande Oriente do Brasil. A data marcou o rompimento das lojas fluminenses com o Grande Oriente Lusitano, mas não significou a união completa das lojas brasileiras. Para o historiador Marco Morel, na primeira metade do século XIX, "a referência às maçonarias no plural parece ser mais exata, pois não havia um centro possante, homogêneo e unificado", apenas uma concepção de organização, que era universal.[121]

A criação do Apostolado da Nobre Ordem dos Cavaleiros de Santa Cruz por José Bonifácio (membro da loja Esperança de Niterói e eleito grão-mestre do Grande Oriente do Brasil), mostra o quanto havia de política por trás das ações secretas da maçonaria. Gonçalves Ledo (da loja União e Tranquilidade) tinha divergências com Bonifácio desde a Universidade de Coimbra. Enquanto Bonifácio defendia Portugal da invasão francesa que obrigou D. João a fugir para o Brasil em 1808, Ledo escrevia para o irmão: "Brasileiro, não seguirei para os batalhões portugueses, nem derramarei meu sangue na defesa dos opressores da minha terra de nascimento". E prevendo que o destino iria dividir brasileiros e portugueses, mostrou o sentimento que o movia e moveria parte das lojas brasileiras nos anos seguintes: "Se o rei de Portugal, se a nobreza de Portugal, abandonam o berço que os embalou, não serei eu, nascido no Brasil, odiando os matadores de Tiradentes, que iria para o campo de batalha lutar pela liberdade dos déspotas que sugaram e ainda sugam as riquezas brasileiras".[122]

Se Ledo pretendia uma maçonaria que fosse o "centro da propaganda liberal" e republicana no Brasil, seu inimigo ideológico ia pelo lado oposto. "Causa-me horror só o ouvir falar em revolução", escreveu Bonifácio. "Odeio cordialmente as revoluções e odeio-as porque a liberdade e o fruto ordinário das revoluções é sempre uma devastadora anarquia ou um despotismo militar crudelíssimo".[123] Para ele, a monarquia constitucional era a única forma de salvar o Brasil do caos. Daí a criação da Nobre Ordem dos Cavaleiros de Santa Cruz, a tentativa de controle da maçonaria e a ideia de manter um príncipe português no trono brasileiro. Por isso, o historiador maçom Carlos Dienstbach defende a ideia de que tanto José Bonifácio quanto D. Pedro I não poderiam ser considerados maçons. A pouca presença dos dois nas reuniões não os qualificaria para tal (pelo menos quanto ao que se pode extrair da documentação disponível, juntos não foram a dez sessões). "Isso não é maçonaria e sim um jogo político", observou.[124]

Os republicanos, como Cipriano Barata, viam o Apostolado como um projeto da Santa Aliança (uma aliança entre os principais países europeus, criada para combater as revoluções no continente após a queda de Napoleão) para destruir as demais sociedades secretas, como a maçonaria. Seria composto por "pessoas ambiciosas, egoístas, indiferentes à liberdade, e ao bem geral da espécie humana". Para frei Caneca, o Apostolado não passava de "um clube de aristocratas civis, que protegem, procuram e propagam por todos os meios a escravidão no Brasil".[125]

De todo modo, unida temporariamente em nome da independência, a maçonaria se voltou ao jogo político no período regencial. Enquanto Holanda Cavalcanti, grão-mestre do Grande Oriente do Brasil, liderava os conservadores, o padre Feijó, da loja Inteligência de Porto Feliz, elegia-se regente à frente dos liberais. As divergências entre as várias "maçonarias" se mantiveram durante todo o Império, uma espécie de "canibalismo maçom", definiu Marco Morel. Somente no Rio de Janeiro coexistiram nada menos do que cinco Grandes Orientes.

Outro exemplo de que não havia uma visão política unificada dentro da maçonaria pode ser visto na Revolução Farroupilha, no Rio Grande do Sul. O líder dos rebeldes, o estancieiro e contrabandista de gado Bento Gonçalves, era o venerável-mestre da primeira loja maçônica do estado, a Filantropia e Liberdade, instalada em Porto Alegre em 1831. Dentro da maçonaria, Gonçalves usava o nome simbólico "Sucre", uma referência ao general Antonio José de Sucre, republicano e um dos "libertadores" da América Hispânica ao lado de Simón Bolívar. A loja porto-alegrense fora instalada nos fundos do jornal *Continentino*, onde ocorriam debates sobre literatura e filosofia, "a Sociedade Literária Continentina", mas que também servia de local de reunião para assuntos políticos secretos, a "Sociedade dos Marimbondos". Para muitos historiadores, houve participação maçônica na revolta, mas ela não foi decisiva, já que havia maçons entre farrapos e imperiais.

O documento conhecido como "Balaústre n. 67", datado de 18 de setembro de 1835, em que se teriam definido as estratégias da tomada de Porto Alegre, é reconhecidamente uma falsificação, criada como alegoria. E até mesmo a bandeira gaúcha, recheada de simbologia maçônica, só foi criada muitos anos depois de encerrada a rebelião. Talvez a ação mais importante da maçonaria na Revolução Farroupilha tenha sido mesmo a fuga de Bento Gonçalves da cadeia de Salvador. Preso na batalha do Fanfa, o general farroupilha foi enviado ao Rio de Janeiro e depois para a Bahia, de onde fugiu do forte de São Marcelo com apoio dos "irmãos" (que ali atuariam na revolta conhecida como Sabinada, em 1837). Por fim, do lado imperial estavam Luís Alves de Lima e Silva, então barão de Caxias, militar que deu fim ao conflito e mais tarde seria grão-mestre do Grande Oriente do Brasil, e o gaúcho Manoel Luís Osorio, iniciado na loja União Geral, em Rio Grande, e mais tarde o comandante militar que invadiu o Paraguai. Uma loja que deu importante apoio ao Exército Imperial foi a União e Fraternidade, de São Leopoldo, onde Daniel Hillebrand, maçom iniciado na Alemanha, comandava uma força de 400 imigrantes alemães.[126] Sem contar que a capital, "leal e valorosa", sempre se manteve fiel ao império.

LUZ SOBRE AS TREVAS

A maçonaria recebe pouca atenção da historiografia brasileira quando o assunto é o movimento abolicionista. Na maioria dos casos, nem mesmo na biografia dos líderes do movimento a atuação em lojas maçônicas é mencionada. Mas os três nomes mais importantes na luta contra a escravidão não apenas eram negros como também eram maçons: José do Patrocínio, André Rebouças e Luiz Gama.

O fluminense José Carlos do Patrocínio era filho de um padre libertino, vigário na paróquia de Campos, membro da loja maçônica Firme União, fazendeiro e pai de inúmeros filhos com suas escravas. A mãe era uma quitandeira negra. Formado em farmácia, foi por meio do jornalismo que se tornou famoso. Atuando nos jornais *Gazeta de Notícias* e *Gazeta da Tarde*, por vezes usando do pseudônimo "Proudhon" (alusão ao filósofo anarquista francês Pierre-Joseph Proudhon), transformou-se no "Tigre do Abolicionismo", a "alma da revolução".

Iniciado na maçonaria na Loja União e Tranquilidade 2, no Rio de Janeiro, recebeu votos na eleição para grão-mestre em 1897, mas não foi eleito.[127] Uma das principais lideranças do movimento abolicionista, Patrocínio era um republicano hesitante e um "isabelista" por gratidão. Enfrentou muitas dificuldades por idolatrar a princesa Isabel como a "loira mãe dos brasileiros". Condenado ao exílio na Amazônia por ter atacado o presidente Floriano Peixoto em seus artigos de jornal, nunca recuperou o prestígio dos tempos da campanha abolicionista, morrendo na miséria em 1905.

Se Patrocínio tinha dúvidas, o baiano André Pinto Rebouças, não. Além de maçom, era monarquista ferrenho. Embora filho de um alfaiate português e uma escrava alforriada, o pai de Rebouças conseguira alcançar prestígio como advogado rábula, deputado e conselheiro do Império, motivo pelo qual a família devia muito a D. Pedro II. Com boa instrução, Rebouças se formou em engenharia,

Luiz Gama (1830-1882), o "rábula negro", líder abolicionista e venerável-mestre da loja maçônica América, em São Paulo, em cinco oportunidades.
ACERVO DA FUNDAÇÃO BIBLIOTECA NACIONAL – RIO DE JANEIRO.

estudou na França e se especializou em fundações e obras portuárias, sendo o responsável pela criação das docas da Corte e de outras no Nordeste. Também se tornou professor na Escola Politécnica do Rio de Janeiro, o foco do movimento republicano entre os militares. A derrubada da monarquia lhe causou tamanha amargura que ele se exilou primeiro na África e depois na ilha da Madeira, onde morreria uma década depois da abolição.

Luiz Gonzaga Pinto da Gama foi uma figura ímpar na história brasileira. "Um coração de anjo, um espírito genial, uma torrente de eloquência, de dialética e de graça", definiu o amigo e companheiro Rui Barbosa. No auge da carreira, o "rábula negro", reconhecido autodidata e líder maçom que sonhava com um "Brasil americano, sem reis e sem escravos", morreu em 1882 vitimado pelo diabetes. Mais de 3 mil pessoas compareceram ao enterro no Cemitério da Consolação (no ano seguinte, uma marcha cívica ao túmulo foi organizada e seria repetida nos anos seguintes até o final da década de 1930). Nascido em Salvador, Luiz Gama era filho de Luiza Mahin, mítica personagem negra de quem falaremos em seguida (ver capítulo *Mulheres do Brasil*). O pai, de origem portuguesa e "infeliz memória", escreveu Gama em carta a um amigo, "era fidalgo e pertencia a uma das principais famílias da Bahia". Apaixonado pela diversão, pesca e caça, apreciador de cavalos, armas de fogo e carteado, o pai do abolicionista esbanjou tanto a boa herança da família até ser reduzido à extrema pobreza. Por isso, em 1840, vendeu o próprio filho de 10 anos como escravo. A bordo do patacho *Saraiva*, Luiz Gama chegou ao Rio de Janeiro, sendo depois levado a São Paulo, onde foi comprado em leilão pelo fazendeiro Antônio Pereira Cardoso. Aprendeu a escrever aos 17 anos, com Antônio Rodrigues (que era hóspede na casa de Pereira Cardoso e de quem ficou amigo).

Em 1848, com provas de sua venda ilegal como escravo, fugiu da fazenda onde era mantido preso e conseguiu trabalho como praça na polícia de São Paulo. Mais tarde, detido por insubordinação, abandonou a carreira militar e passou a trabalhar como ordenança do conselheiro Francisco Maria de Sousa Furtado de Mendonça, chefe de polícia e professor da Faculdade de Direito, a quem dedicou

Primeiras trovas burlescas de Getulino, livro publicado em 1859. Atuando como jornalista, fundou e escreveu para os jornais *Diabo Coxo* e *Cabrião*. Em 1868, recebeu o grau 18 da maçonaria ("Soberano Príncipe Rosa Cruz"), quando fundou, em parceria com Bernardino de Campos, Rui Barbosa, Salvador Mendonça e Antônio Ribeiro Andrade, a loja América, onde seria venerável-mestre em cinco oportunidades. Dentro da hierarquia maçônica, no grau 18 o maçom é dedicado ao triunfo da "luz sobre as trevas", à "libertação pelo amor".

Como advogado provisionado, em 1870 Luiz Gama defendeu a liberdade de 42 negros escravizados, em Jundiaí — causa bancada pela loja maçônica América. Seriam os primeiros dos mais de 500 escravos libertados em ações por ele lideradas. A morte precoce, aos 52 anos, impediu-o de ver a concretização do sonho abolicionista. Mas a semente estava plantada. Junto com Rui Barbosa, ele havia fundado o jornal *Radical Paulistano*, que tinha em seus quadros também Castro Alves, o "poeta dos escravos". Por meio da poesia condoreira, o baiano buscava sensibilizar o povo através do sofrimento do negro. Seu poema *Navio negreiro*, um libelo contra a desumana situação dos escravos no Brasil, é uma das poesias mais conhecidas da literatura brasileira.

Castro Alves também frequentava a loja América, que estava ligada ao Grande Oriente dos Beneditinos e onde Rui Barbosa, então estudante da Faculdade de Direito de São Paulo, propôs que a maçonaria assumisse o compromisso de manter e propagar "duas grandes ideias que agitam o espírito público": a libertação dos escravos e a educação popular.[128] Ideia semelhante teve o advogado Ubaldino do Amaral, iniciado na loja Constância, de Sorocaba. Tendo deixado a primeira loja, fundou a Perseverança 3, onde foi apresentado o primeiro projeto abolicionista maçônico. Mais tarde, Amaral seria prefeito do Rio de Janeiro, ministro do Supremo Tribunal Federal e presidente do Banco do Brasil.

A pressão era grande. No fim da Guerra do Paraguai, enquanto visitava Assunção, o chefe de gabinete de D. Pedro II, visconde de Rio Branco, que também era grão-mestre da maçonaria, foi pressionado pela loja Fé, integrada por oficiais do exército brasileiro.

"Em nossa pátria geme ainda na escravidão um sem número de homens que nasceram no mesmo solo abençoado em que nós nascemos e que são tão brasileiros como qualquer de nós", declarou o major Felipe Neri. A posição do grão-mestre permitiria, segundo os oficiais que Neri representava, que ele pudesse fazer com que "para esses infelizes raie também o sol da liberdade".[129] O que acabou ocorrendo um ano depois, quando o visconde promulgou a Lei do Ventre Livre. O mesmo aconteceria em 1888, quando João Alfredo de Oliveira era ao mesmo tempo grão-mestre do Grande Oriente do Brasil e chefe do gabinete ministerial que decretou a Lei Áurea. A própria lei Eusébio de Queirós, de 1850, também fora promulgada por um maçom.

Outro nome importante no movimento abolicionista foi o do médico baiano Abílio César Borges, o barão de Macaúbas. Fundador da *Sociedade Libertadora 7 de Setembro* e do jornal *Abolicionista*, César Borges era membro da loja Estrela do Oriente. Ele foi também um dos grandes divulgadores da educação como meio de transformação social, o que viria a ser uma das campanhas da maçonaria nas últimas décadas do Império — nesse período, entre 1870 e 1889, os gabinetes somaram 85 membros, dos quais 13% eram associados a uma das 244 lojas maçônicas presentes no país.[130] A "luz sobre as trevas" visava retirar do Brasil o sistema educacional ligado à religião católica e aumentar o número de alfabetizados. Dessa ideia surgiram as escolas destinadas a instruir a população pobre: até a década de 1920, mais de 130 escolas subsidiadas pela maçonaria foram criadas em todo país, atendendo a 7 mil alunos. Cerca de 22 bibliotecas de caráter público também foram criadas e mantidas pela ordem.

A REPÚBLICA DE MAÇONS

A Primeira República, também conhecida por "República Velha", expressão criada durante a Era Vargas para designar o período que antecedeu a Revolução de 1930, bem poderia ter outra denominação: "República de Maçons". O movimento republicano que derrubou D. Pedro II (que, embora não fosse iniciado, frequentava as reuniões das lojas e tinha grande interesse pelo tema) era composto por um grande número de maçons. Entre eles estava Joaquim Saldanha

Marinho, chefe da comissão que redigiu o Manifesto Republicano de 1870 e também a Constituinte de 1890. Saldanha Marinho fora grão-mestre da maçonaria no Grande Oriente dos Beneditinos, uma dissidência do Grande Oriente do Brasil, entre 1863 e 1883. Eram maçons também Silva Jardim (loja América) e Bernardino de Campos (loja Trabalho).

O primeiro ministério republicano do Brasil era composto inteiramente por maçons: Aristides Lobo (Grande Oriente dos Beneditinos), Rui Barbosa (iniciado na loja América), Campos Sales (iniciado na loja Independência, em Campinas, fundador da Regeneração 3, também em Campinas, e da Sete de Setembro, em São Paulo), Eduardo Wandenkolk (loja Cinco de Abril, de Santos) e Quintino Bocaiúva (loja Amizade), que seria grão-mestre do Grande Oriente do Brasil entre 1901 e 1904. Embora fossem reconhecidos como maçons, não há identificação de quando tenham sido iniciados os outros dois membros do ministério, Demétrio Ribeiro e Benjamin Constant.

O marechal Deodoro da Fonseca, chefe do governo provisório e depois primeiro presidente constitucional, também era maçom, iniciado na loja Rocha Negra, em São Gabriel, no Rio Grande do Sul, em 1873. Depois do Quinze de Novembro, tornou-se grão-mestre do Grande Oriente do Brasil. Assim como o primeiro, o segundo presidente, marechal Floriano Peixoto, também era maçom, iniciado na loja Perfeita Amizade Alagoana, de Maceió, em 1871.

A história se repetiu com os presidentes não militares. Prudente de Morais, o primeiro presidente civil eleito no Brasil, ingressou na maçonaria em 1863, na loja Sete de Setembro, em São Paulo. O segundo mandatário civil, Campos Sales, também era maçom, assim como Wenceslau Brás (loja Caridade Mocoquense, de Mococa, São Paulo), Delfim Moreira (loja Belo Horizonte, Minas Gerais) e Washington Luís (loja Filantropia II, de Batatais, São Paulo).

A lista de maçons durante a chamada República Velha inclui ainda o marechal Hermes da Fonseca, sexto presidente eleito, iniciado na loja Ganganelli, no Rio de Janeiro, e Nilo Peçanha, vice-presidente de Afonso Pena, iniciado na mesma loja. Peçanha seria grão-mestre do Grande Oriente do Brasil entre 1917 e 1919. A presença era expressiva também nos cargos executivos estaduais. Em São Paulo, dos 17 governantes da República Velha, 13 eram maçons. Rio de Janeiro, Minas Gerais e Rio Grande do Sul formavam o núcleo principal da maçonaria, que na década de 1920 tinha mais de 400 lojas espalhadas pelo Brasil.

Mas a maçonaria não tem muito do que se orgulhar. A "República de Maçons" foi um período de crise econômica, problemas sociais, revoltas sangrentas (como a Revolução Federalista, Canudos e a Guerra do Contestado); um mar de corrupção e de fraudes eleitorais sem limites. Para ficarmos apenas em um exemplo, basta lembrar as eleições de 1910, disputada por Rui Barbosa, já então conhecido como "Águia de Haia" devido a sua ação na Conferência de Paz de Haia, na Holanda, em 1907. Um dos maiores nomes da política brasileira em todos os tempos, Barbosa concorreu ao cargo de presidente do país com mais de 60 candidatos, entre eles o marechal Hermes da Fonseca, seu principal oponente, cujo símbolo da campanha era uma vassoura, que limparia a corrupção e "a roubalheira dos civilistas".

De uma população de 23 milhões de habitantes, menos de 3% votaram. As apurações da primeira eleição em que os candidatos

Rui Barbosa (1849-1923), de casaca e bengala, na Campanha Civilista de 1910, a primeira eleição em que os candidatos foram às ruas e realizaram comícios públicos. Barbosa ganhou, mas não levou.
ACERVO FUNDAÇÃO DA CASA DE RUI BARBOSA

percorreram o país realizando comícios e mobilizações em ruas e praças públicas apontaram a vitória do intelectual baiano por uma diferença de mais de 73 mil votos. Mas a Comissão de Verificação de Poderes, o que corresponderia hoje ao Tribunal Superior Eleitoral, chefiada por José Pinheiro Machado, encontrou resultado diferente: o militar gaúcho havia ganhado por uma vantagem superior a 173 mil votos. A contagem oficial deu a Hermes 341.594 votos e a Rui 167.858. Em suas memórias, porém, Rui apontou o resultado de inquérito realizado por ele e seus pares com o "mais escrupuloso cuidado": recebera 200.359 votos, enquanto Hermes teria recebido apenas 126.392.[131] Não era a primeira vez que Pinheiro Machado, maçom como os dois concorrentes, iniciado na loja América (a mesma de Rui Barbosa), interferia no resultado de eleições. Desde 1905 ele liderava uma facção no Senado conhecida como "o Bloco", e a chefia da comissão eleitoral simplesmente lhe dava o poder de decidir que candidato tomaria ou não posse, independentemente do número de votos apurados. Conhecido como "o homem que governa o governo" e alcunhado pela imprensa de "chefe do terreiro", antes de eleger Hermes ele havia feito presidentes Rodrigues Alves e Afonso Pena. Mas o "fazedor de reis" não iria longe: seria assassinado com uma punhalada nas costas em 1915.

A Revolução de 1930 derrubou o último presidente maçom da República Velha. De posição ambígua e atividade pouco coesa, a saída de Washington Luís encerrava o período de influência da maçonaria na política do Brasil. Só depois da Era Vargas o país voltaria a ter presidentes maçons, ainda assim, de menor expressão e habilidades duvidosas — como, aliás, na verdade, foram quase todos os presidentes da fraudulenta e decrépita Primeira República, com sua "política dos governadores" desdobrada na "política do café com leite", que privilegiava as oligarquias latifundiárias de São Paulo e Minas Gerais. Egressos da maçonaria eram Nereu Ramos (loja Ordem e Trabalho, de Florianópolis, Santa Catarina), vice de Eurico Gaspar Dutra e presidente interino entre novembro de 1955 e janeiro de 1956, e Jânio Quadros (loja Libertas, de São Paulo), cuja malfadada renúncia lançou o país na instabilidade política que resultaria no golpe de 1964. Dos quinze presidentes posteriores a

Jânio, apenas Michel Temer foi iniciado em uma loja maçônica, a Colunas Paulistas 3333, em São Paulo. Vice-presidente eleito na chapa de Dilma Rousseff, Temer foi membro da maçonaria por quatorze anos, entre 2001 e 2015, quando pediu licença, sendo hoje considerado um "irmão adormecido".

7. MULHERES DO BRASIL

Brancas, negras, sertanejas e até mesmo uma imperatriz; comunistas, aristocratas, intelectuais, brasileiras ou estrangeiras, elas se envolveram em revoltas, na Independência do Brasil e na Guerra do Paraguai. Lutaram por direito ao voto e igualdade de condições; movimentaram-se contra e a favor de revoluções.

Quando a imperatriz D. Leopoldina morreu em dezembro de 1826, a consternação foi geral. Todos lamentaram a perda "da mais gentil das senhoras, a mais benigna e amável das princesas". A população brasileira tinha por ela mais admiração do que pelo imperador — a popularidade de D. Pedro, aliás, só iria piorar depois da morte da esposa. O mercenário alemão Carl Seidler escreveu: "Caíra o mais lindo diamante da coroa brasileira". Nascida arquiduquesa da Áustria, Leopoldina Carolina Josefa de Habsburgo-Lorena fora criada em Viena, o centro cultural do mundo na época. Desfrutando de excelente educação, desde a adolescência era dotada de uma cultura ímpar até mesmo para a nobreza. Além das ciências naturais, adorava física, geometria, numismática e filologia. Era poliglota, falava dez línguas. A inglesa Maria Graham, ao conhecê-la, já no Brasil, escreveu em seu diário sobre o "prazer em encontrar uma mulher tão bem cultivada e bem-educada, sob todos os pontos de vista uma mulher amável e respeitável". Entusiasmada e apaixonada pelo Brasil exótico que se oferecera como sua nova pátria, antes da viagem para a América, D. Leopoldina aprendeu rapidamente o português e se informou sobre a história, a geografia e a economia do país. "Mulher absolutamente superior, sob todos os aspectos", escreveu o ensaísta Afonso d'Escragnolle Taunay.[132] Com uma média de quase cinquenta cartas escritas por ano (pelo menos 850 são conhecidas), nunca deixou de enviar junto de sua correspondência para a Áustria todos os tipos de espécies de animais, sementes, plantas exóticas e pedras raras do

Brasil. Pouco depois de sua chegada ao Novo Mundo, em 1817, ela já havia despachado para a Europa seis caixas com material coletado (o pai e imperador austríaco precisou criar em Viena um museu especial para o Brasil, com as peças enviadas pela filha e outros cientistas).

Em terras brasileiras, D. Leopoldina passou por uma grande transformação. De mulher frágil e submissa às exigências e obrigações que se esperavam das mulheres do século XIX à mulher que, após as desilusões com o marido e com a nova pátria — "um país onde tudo é dirigido pela vilania", escreveu ela em 1819 —, tornou-se observadora importante das transformações políticas que levariam o país à separação de Portugal. As cartas que escreveu e que antecedem esse período importante para o Brasil revelam o quanto ela achava D. Pedro despreparado para governar e decidir o futuro da nação. "O príncipe está decidido, mas não tanto quanto eu desejaria", escreveu ela em janeiro de 1822, antes do Dia do Fico, quando o futuro imperador resolveu permanecer no Brasil. A verdade é que D. Leopoldina fora mais sensível à causa brasileira do que o marido português. Na função de regente, enquanto D. Pedro estava em viagem a São Paulo, no dia 2 de setembro de 1822, ela presidiu o Conselho de Estado e assinou uma recomendação para que o então príncipe separasse o Brasil de Portugal (o que D. Pedro faria no dia 7). Foi por influência dela também que o país foi formalmente reconhecido no exterior como nação independente. O conselheiro Antônio de Meneses Vasconcelos Drummond escreveu que, por isso, "o Brasil deve à sua memória gratidão eterna".[133]

A imperatriz era adepta da causa brasileira, mas fazia parte da elite que detinha o poder. Nem de longe D. Leopoldina passou pelos riscos que muitas mulheres correram em nome da liberdade.

PATRIOTAS

É o caso da "heroína da independência" na Bahia, a negra Maria Felipa de Oliveira. Marisqueira e capoeirista, liderava um "destacamento" de cerca de 40 mulheres que atuava na defesa da ilha de Itaparica. Além de vigiar a entrada da Baía de Todos os Santos e construir trincheiras, em janeiro de 1823 seu grupo seduziu soldados portugueses que se preparavam para invadir Salvador. Depois de aplicarem uma surra de cansanção nos invasores, as mulheres de Maria Felipa atearam fogo em mais de 40 embarcações lusas (a cansanção é uma planta de efeito urticante e causador de bolhas na pele, semelhante à urtiga).

Outro nome importante é o de Maria Quitéria de Jesus. Quando um emissário das tropas brasileiras pró-independência bateu à porta da casa do pai de Maria Quitéria, no arraial de São José de Itapororocas, no sertão da Bahia, ela não teve dúvidas: foi até a casa da irmã, conseguiu emprestado o uniforme do cunhado e se alistou travestida de "soldado Medeiros". A habilidade com as armas a levou ao Batalhão dos Voluntários do Príncipe, o "Batalhão dos Periquitos". Depois de duas semanas, seu disfarce foi descoberto. Mas apesar dos apelos do pai, ela foi engajada ao batalhão — o comandante não poderia perder importante soldado. Forneceram-lhe, porém, além de uma espada, dois saiotes escoceses para evitar confusão. Maria Quitéria se destacou nas batalhas de Pirajá, Pituba, Itapuã e na defesa da ilha da Maré. Em Pituba atacou uma trincheira inimiga e capturou sozinha soldados portugueses; na barra do Paraguaçu, junto com outras mulheres, atacou uma barca lusitana e impediu o desembarque das tropas inimigas. O general Pierre Labatut lhe conferiu honras de primeiro-cadete, e quando o exército brasileiro entrou em Salvador no dia 2 de julho de 1823, Maria Quitéria foi saudada pela população, coroada com uma grinalda confeccionada no Convento da Lapa e enviada ao Rio de Janeiro, onde recebeu de D. Pedro I a insígnia de cavaleiro da Imperial Ordem do Cruzeiro. Maria Graham escreveu que ela era "iletrada, mas inteligente". "Com educação, poderia ser uma pessoa notável", observou. Sobre a aparência da baiana, a britânica notou que, mesmo vivendo no campo, ela não contraíra "nada de rude ou vulgar", não tinha aparência masculina, mas modos "delicados e alegres".[134] Apesar de sua importância na história, Maria Quitéria morreu cega, pobre e esquecida em 1853. Mas não foi caso único. Para a socióloga da USP Maria Lygia Quartim de Moraes, os estudos sobre a condição feminina realizados nas últimas décadas demonstram que a presença da mulher na história brasileira "tratou-se menos de um silêncio por parte das mulheres do que do silêncio por parte da historiografia".[135] Para se ter uma ideia em números, o *Dicionário das Mulheres do Brasil*, organizado em 2000 por Schuma Schumaher e Érico Brazil, enumerou nada menos que 900 nomes de personalidades femininas que fizeram a história do país. Ainda assim, obra incompleta, observaram os autores, "porque ainda faltaram muitas mulheres".

LUIZA MAHIN

Em julho de 1880, o jornalista Lúcio de Mendonça pediu ao abolicionista Luiz Gama que escrevesse uma carta autobiográfica. No auge da carreira, o advogado dos escravos, intelectual autodidata e líder maçom que sonhava com um "Brasil americano, sem reis e sem escravos", respondeu ao jovem amigo (que mais tarde seria um dos fundadores da Academia Brasileira de Letras): "Sou filho natural de uma negra, africana livre, da Costa Mina (Nagô de Nação), de nome Luiza Mahin, pagã, que sempre recusou o batismo e a doutrina cristã. Minha mãe era baixa de estatura, magra, bonita, a cor era de um preto retinto e sem lustro, tinha os dentes alvíssimos como a neve, era muito altiva, geniosa, insofrida e vingativa. Dava-se ao comércio — era quitandeira, muito laboriosa, e mais de uma vez, na Bahia, foi presa como suspeita de envolver-se em planos de insurreições de escravos, que não tiveram efeito. Era dotada de atividade. Em 1837, depois da revolução do Dr. Sabino, na Bahia, veio ela ao Rio de Janeiro, e nunca mais voltou".[136]

Embora Gama tenha tentado encontrá-la em três oportunidades (em 1847, 1856 e em 1861), o máximo que conseguiu descobrir, por "uns pretos minas que a conheciam", é que ela fora presa em 1838 e possivelmente deportada para a África. "Nada mais pude alcançar a respeito dela", lamentou o líder negro. A carta para Mendonça (publicada no *Almanaque Literário de São Paulo para o ano de 1881*) e um poema escrito durante a última tentativa de encontrar a mãe ("Era mui bela e formosa / era a mais linda pretinha / da adusta Líbia rainha / e no Brasil pobre escrava") serviram de base para a construção do mito, consolidado principalmente por Pedro Calmon e seu *Malês: a insurreição das senzalas*, livro publicado em 1933.

Romance recheado de preconceitos e inverdades históricas, o escritor baiano transformou Luiza Mahin em protagonista da Revolta dos Malês, a insurreição de escravos islâmicos ocorrida na Bahia em 1835. A "Luiza Princesa", que para Calmon era adepta do candomblé, depois da vitória dos rebeldes haveria de ser nomeada "Rainha da Bahia".

Mahin seria uma referência a "Mahi", um reino ao norte de Daomé, atual Benim, na África Ocidental. Mas, na verdade, tudo em torno de Mahin é mistério. Há quem acredite que ela seja uma criação no ideário do próprio Luiz Gama. A precariedade das fontes é tal que nem mesmo o registro de nascimento do abolicionista foi encontrado no lugar onde ele afirmou ter sido batizado, a Igreja do Sacramento, em Itaparica. Para o historiador João Reis, Luiza Mahin é o "misto de realidade possível, ficção abusiva e mito literário".[137] Nenhum dos documentos relativos à Revolta dos Malês — um movimento cujas lideranças eram todas masculinas — menciona a mãe de Luiz Gama. Sua participação na revolta de 1835 (ou na Sabinada, em 1837) não pode ser descartada, mas seu papel de liderança é "altamente improvável". O que não impediu que o Movimento Negro Feminino e a Fundação Cultural Palmares transformassem Mahin em "heroína".

Tendo ou não Mahin existido, mulheres participaram ativamente da campanha contra a escravidão. Entre as quase 300 associações abolicionistas do Brasil, pelo menos duas delas foram fundadas por mulheres: a Sociedade da Libertação, criada no Rio de Janeiro em 1870, e a Sociedade Redentora, de São Paulo, do mesmo ano. Entre nomes importantes do abolicionismo, encontra-se o da pernambucana Leonor Porto. Costureira e modista, ela participava da sociedade secreta emancipadora "Clube do Cupim", que contava com a participação, entre outros, de Joaquim Nabuco. Mais tarde, em 20 em abril de 1884, junto com um grupo de senhoras ela fundou em Recife a associação "Ave Libertas", que tinha como finalidade libertar e proteger os escravos por meio de campanhas de arrecadação de fundos — em uma festa, a venda de joias doadas possibilitou a compra de 200 alforrias; promovia também a fuga de escravos e o envio deles para o Ceará (onde a abolição já havia sido instituída), passeatas e manifestações públicas. Em 1885, a associação criou o próprio jornal, no qual Porto escrevia artigos abolicionistas. A presença da mulher na imprensa, aliás, não era novidade. Desde a década de 1870 havia jornais no Brasil que eram editados por mulheres e "não somente para mulheres, como ocorria na maior parte dos países", observou Maria Lygia de Moraes.[138] Entre eles, *O Sexo Feminino*, de 1873, editado em Minas Gerais por Francisca Senhoria Motta Diniz; *O Domingo*, de 1874, de Violante Bivar e Vellasco, no Rio de Janeiro; *Myosotis*, de 1875, de Maria Heraclia, em Recife; e *Echo das Damas*, de 1879, editado por Amélia Carolina da Silva Couto, no Rio de Janeiro. Embora esses periódicos fossem vanguardistas, o público leitor ainda era demasiadamente pequeno. Nessa época, apenas 16% da população brasileira era alfabetizada; entre as mulheres, o índice era ainda menor. A mulher só teve direito a frequentar escolas em 1827; o acesso à universidade só foi permitido em 1879.

VOLUNTÁRIAS DA PÁTRIA

Quando a Guerra do Paraguai teve início, em 1864, o Brasil mobilizou tropas de todos os cantos do país. Mas não apenas os homens se alistaram como "voluntários da pátria". Um número considerável de mulheres também seguiu as forças da Tríplice Aliança, que reuniu os exércitos de Brasil, Uruguai e Argentina. Elas serviam como enfermeiras, comerciantes, costureiras, cozinheiras e até como combatentes. Entre as que atuavam como enfermeiras, destacaram-se a baiana Ana Néri, a paulista Felisbina Rosa, a "Preta Ana" e "Ana Mamuda", preconceituosamente registrada pela história da guerra como uma "humilde negra de coração branco". De família rica, Néri partiu para a guerra depois do alistamento de seus três filhos e de ter solicitado engajamento ao próprio presidente da província. Teve destacada atuação no conflito, trabalhando em diversas enfermarias de campanha. Em Assunção, enquanto o Exército brasileiro cercava a capital inimiga, montou um hospital junto com o filho, que era médico, onde atendiam soldados feridos de diversas nacionalidades — tanto aliados quanto paraguaios. Tratada como "heroína da caridade" e "mãe dos brasileiros", retornou do Paraguai em 1870, recebendo do imperador a Medalha Geral da Campanha do Paraguai e a Medalha Humanitária de Primeira Classe, além de uma pensão vitalícia. A data de sua morte, 20 de maio de 1880, foi transformada em Dia Nacional da Enfermagem em 1923. A atuação de Rosa não foi menos destacada, mas ela morreu em meio à guerra, em 1866, de um colapso cardíaco.

Mas se servir como enfermeira em uma guerra rendia homenagens, o mesmo não se pode dizer das que atuavam como "vivandeiras" — no Sul do Brasil, chamadas também de "chinas". Segundo a historiadora gaúcha Hilda Flores, autora do livro *Mulheres na Guerra do Paraguai*, "eram mulheres andarilhas, amásias, companheiras ou esposas dos soldados, lavadeiras, cozinheiras ou mulheres de má conduta, que formavam um verdadeiro exército constituído".[139] Seguindo na retaguarda do exército imperial, montavam barracas e vendiam de tudo: esporas, fitas, vestidos, bombachas, perfumarias, frutas, verduras e até queijos, salames, vinhos finos, sardinhas de Nantes e charutos de Havana, além do próprio corpo. Uma delas se envolveu com o tenente-coronel Bello, que, escrevendo para casa pedindo perdão, confessava a sua "Chiquinha" o "crime" praticado: "Eu tenho cometido alguns crimes, mas minha mulher, que é tão boa para mim, me desculpará. Sabe como são os homens! Dois anos de ausência de minha mulher me fez cometer um crime! [...] Nem sei como escrevo essas linhas tendo na mente um crime tão horroroso. Perdão minha mulher, perdão eu te imploro de joelhos!". O general Manuel Luís Osorio, comandante-geral do exército brasileiro, também andava com uma "amásia inseparável", que o acompanhava a cavalo até mesmo em situações de perigo. O mesmo fazia o general João Manoel Menna Barreto, que morreu nos braços da "valente china" com quem convivia, depois de ser ferido no combate de Peribebuí, em 1869.

Em sua maioria, no entanto, segundo Hilda Flores, as "chinas" eram índias ou negras, usadas como alívio sexual e sobre as quais a história não registrou nomes. Pelo menos não de todas. Algumas se tornaram conhecidas pela corajosa atuação em combate. É o caso de Maria Francisca da Conceição. Casada aos 13 anos com um cabo, ela lutava disfarçada de soldado ao lado do marido. Em setembro de 1866, na batalha de Curuzu, o marido morreu, mas ela continuou lutando até ser ferida poucos dias depois, em Curupaiti. No hospital de campanha seu disfarce foi descoberto e ela recebeu o apelido de "Maria Curupaiti". Houve mesmo muitos soldados brasileiros que após o fim da guerra retornaram ao Brasil casados com mulheres paraguaias.

Outra história de mulher "vestida de soldado" é a da mulata Antônia Alves Feitosa, a "Jovita", de trajetória quase lendária. Suas origens são incertas. O escritor Gustavo Barroso, em *À margem da história do Ceará*, afirma que ela nasceu em Brejo Seco, sertão de Inhamuns, no Ceará, no ano de 1848. Aos 12 anos de idade, depois da morte da mãe por cólera, teria ido morar com um tio em Jaicós, no Piauí (a mais de 360 quilômetros da capital Teresina).[140]

Quando teve início a Guerra do Paraguai, a humilde sertaneja teria tentado se alistar em Ouricuri, no Sertão do Araripe, em Pernambuco, de onde o 7º Batalhão, unidade em que já estava engajado o noivo, partiria ao encontro do Corpo de Voluntários da Pátria. Inconformada com a decisão de ser deixada para trás, vestiu-se de homem, cortando o cabelo e comprimindo os seios. Mas não adiantou, o comandante do batalhão não a aceitou como soldado. Jovita não se

Antônia Alves Feitosa, a Jovita (1848-).
Vestida como sargento do Corpo de Voluntários da Pátria, em Recife, 1865.
L. CHAPELIN – ACERVO FUNDAÇÃO JOAQUIM NABUCO – MINISTÉRIO DA EDUCAÇÃO.

intimidou; dirigiu-se, então, a Teresina e repetiu o plano de se vestir de homem. Ali foi identificada por outra mulher, que notara as orelhas furadas e o volume dos seios. Dada a insistência, foi alistada como enfermeira no 39º Corpo de Voluntários da Pátria, tendo recebido a patente de primeiro-sargento.

Jovita deixou o Piauí com destino à frente de combate no vapor *Tocantins*, mas durante a viagem, em todo porto que parava, sua imagem de patriota era amplamente explorada. Alguns historiadores acreditam que seu engajamento tinha mesmo essa finalidade. Já no porto de saída, em Parnaíba, havia recebido um anel de brilhantes. Foi aclamada no Recife e ao chegar ao Rio de Janeiro foi saudada por um verdadeiro "espetáculo cívico", no Teatro São Pedro. Segundo Hilda Flores, a ela foi destinado um camarote enfeitado com as cores nacionais e, após o espetáculo, atores fardados de voluntários da pátria a receberam no palco, onde uma atriz famosa lhe deu um beijo, uma coroa de louros e um crucifixo de ouro. Questionando a falta de coragem dos homens enquanto o "belo sexo" dava exemplo de civismo, o *Jornal do Comércio* publicou, inclusive, versos dedicados a Jovita, escritos por um anônimo: "Ao grito da guerra / Lá surge da serra / Jovita gentil / Só tem do seu sexo / o mimoso perfil". A popularidade de Jovita era tal que sua fotografia era comercializada livremente. Segundo um periódico castelhano, "raro era quem não tivera um retrato da voluntária do Piauí".

A fase final de sua vida, no entanto, é tão discutível quanto a inicial. Para o memorialista Raul Aquino, autor de *Ouricuri: história e genealogia*, Jovita não seguiu viagem além do Rio de Janeiro, retornando ao Nordeste onde morreu. Uma das versões apresentadas por Hilda Flores afirma que ela seguiu viagem pelo vapor *Jaguaribe* (com mais de 260 voluntários e oficiais), chegando ao cenário da guerra onde atuou como vivandeira de um soldado chamado Eusébio, morrendo "heroicamente" na batalha de Acusta Ñu, em 1869.[141] Outra versão acredita que, no Rio de Janeiro, ela teria se casado com o engenheiro Guilherme Noot, da *Companhia City Improvements*, mas, abandonada pelo marido e desamparada pelo pai, cometeu suicídio em um prostíbulo, em outubro de 1867. Versão parecida diz que, sem conseguir ir à guerra, esquecida depois de toda a propaganda feita, teria morrido no incêndio do cortiço em que morava.[142] Variadas versões do mesmo triste fim; explorada como mercadoria, viveu a glória e a ruína em um breve período de vida.

SUFRAGISTAS

A escritora e filósofa inglesa Mary Wollstonecraft foi pioneira na defesa dos direitos femininos, sustentada em seu livro *Uma defesa dos direitos da mulher*, de 1792. Casada com um dos precursores do anarquismo, William Godwin, sua filha Mary Shelley se notabilizaria como a autora de *Frankenstein*. Mas seriam necessários cem anos até a Nova Zelândia permitir o voto feminino em 1893, o primeiro país do mundo a fazê-lo. A Inglaterra de Wollstonecraft levaria ainda mais tempo, só permitindo o voto feminino, com restrições, em 1918. No Brasil imperial, embora o sexo feminino sequer aparecesse no texto, a Constituição de 1824 impedia as mulheres de votar. O historiador Roderick Barman observou que "a ideia de dependência e da incapacidade da mulher estava de tal modo entranhada e era tão axiomática, que não havia necessidade de proibi-las explicitamente de votar".[143]

Seria preciso esperar mais de um século até que as brasileiras alcançassem o direito ao voto. Ainda durante a Constituinte republicana de 1890, José de Melo Carvalho Moniz Freire condenou a aspiração ao sufrágio feminino como "imoral e anárquica". Se convertida em lei, segundo o deputado capixaba, seria a "dissolução da família brasileira". "A mulher sempre se revelou balda de qualidades práticas", continuou ele, "querer dar-lhe funções das quais, pela sua natureza, ela sempre esteve afastada, é pretender corrigir a obra da natureza humana".[144] O deputado Alexandre José Barbosa Lima, pernambucano representante do Ceará, por sua vez, acreditava que permitir voto à mulher seria a "verdadeira anarquia moral e mental". O paulista Álvaro Augusto da Costa Carvalho era mais progressista. Para ele, a mulher não era "um traste de casa, uma espécie de máquina de chocar ovos", votar não afastaria a mulher dos deveres de mãe, quando "ela já vai à missa, ao teatro, ao baile, aos passeios e às visitas diariamente", tudo isso, "sem destruir o lar". Era uma voz isolada. A Constituição de 1891 excluiria a mulher da participação política, o que, como visto, não era exclusividade brasileira.

Vinte e cinco anos depois, o Código Civil de 1916, o primeiro da república, ainda era misógino. A não virgindade permitia a anulação do casamento e dava direito ao pai de deserdar a filha "desonesta". Só por concessão do marido, então o "chefe da família", a mulher poderia trabalhar, realizar atividade financeira e ter residência. Somente com o Estatuto Civil da Mulher, de 1962, ela passaria a ser "colaboradora" do marido; com a Lei do Divórcio, de 1977, poderia haver separação da sociedade conjugal; e apenas com a Constituição de 1988, a mulher teve seus direitos igualados aos do homem.

Sem amparo constitucional às suas demandas, somente no início do século XX começam a surgir no Brasil as primeiras articulações feministas, e nomes como o de Leolinda de Figueiredo Daltro. Professora primária nascida na Bahia, em 1860, Daltro deixou os cinco filhos aos cuidados dos parentes e perambulou pelo país lutando pela causa indígena e pelos direitos da mulher. Em Uberaba, foi escorraçada da cidade e alcunhada de "Mulher do Diabo".[145] Era entusiasta da ideia de incorporar os índios brasileiros à sociedade branca por meio de uma educação não religiosa, em uma época em que o debate em torno da questão indígena se dividia entre os que queriam a catequização e aculturação total das tribos e os que eram a favor da eliminação completa das populações remanescentes. Como a Constituição de 1891 havia ignorado também os direitos indígenas, o Estado tratava do problema se omitindo e deixando a Igreja lidar com ele. O projeto de Daltro era tornar o ensino laico. Mas sem apoio, em 1896 ela mesma deu início à pratica de educar os índios como meio de integrá-los à sociedade. Viajando por Minas Gerais e Goiás, chegou até as fronteiras do Maranhão e do Pará. Embora seu método seja hoje contestado, publicou o livro intitulado *Da catequese dos índios do Brasil — Notícias e documentos para a história (1896-1911)*, em que conta sua experiência como educadora indígena antes da criação do Serviço de Proteção ao Índio e das ações de Cândido Rondon.

Em 1910, como diretora de escola no Rio de Janeiro, Leolinda passou a se dedicar à causa feminista. Requereu alistamento eleitoral, mas teve o pedido negado. Em protesto, fundou o Partido Republicano Feminino, que lutava pela emancipação da mulher e pelo direito feminino de atuar no funcionalismo público, o que era proibido na época.[146] Entre seus amigos importantes estavam Quintino Bocaiúva e Orsina da Fonseca, primeira esposa do presidente Hermes da Fonseca. Foi através da primeira-dama que ela conseguiu criar a Linha de Tiro Feminino, escola onde as mulheres recebiam treinamento com armas de fogo, e ganhar apoio para as manifestações em prol do direito ao voto feminino. Em 1917, as passeatas do Partido Republicano Feminino reuniam quase uma centena de mulheres nas ruas do Rio de Janeiro. Em 1918, ela foi acusada de estar "interessada na masculinização de seu adorável sexo". No ano seguinte, Daltro chegou a tentar, sem sucesso, lançar-se como candidata à prefeitura carioca. Morreu e um acidente de carro, em 1935.

A partir das manifestações públicas, das greves e protestos das trabalhadoras e do surgimento de organizações como a Federação Brasileira pelo Progresso Feminino, liderada pela cientista Bertha Maria Júlia Lutz, a situação da mulher começou a mudar. Filha do bacteriologista Adolfo Lutz e da enfermeira inglesa Amy Fowler, Bertha nasceu em São Paulo, em 1894. Ainda jovem foi estudar na Europa, onde conheceu o cenário internacional feminista e a campanha sufragista inglesa. Formada em Ciências pela Universidade de Sorbonne, na França, retornou ao Brasil em 1918 e ingressou, como bióloga, no Museu Nacional (instituição onde atuou por mais de quatro décadas, sendo reconhecida internacionalmente por sua pesquisa com anfíbios).[147] Empenhada na luta pelo voto feminino, ao lado de outras pioneiras fundou, em 1919, a Liga para a Emancipação Intelectual da Mulher — que viria a ser o embrião da Federação Brasileira pelo Progresso Feminino, fundada três anos mais tarde. Em 1922, Lutz representou as brasileiras na Assembleia Geral da Liga das Mulheres Eleitoras, nos Estados Unidos, sendo

Bertha Lutz nos Estados Unidos, em 1925.
BIBLIOTECA DO CONGRESSO DOS ESTADOS UNIDOS.

eleita vice-presidente da Sociedade Pan-Americana. Organizou o Primeiro Congresso Feminista do Brasil, em 1931, e também fundou a União Universitária Feminina, a Liga Eleitoral Independente (em 1932), a União Profissional Feminina e a União das Funcionárias Públicas (em 1933). Sua atuação no campo da política foi breve, sendo encerrada com o golpe do Estado Novo, em 1937. Em 1975, Ano Internacional da Mulher estabelecido pela ONU, Lutz foi convidada pelo governo brasileiro a integrar a delegação do país no primeiro Congresso Internacional da Mulher, realizado na capital do México. Foi seu último ato público em defesa da mulher. Lutz veio a falecer pouco depois, no Rio de Janeiro, em 1976, aos 84 anos.

Enquanto Bertha Lutz criava as ligas femininas e organizava congressos nacionais, em diversos estados surgiam lideranças e movimentos independentes. No Rio Grande do Norte, em 25 de outubro de 1927, foi concedido, pela primeira vez na América do Sul, o direito de voto a uma mulher. De autoria do deputado Adauto da Câmara, a lei nº 660, sancionada pelo governador José Augusto Bezerra de Medeiros, regulamentava o Serviço Eleitoral no estado, estabelecendo não haver mais "distinção de sexo" para o exercício do sufrágio eleitoral e condições de elegibilidade. No dia

Bertha Lutz representando o Brasil na assinatura da Carta da ONU, em 1945.
ARQUIVO ONU.

25 de novembro, a professora Celina Guimarães Viana, nascida em 1890, teve o nome incluído na lista geral de eleitores do município de Mossoró. Outra professora, Júlia Alves Barbosa, havia ingressado na justiça requisitando alistamento eleitoral antes de Celina, mas, como era solteira, o processo foi atrasado e o despacho do juiz de Natal só concedeu autorização a ela em 1º de dezembro daquele ano.[148] Com as eleições do ano seguinte, a professora potiguar Luíza Alzira Soriano Teixeira foi eleita prefeita do município de Lajes, a primeira mulher a ocupar o cargo dessa natureza no Brasil e na América Latina.

Em Minas Gerais, destacaram-se nomes como o da escritora Ernestina Carneiro Santiago, conhecida como Mietta Santiago, a primeira mulher mineira a conseguir na justiça o direto de participar de eleições, em 1928. Outra liderança feminina foi Elvira Komel. Nascida em 1906 e formada aos 23 anos, Komel se notabilizou como primeira advogada a atuar no Fórum de Belo Horizonte. Filha de pai austríaco e mãe mineira, aderiu à causa de Getúlio Vargas durante a Revolução de 1930. Por meio de panfletos e dos jornais da capital mineira, manifestou apoio ao líder gaúcho e convocou as "patrícias" à luta. "A vida humana nada significa diante da grandeza dos princípios pelos quais nos batemos", dizia um dos panfletos do movi-

A advogada negra Almerinda Farias Gama (1899-), única mulher delegada-eleitora na eleição dos representantes classistas para a Assembleia Nacional Constituinte, em 1933.

FUNDAÇÃO GETÚLIO VARGAS – CPDOC.

mento. Rapidamente, ela arregimentou 500 mulheres em Belo Horizonte e em menos de trinta dias reuniu cerca de 8 mil mulheres em todo o estado de Minas Gerais. O "Batalhão Feminino João Pessoa" — nome dado em homenagem ao governador paraibano, candidato a vice-presidente na chapa de Getúlio Vargas, assassinado em 1930 — atuou na retaguarda das forças revolucionárias, nas enfermarias, costurando fardamentos ou preparando kits que seriam enviados à linha de frente; foi o embrião da associação feminina cuja luta principal seria conquistar para as mulheres o direito de votar e serem votadas. Por meio dessa associação, Komel organizou o Primeiro Congresso Feminino Mineiro, em junho de 1931. Despontando como liderança política, ela se preparava para disputar uma vaga no Senado quando morreu aos 26 anos, de meningite, cinco meses após o decreto que deu às mulheres o direito de participar de eleições.

O Código Eleitoral de 24 de fevereiro de 1932 finalmente concedeu às mulheres alfabetizadas o direito de participar do processo eleitoral, o que foi ratificado pela Constituição de 1934. Em 3 de maio do ano seguinte, a mulher brasileira votou e foi votada pela primeira vez em âmbito nacional (o que ainda correspondia a uma minoria, já que o analfabetismo atingia cerca de 60% dos brasileiros nessa época). A advogada negra Almerinda Farias Gama foi a única delegada-eleitora, representante classista, na Assembleia Nacional Constituinte de 1933, e a médica paulista Carlota Pereira de Queiróz teve a primazia de ser eleita como deputada federal na mesma ocasião. Como voluntária na Revolução Constitucionalista de 1932, que lutava contra o governo Vargas, Queiróz havia liderado um grupo de 700 mulheres que prestava auxílio aos feridos. A mulher paulista, aliás, foi ativa militante da Constitucionalista; durante a campanha "Ouro pelo bem de São Paulo", cerca de 90 mil alianças de casamento e outras dezenas de milhares de joias foram doadas para financiar a guerra contra o governo central.[149]

Nas eleições de 1934, Maria do Céu Pereira Fernandes se tornou a primeira mulher eleita deputada estadual, pelo Rio Grande do Norte. A florianopolitana Antonieta de Barros se tornou a primeira mulher eleita deputada estadual, por Santa Catarina. Jornalista e ativista contra a discriminação racial, Barros foi a primeira negra a exercer um cargo político no país. Naquele ano, outras seis mulheres foram eleitas em todo o Brasil, na Bahia, em Sergipe, no Maranhão e em São Paulo. Quase cinquenta anos mais tarde, em 1979, a paulista Eunice Michiles assumiu uma cadeira no Senado pelo Amazonas. Em 1994, Roseana Sarney foi eleita primeira governadora do país, no Maranhão. Sem nunca ter concorrido a uma eleição antes, a mineira Dilma Rousseff foi eleita presidente do Brasil em 2010.

SCHENDLA

Olga Benário, a mulher do líder comunista Luiz Carlos Prestes, foi a mais conhecida presa política deportada por Getúlio Vargas, mas não foi a única. A judia romena Genny Gleiser, de 17 anos, foi detida por ser "elemento perigoso à ordem pública e nocivo aos interesses do país", sendo deportada quatro meses depois de sua prisão.[150]

Genny havia chegado ao Brasil em 1933 junto com o pai, Motel Gleiser, e uma irmã mais nova, Berta, que mais tarde se tornaria antropóloga e a primeira esposa do também antropólogo, escritor e político brasileiro Darcy Ribeiro. A família se estabeleceu nas proximidades da Praça Onze, núcleo da comunidade judaica carioca. No começo de 1935, Genny, também chamada de "Schendla", mudou-se para São Paulo, onde foi presa enquanto organizava o Primeiro Congresso da Juventude Proletária e Estudantil (que estava marcado para acontecer na noite de 15 de julho de 1935), acusada de "estar armada de um revólver tipo *Galant*, cinco tiros, cabo de madrepérola".

Segundo pesquisa da doutora Maria Luiza Tucci Carneiro, da USP, o prontuário policial de Schendla confirma que ela foi realmente presa por atividades de propaganda e "ideias subversivas". Conforme os documentos levantados pela pesquisadora no Departamento Estadual de Ordem Política e Social de São Paulo, o DEOPS-SP, Genny desenvolvia intenso trabalho junto à Juventude Comunista, braço do Partido Comunista do Brasil. Ao seu prontuário foram anexadas as provas da atividade que a ditadura de Vargas considerava perigosa para uma "estrangeira indesejável": além de passaporte e fotos de família na Romênia, panfletos de propaganda do Partido Comunista, cartas de "camaradas" e anotações pessoais. Em sua residência foram encontrados ainda 12 livros de orientação comunista. Em matéria sensacionalista, o jornal *Correio Paulistano* definiu a jovem: "Perigosa por ser fascinante".

Com a prisão de Schendla, a polícia de Vargas chegou ao pai dela no Rio de Janeiro. Na Praça Onze, foi invadido o Centro Cultural dos Trabalhadores, onde, além de uma cozinha popular e uma escola para os filhos dos operários, funcionava a redação do jornal judeu comunista *Unhoid* (O Começo), cujo redator era o próprio Motel Gleiser. Pelo menos 23 militantes foram presos, dos quais 15 foram deportados para a Europa.

Quando se tornou público que pelas leis brasileiras um casamento salvaria Schendla da deportação, dezenas de voluntários se apresentaram. O escritor Fernando Morais afirmou que em um comício pela libertação da comunista judia, o estudante Paulo Emílio Salles Gomes anunciou que sairia do palanque diretamente para o cartório, em busca de um juiz que oficializasse seu casamento com a jovem. Arthur Piccinini, jornalista do *A Platéia*, ligado à Aliança Nacional Libertadora, chegou a solicitar ao juiz de Paz do bairro da Sé, em São Paulo, que realizasse os proclamas.[151] O que foi em vão. Em outubro de 1935 Gleiser foi deportada.

Conforme relatou o jornalista Alberto Dines em seu livro *Morte no paraíso*, sobre a tragédia do escritor judeu-austríaco Sfefan Zweig, Schendla foi enviada para a Europa junto com outros militantes judeus no cargueiro francês *Aurigny*, que partiu de Santos. Deveria ser entregue ao governo da Romênia. Mas Schendla teve melhor sorte que a esposa de Prestes. Na França, em uma trama com o capitão do barco e operários do porto, o Partido Comunista Francês conseguiu resgatá-la do navio que a levava presa. Mais tarde, para evitar que Olga também fosse salva em operação semelhante, o governo Vargas deu ordens para que o navio que levava a comunista alemã para as garras da Gestapo (a polícia secreta de Hitler) não parasse em portos até que chegasse ao destino final.

Depois da guerra, Schendla conseguiu asilo nos Estados Unidos, onde se formou em psicologia e teve uma filha. Em 1992, ela foi entrevistada em Nova York pela socióloga Eva Blay, fundadora do Centro de Estudos de Gênero e dos Direitos da Mulher da USP, quando narrou sua história. Sem nunca ter retornado ao Brasil, faleceu em 1995, aos 77 anos. O pai morreu em um campo de concentração nazista durante a Segunda Guerra.

8. TENENTES, VERMELHOS E GALINHAS VERDES

Do movimento tenentista e da Coluna Prestes nasceram todos os nomes envolvidos nos golpes e "revoluções" ocorridas no Brasil por mais de cinco décadas. De 1922 a 1964, o país ficou à mercê dos militares e civis que estiveram de algum modo — à esquerda ou à direita — envolvidos nos principais levantes políticos da década de 1920 e 1930. Nesse período, surgiria não apenas o maior nome do comunismo como também os personagens de direita que iriam construir o Estado Novo de Vargas e a ditadura militar com o golpe de 1964.

O Brasil deveria conhecer mais sobre esta data: 5 de julho de 1922. À 1h20 da madrugada daquela quarta-feira, a guarnição do Forte de Copacabana, no Rio de Janeiro, se levantou em armas contra o governo de Epitácio Pessoa e a eleição de seu sucessor, Artur Bernardes. Embora o resultado imediato fosse nulo, as consequências seriam determinantes para o futuro do país. A crise começara quase um ano antes, quando o Clube Militar, comandado pelo marechal Hermes da Fonseca (ex-presidente do Brasil), passou a exigir a renúncia de Bernardes à presidência — eleito, o novo presidente deveria assumir o cargo em novembro. O motivo era a publicação pelo jornal *Correio da Manhã*, em outubro de 1921, de supostas cartas ofensivas escritas por Bernardes e dirigidas ao ex-presidente Nilo Peçanha e ao Exército. As cartas eram falsas, criação de três pilantras que mais tarde acabaram confessando a tentativa de engodo. Mas a crise instaurada levou o governo a fechar o Clube Militar e prender o marechal Hermes, o que o Exército considerou um ultraje à honra de um oficial militar e humilhação suprema das Forças Armadas como um todo. Foi o estopim para o levante.

A REVOLTA DOS TENENTES

O comandante do Forte de Copacabana tinha motivos de sobra para comandar a insurreição: o capitão Euclides Hermes era filho do marechal Hermes da Fonseca. Desde o dia anterior, 4 de julho, a guarnição se preparava para o levante e esperava contar com auxílio de todas as outras tropas estacionadas no Rio de Janeiro. Um dos voluntários que chegou ao forte naquele dia foi o primeiro-tenente de aviação Eduardo Gomes (mais tarde brigadeiro — e que, segundo o folclore, deu nome ao doce —, candidato à presidência em duas oportunidades e articulador dos golpes contra Vargas e João Goulart).

Durante a madrugada, já no dia 5 de julho, o Forte de Copacabana deu início à revolta apontando e atirando seus canhões contra diversas unidades militares da cidade que não aderiram ao movimento. Ao contrário do imaginado, os tenentes revoltosos lutavam sozinhos — somente o 1º Regimento de Infantaria e a Escola Militar esboçaram alguma ação de apoio. Isolado e cercado, o forte foi duramente bombardeado pelos canhões da Fortaleza de Santa Cruz e dos navios da Marinha estacionados na baía. No dia 6 de julho, em uma tentativa de negociação, o capitão Euclides Hermes foi aprisionado e após o apelo governista começaram as rendições. Dos 301 revoltosos, 272 se renderam às tropas legalistas. Liderados por Siqueira Campos, os 28 restantes decidiram deixar o lugar e lutar contra as forças que os cercavam. Às 15 horas, depois de retalhar e dividir entre si a bandeira brasileira, os rebelados abandonam o Forte de Copacabana e saem em marcha pela Avenida Atlântica. No caminho, alguns desertam e um civil se junta ao grupo (o engenheiro Otávio Correia). A foto de Zenóbio Couto, publicada no jornal *O Malho*, eterniza um número: dezoito, os "18 do Forte". Mas ao se dar o choque final com as tropas governistas, entre o paredão da Avenida Atlântica e a Rua Barroso, os revoltosos eram 11 (muito embora esses números sejam cercados de controvérsias). De qualquer forma, desses, apenas Siqueira Campos e Eduardo Gomes sobreviveram.[152]

O governo rapidamente identificou os principais líderes do movimento. Entre eles se encontravam o próprio marechal Hermes, Nilo Peçanha e os generais Joaquim Inácio e Isidoro Dias Lopes. Envolvidos também estavam os tenentes João Alberto Lins de Barros e Osvaldo Cordeiro de Farias, que não se sublevaram apenas por avaliar, corretamente, que o governo esmagaria a revolta sem maiores esforços. Odílio Denys também participara — seria um dos generais articuladores do golpe de 1964. Entre os civis estavam o jornalista Irineu Marinho (pai de Roberto Marinho, do Grupo Globo, também envolvido com o golpe de 1964) e o advogado e político Maurício de Lacerda (militante comunista e pai de Carlos Lacerda, envolvido em todos os golpes e tentativas de golpe entre 1950 e 1964). A maioria deles acabou encarcerada por pouco tempo. Outro militar preso por ter se recusado a reprimir os sediciosos foi o então primeiro-tenente e futuro presidente da República Artur da Costa e Silva, o homem do AI-5. Os então capitães Euclides de Oliveira Figueiredo (pai do futuro presidente do Brasil João Batista Figueiredo) e Eurico Gaspar Dutra (futuro presidente da República), pelo contrário, se destacaram por agir contra o levante.

A COLUNA PRESTES

A Revolta de 1922 deu início ao chamado "movimento tenentista", que colocou na ordem do dia o que viria a ser uma constante ao longo das décadas seguintes: o golpe militar. Embora o tenentismo lutasse contra a fraude eleitoral e a corrupção, e pela moralidade política inexistente na República Velha, o meio escolhido não gerou bons frutos: em detrimento das ações civis e democráticas, o golpe contra Constituições passou a ser a opção mais usada.

Exatos dois anos depois dos acontecimentos em Copacabana, foi a vez dos tenentes paulistas se erguerem em uma revolta: a Revolução de 1924. Levantes ocorreram em Manaus, em Sergipe e no Mato Grosso, todos rapidamente sufocados. No Sudeste, no entanto, liderados pelo general gaúcho Isidoro Dias Lopes e pelo major Miguel Costa, comandante do Regimento de Cavalaria da Força Pública, os revoltosos conseguiram tomar São Paulo. Novamente, o objetivo era derrubar Artur Bernardes, transformado em inimigo número um dos militares. Mais uma vez, o governo conseguiu mobilizar tropas, e em 16 de julho a cidade estava cercada por 15 mil soldados legalistas, o que obrigou os rebeldes a deixar São Paulo durante a madrugada do dia 27.

O "Cavaleiro da Esperança", Luiz Carlos Prestes (1898-1990) no Tribunal de Segurança, em 1937. Feito militar extraordinário, a Coluna Prestes andou 25 mil quilômetros pelo Brasil e não chegou a lugar algum.
REPRODUÇÃO.

Enquanto o exército de Isidoro Dias Lopes, acossado por tropas governistas, percorria os estados de São Paulo e do Paraná em fuga, no Rio Grande do Sul uma revolta havia sido deflagrada em outubro. Além do Batalhão Ferroviário de Santo Ângelo, comandado pelo capitão Luiz Carlos Prestes, o principal líder rebelde, sublevaram-se batalhões em São Borja, Alegrete, Uruguaiana e Cachoeira do Sul. Mais do que a insatisfação com o cenário nacional, o movimento gaúcho reunia muitos descontentes do governo de Borges de Medeiros, querelas políticas que datavam da Revolução Federalista de 1893. Com menos de 3 mil homens contra uma força cinco vezes maior, as tropas lideradas por Prestes foram cercadas na fronteira gaúcha com a Argentina durante dois meses. A alternativa ao aniquilamento e à rendição foi romper o cerco e se juntar às forças de Isidoro Dias no Paraná.

Meses depois, no dia 11 de abril de 1925, os dois grupos rebeldes se encontraram na cidade paranaense de Benjamin Constant. Uma reunião no dia seguinte, em Foz do Iguaçu, definiu o destino dos revoltosos. Foram criados quatro "destacamentos", liderados por Cordeiro de Farias, Lins de Barros, Djalma Dutra e Siqueira Campos. O outro sobrevivente dos 18 do Forte, Eduardo Gomes, foi preso antes que pudesse integrar o grupo. Miguel Costa seria o comandante-geral da "1ª Divisão Revolucionária", enquanto Prestes seria o chefe do Estado-Maior e Juarez Távora, o subchefe. Isidoro Dias Lopes, já com 60 anos de idade e menos otimista quanto ao resultado da "revolução", refugiou-se na Argentina com a missão de encontrar apoio externo ao movimento. "A guerra no Brasil, qualquer que seja o terreno, é a guerra do movimento. Para nós, revolucionários, o movimento é a vitória", afirmou Prestes em carta ao general.[153] A partir dali a guerrilha seria a marca da "Coluna Costa-Prestes", em pouco tempo alcunhada apenas de "Coluna Prestes", dados a liderança e o prestígio alcançado pelo capitão gaúcho.

Depois do Paraná, a Coluna Prestes iria percorrer Mato Grosso, Goiás, Minas Gerais, Maranhão, Piauí, Ceará, Rio Grande do Norte, Paraíba, Pernambuco e Bahia, retornando pelo Centro-Oeste para depor armas já em território boliviano, sem rendição ou uma derrota sequer — restavam pouco mais de 600 homens, 90 fuzis Mauser, 4 metralhadoras pesadas, 2 fuzis metralhadoras e munição para 8 mil tiros. Segundo o advogado Lourenço Moreira Lima, o "bacharel feroz" responsável pelos registros da Coluna, os revoltosos haviam percorrido 24.947 quilômetros em dois anos, um mês e sete dias (de abril de 1925 a junho de 1927); e de acordo com alguns historiadores, tendo vencido mais de 50 batalhas. Conforme o historiador militar Hernâni Donato, que contabilizou 94 confrontos, a Coluna Prestes nunca sofreu derrota significativa porque não combatia como o exército regular, ou seja, preferia fustigar o inimigo e fugir a dar combate pesado ou quartel.[154] Seja como for, os números são superlativos. Prestes e seus comandados percorreram quase três vezes a distância atravessada pelo comunista Mao Tsé-tung na mundialmente famosa "Longa Marcha", realizada uma década mais tarde. O líder chinês e seu exército de 100 mil homens cruzaram "apenas" 9,6 mil quilômetros. O historiador Caio Prado Júnior afirmou que a Coluna foi "um dos episódios máximos da história brasileira". A "grande síntese da rebelião tenentista", afirmou outro historiador, José Augusto Drummond.[155] Feito militar extraordinário, o movimento foi classificado até mesmo por militares norte-americanos como um dos mais expressivos na tática de guerrilha da história contemporânea.

A distância percorrida pela Coluna Prestes foi imensa, assim como as dificuldades e as controvérsias. Por onde passavam, os soldados roubavam cavalos, roupas e joias, extorquiam comerciantes, assaltavam as coletorias, libertavam presos e até resolviam problemas judiciais. "Libertar o homem do interior do chefe político ou do coronel despótico, senhor de braço e cutelo, parecia-nos um grande passo para o progresso do país", escreveu o pernambucano Lins de Barros. A propaganda governista, no entanto, ajudou a disseminar a ideia de terror, favorecida pela própria tática adotada pela Coluna, que usava de emboscadas e ataques ferozes para amedrontar as tropas do governo, além de cometer uma série de tropelias pouco dignas. Embora também tenha distribuído víveres para a população carente dos povoados, a Coluna encontrava deserta a maioria dos lugares quando chegava, tendo a população já deixado suas casas em pânico.

Tropas do governo federal, milícias estaduais e grupos de cangaceiros contratados tentaram barrar e eliminar a marcha. Salvo alguns poucos mortos ou aprisionados, não lograram êxito. Quando capturados, os rebeldes eram transformados em troféus. O historiador Chico Castro descreveu a prisão de Juarez Távora, no Piauí: "A prisão do oficial revoltoso foi uma coqueluche em Teresina. Vinte e sete anos, solteiro, galã, alto, branco, cabelos ondulados, de olhar penetrante, educado, pertencente à Sociedade de São Vicente de Paula, despertou as mais ardentes fantasias entre as mulheres teresinenses, que fizeram fila para vê-lo, levando flores e presentes. O lenço vermelho dele virou objeto de obscuros desejos femininos, impensáveis para uma época marcada pela caretice e repressão".[156] Nem todos os rebeldes eram galãs, mas grande parte da Coluna era composta por jovens de menos de 20 anos, muitos imberbes. Havia também um pequeno grupo de mulheres, quase todas do destacamento gaúcho. Eram cerca de 50 "vivandeiras" que atuavam como enfermeiras ou companheiras de soldados e oficiais. Alguns nomes foram registrados, embora quase todos sem identificação de sobrenome, como a "brava, valente e devotada" austríaca Hermínia; a "alemãzinha loira e bonita" Elza Schimidk, ajuntada com o major Lira; a "'generala' rebelde e de gênio indomável" Alzira; Santa Rosa, que tão logo deu à luz um menino estava de volta ao lombo do cavalo; "Tia Maria", uma "negra feiticeira" temida pelos legalistas por fazer trabalhos de magia. Havia ainda "Cara de Macaca", "Isabel-Pisca-Pisca", "Ai

Jesus", "Maria Revoltosa", "Lamparina", "Chuvinha" e "Xatuca", entre outras. Uma parte delas usava farda e andava armada, "misturada à tropa".

Com muitos homens e poucas mulheres, a solução era encontrar bordéis sempre que possível. No Mato Grosso, os soldados atravessavam a fronteira para o Paraguai, "onde a severidade dos costumes" era menor. O próprio Lins de Barros contou que os cabarés — chamados de "jiroquis" — funcionavam em casas de taipa e chão batido ao som da polca paraguaia, com violinos, violões e muitas "chinas" em uma "alegre e movimentada" vida noturna. Em certa oportunidade, os brasileiros se envolveram em um tiroteio que acabou com três mortos e dez feridos. A procura pelo sexo feminino levou a excessos. Houve casos de estupro e violências. No Pantanal, ao retornar para casa após se esconder dos homens da Coluna, um agricultor "encontrou a mulher com o sexo rasgado, sangue nas roupas arrebentadas e os olhos parados, vazios". Casos assim não foram raros, mas abusos praticados contra mulheres não contavam com a anuência dos superiores — pelo menos não com a de Prestes, que declarou que um homem acusado de "seduzir uma virgem merecia ser fuzilado".[157] E excessos eram cometidos de lado a lado, "a mais linda" das mulheres da Coluna, Albertina, caiu em poder das tropas governistas na Paraíba e ao resistir à tentativa de estupro foi brutalmente degolada.

A situação não era fácil e poucas foram as adesões. Apenas no Nordeste houve um número maior de alistamentos voluntários. Ainda assim, não chegaram a 500, a maioria no Piauí e no Ceará. Em Goiás, um pequeno número de índios Xerente também chegou a acompanhar temporariamente o grupo, motivo pelo qual a Coluna nunca passou de pouco mais de 1.200 homens a pé ou a cavalo. Enfrentar o interior brasileiro, através da mata virgem, da caatinga e do pantanal, era pouco encorajador. A Coluna Prestes não tinha serviço de ambulâncias nem aparelhos cirúrgicos. Os medicamentos eram raros e havia apenas um médico e um veterinário — na falta da pomada "Maravilha Curativa do Dr. Humphrey", os soldados se valiam de banha de porco e ácido bórico, que servia no tratamento de contusões, escoriações, queimaduras, frieiras e furúnculos.

Lins de Barros relatou que a "resistência orgânica dos enfermos e o índice de salubridade das terras virgens eram, porém, os maiores medicamentos dos nossos feridos". O historiador estadunidense Neill Macaulay, espião da CIA que chegou a entrevistar Prestes tempos depois, em Moscou, escreveu que jornais, revistas e livros eram avidamente procurados pelos oficiais; o material confiscado de fazendeiros era repartido para que todos tivessem acesso à leitura, mas também servia para enrolar fumo e como papel higiênico. O major Ary Salgado Freire teria consumido uma Bíblia inteira na confecção de cigarros.[158] De toda forma, apesar das dificuldades, sempre que possível era editado e impresso o jornal *O Libertador*, cujo lema era "Liberdade ou Morte" e tinha como finalidade esclarecer a população sobre os problemas brasileiros.

O CAVALEIRO DA ESPERANÇA

O poeta e senador comunista chileno Pablo Neruda o chamou de "Capitão do Povo". "Herói trágico do nosso século", escreveu a segunda esposa, Maria do Carmo Ribeiro.[159] "Nosso Aníbal", afirmou Moreira Lima. A história, no entanto, o conhece como "Cavaleiro da Esperança", alcunha que recebeu do jornal carioca *A Esquerda*, em janeiro de 1928, e depois eternizada pelo romancista baiano Jorge Amado em livro escrito em 1942 — quase uma hagiografia de "uma legenda e um símbolo, no Brasil e pelo mundo afora".

Luiz Carlos Prestes nasceu em 3 de janeiro de 1898, em Porto Alegre, filho de Antônio Pereira Prestes e Leocadia Felizardo.[160] O pai era capitão de engenheiros do Exército e positivista. O avô materno fora um destacado comerciante na capital gaúcha e membro da maçonaria; o bisavô, Manuel José de Freitas Travassos Filho, fora Cavaleiro da Ordem de Cristo e guarda-roupa do imperador D. Pedro I. A mãe, viúva quando Prestes tinha apenas 10 anos, deu aulas de música e idiomas, além de costurar para a Marinha, no Rio de Janeiro, para onde se mudara, a fim de que o filho concluísse os estudos na escola militar.

Influenciado pelo positivismo do pai e do meio militar, Prestes se manteve longe da Igreja. Só foi batizado — em uma "crise filosófica" — aos 18 anos. Decepcionado com o padre, deixou a Igreja em definitivo. Formado no curso de engenharia na Escola Militar do Realengo, no Rio de Janeiro, em 1919, escolheu a Companhia Ferroviária como unidade de serviço (como orador da turma, segundo ele mesmo, falou sobre o problema do desenvolvimento econômico nacional). Ali ficou até a eclosão do primeiro levante tenentista em 1922, do qual, acamado devido a uma febre tifoide, não chegou a participar, embora tivesse contribuído ativamente na organização. Foi enviado para o Rio Grande do Sul no ano seguinte, para fiscalizar a construção de quartéis na fronteira oeste. Quando ocorreu a revolta que daria origem à Coluna, servia como capitão no 1º Batalhão Ferroviário de Santo Ângelo. Sua capacidade intelectual era notória. Cordeiro de Farias, ex-integrante da Coluna, em seu relato de memórias reproduzido no livro *Meio século de combate*, falando sobre Prestes o descreveu como homem de "uma inteligência brilhante, maravilhosa e um espírito cooperativo, sempre disposto a ajudar os companheiros".[161]

Quando a marcha da Coluna foi encerrada, Prestes se exilou em La Gaiba, na Bolívia, onde trabalhou em obras de saneamento e abertura de estradas. Em dezembro de 1927, encontrou-se com Astrojildo Pereira, secretário-geral do PCB, Partido Comunista do Brasil (que era uma seção do *Komintern*, a Internacional Comunista, órgão encarregado de fomentar revoluções e instruir as células comunistas espalhadas pelo mundo sobre como e quando agir). Mais tarde, Prestes revelaria que a influência de Pereira em sua "marcha para o comunismo" fora "relativamente pequena" — desde a chegada à Bolívia, além da obra de Lênin, Prestes vinha lendo o *Manifesto Comunista*, de Karl Marx e Friedrich Engels, livros levados até ele pelo jornalista Rafael Correia de Oliveira. Ainda no exílio, manteve contato com os líderes comunistas Rodolfo Ghioldi e Abraham Guralski, dirigente da Internacional Comunista.

Enquanto Prestes flertava com os comunistas, era assediado pelos antigos companheiros de Coluna para que aderisse à campanha presidencial da Aliança Liberal, chapa que lançara Getúlio Vargas à presidência em oposição a Júlio Prestes. Em um encontro secreto com Vargas, em Porto Alegre, chegou a definir até o banqueiro em Montevidéu que receberia o dinheiro a ser enviado pelo candidato gaúcho.

Dinheiro que, segundo Prestes, nunca chegou. De qualquer forma, a Aliança Liberal foi derrotada nas urnas e um novo convite chegou: ele deveria comandar o movimento militar que iria derrubar o presidente Washington Luís e impedir a posse de Júlio Prestes. Glauco Carneiro, autor do livro *Histórias das revoluções brasileiras*, escreveu que Luiz Carlos Prestes tinha um "prestígio invulgar no Exército". Tudo em razão de seu "preparo, força de vontade e inteligência", que lhe haviam rendido também "as mais altas notas".[162] Ele declinou do convite acreditando que o movimento seria uma simples troca de oligarquias no poder.

Para o historiador Ricardo Seitenfus, Prestes só ganhou uma coisa com os revolucionários de 1930 e a Aliança Liberal: muito dinheiro! Enquanto ele estava exilado em Buenos Aires, João Neves da Fontoura e Osvaldo Aranha decidiram comprar no país vizinho as armas que seriam usadas na ação que acabaria por derrubar Washington Luís. Levantaram mais de 80 mil dólares e entregaram a Prestes na esperança de que ele fizesse as negociações. Quando a Aliança Liberal cobrou dele as armas ou o dinheiro, o Cavaleiro da Esperança afirmou que doara tudo ao "movimento comunista".[163] O jornalista William Waack, no entanto, afirma que Prestes entregou apenas 20 mil dólares, o restante teria sido embolsado.

Tentando inovar, Prestes cria em julho de 1930 a Liga de Ação Revolucionária (LAR), um "movimento emancipador das massas oprimidas do Brasil" — de poucas adesões e vida breve, e que ele mesmo vai considerar mais tarde um "erro político". O Partido Comunista do Brasil reage, acusando-o de defender os interesses da "burguesia feudal" do país. O jornal carioca *A Classe Operária*, "de trabalhadores, feito por trabalhadores, para trabalhadores", denuncia: "Luiz Carlos Prestes é o adversário mais perigoso do Partido Comunista". E foi além: os comunistas deveriam "combater não só as concepções dele, Prestes, mas também, com redobrada energia, todos os prestistas que existem em seu meio".[164] O Cavaleiro da Esperança não passava, na visão do PCB, de "mais um general golpista", um "perigoso caudilho".

Enquanto isso, os ex-integrantes da Coluna Prestes, Cordeiro de Farias, Juarez Távora, Lins de Barros e Djalma Dutra, entre outros, se aliam a Vargas. Ficando sob ordens de Góes Monteiro, ajudam a derrubar Washington Luís. Para Lins de Barros, a "hora do triunfo" havia chegado. "General sem soldados", Prestes parte para Moscou, a Meca do comunismo. Lá, além do trabalho como engenheiro, dedica-se ao estudo do marxismo-leninismo. Em 1934, entra para o Partido Comunista do Brasil e será seu principal nome a partir então. A ordem de filiação foi dada por Dmitri Manuilski, dirigente do *Komintern*, em um telegrama curto, enviado da capital soviética para o Brasil. Em 1º de agosto de 1934, o jornal *A Classe Operária* publicou a notícia da adesão de Prestes ao PCB. Cordeiro de Farias ficou estupefato; segundo ele, "Prestes era exatamente o mais anticomunista".[165]

Última foto de Olga Benário (1908-1942), tirada na sede da Gestapo, em Berlim, em 1939. Deportada por Vargas, a esposa de Prestes morreria em uma câmara de gás, no campo de concentração nazista de Bernburg, na Alemanha.
REPRODUÇÃO.

Em Moscou, enquanto prepara a "revolução", Prestes conhece de perto o comunismo e sua primeira esposa, Olga Sarah Benário. Filha de um rico jurista judeu, Olga nascera em 1908, em Munique, na Alemanha. Embora em uma entrevista concedida ao jornalista Jô Soares, no SBT, em 1988, Prestes tenha afirmado que Olga tivesse "pouco sangue judeu", na verdade tanto o pai, Leo Benário, quanto a mãe, Eugenie Gutman, tinham origem judaica. Inclusive, a mãe e o irmão de Olga morreram em campos de concentração nazistas, ela em Theresienstadt e ele em Auschwitz. Olga era o que se poderia chamar de comunista exemplar. Desde os 16 anos, influenciada principalmente por seu professor e amante Otto Braun, militava na Juventude Comunista alemã do distrito "vermelho" de Neukölln, em Berlim. Tornou-se popular nos círculos do KPD, o Partido Comunista Alemão, em 1928, depois de participar da libertação de Braun da prisão de Moabit, na capital alemã. Refugiada em Moscou, iria se tornar dirigente da Internacional Comunista da Juventude e pouco depois do 4º Departamento do Exército Vermelho, a Inteligência Externa, com destacado treinamento militar e atuação em diversos países europeus; exímia atiradora, sabia pilotar aviões e recebera instruções sobre saltos de paraquedas.

Apresentados por Manuilski às vésperas da viagem, Prestes e Olga partiram clandestinamente de Moscou, em dezembro de 1934, com o objetivo de fomentar uma revolução comunista no Brasil. Com passaportes falsos, ele deixou a União Soviética como o cidadão espanhol Pedro Fernandez, e ela como a estudante russa Olga Sinek. Para completar o disfarce, eles deveriam se comportar como um jovem casal rico em viagem de lua de mel. Casada então com B. P. Nikitin, secretário do *Komsomol*, a organização da Juventude Comunista da URSS, Olga se decepcionou com a aparência de Prestes, relatou Fernando Morais em seu livro sobre a revolucionária alemã. "Ela esperava um gigante latino", escreveu, "achou-o um pouco franzino para alguém que comandara um exército por 25 mil quilômetros".[166] Prestes era baixinho, tinha cerca de 1,60 (a mesma altura de Napoleão e de Vargas) e uma cabeça enorme, desproporcional ao tronco pequeno. Olga, por sua vez, era quase uma giganta perto dele, com mais de 1,80 de altura. E além dos bonitos olhos azuis, tinha o porte atlético adquirido com os exercícios militares. Um contraste e tanto.

Ao chegar a Paris, o casal recebeu do cônsul português novos passaportes: agora se passariam pelo português Antônio Vilar e pela alemã Maria Bergner. Dessa forma, seguiram em viagem transatlântica para Nova York a bordo do *Ville de Paris*, ocasião em que Prestes, aos 36 anos, finalmente perdeu a virgindade. A viagem seguiu depois para o Chile, Buenos Aires e Montevidéu, de onde se dirigiram até Florianópolis, Curitiba e São Paulo, antes de chegarem ao Rio de Janeiro. Na capital, alugaram uma casa em Ipanema e deram início aos preparativos para o levante que tinha como objetivo derrubar Vargas do poder e implantar um governo "revolucionário" e "anti-imperialista" no Brasil. O levante seria liderado por Prestes, que além do apoio de Olga, teria ainda o auxílio do ex-deputado comunista alemão Artur Ewert (codinome "Harry Berger") e sua esposa Elise Saborowsky (a "Sabo"), do argentino Ghioldi, que ele conhecera na Bolívia, do ucraniano Pavel Stuchevski (o "belga Léon Jules Valée") e sua mulher Sofia Semionova, do estadunidense Victor Barron, de outro alemão, Johnny de Graaf ("Franz Paul Gruber") e sua "esposa" Helena Krüger, entre outros.

INTENTONA COMUNISTA

A fundação da Aliança Nacional Libertadora (ANL), em março de 1935, reuniu as mais diferentes tendências políticas descontentes com o governo Vargas, unificadas por um programa de conteúdo antifascista, anti-imperialista e reformista: nacionalização dos serviços públicos, suspensão do pagamento da dívida externa, reforma agrária, combate ao racismo e garantia de direitos e liberdades individuais. Entre os nomes principais do grupo estavam comunistas e "tenentes", como Miguel Costa, João Cabanas, Carlos Leite e Agildo Barata. Na sessão de instalação da ANL, no Teatro João Caetano, no Rio de Janeiro, o nome de Prestes foi entusiasticamente aclamado como presidente de honra da organização. No comício de 5 de julho de 1935, aniversário dos levantes de 1922 e 1924, um manifesto escrito pelo Cavaleiro da Esperança foi lido por um jovem de apenas 21 anos: Carlos Lacerda, membro da Juventude Comunista e o mesmo que mais tarde, durante as décadas de 1950 e 1960, irá transformar a vida dos presidentes brasileiros em um inferno. Pela boca de Lacerda, Prestes proclamava: "Abaixo o fascismo! Abaixo o governo odioso de Vargas! Por um governo popular nacional revolucionário! Todo o poder à ANL!".

As palavras subversivas de Prestes serviram de motivo para que Vargas fechasse formalmente a Aliança Nacional Libertadora uma semana mais tarde, em nome da segurança nacional. Miguel Costa, que depois de apoiar Vargas na Revolução de 1930 deixara o governo, acusou Prestes de ser "pouco ou mal informado, supondo que o movimento da ANL tivesse tanto de profundidade como de extensão". "Tal ordem", afirmou, "só deveria ter sido dada quando o governo já se encontrasse na impossibilidade material de reagir. O contrário foi como atirar uma criança desarmada contra um elefante".[167] A posição radical assumida por Prestes afastou vários membros do movimento. No próprio PCB havia o temor de que o momento não fosse propício para uma revolta, além de ser prematuro — opinião de Cristiano Cordeiro, Heitor Ferreira Lima e João Batista Barreto Leite Filho. Tudo podia não passar de uma quartelada, como de fato seria. A contestação de Leite Filho lhe valeu a expulsão do partido.

Em agosto, durante a 7ª Internacional Comunista, em Moscou, o delegado brasileiro Fernando Lacerda apresentou um relatório favorável à ação da ANL. O *Komintern*, que tinha informações precárias sobre a realidade política brasileira, apostou tudo na experiência militar e na popularidade de Prestes. Com o aval da União Soviética e de Stálin, a essa altura mais preocupado em eliminar os próprios inimigos internos (cerca de 400 mil foram fuzilados por serem classificados como "contrarrevolucionários"), foram intensificados os preparativos para o levante brasileiro, que previa numa primeira etapa a instalação de um governo revolucionário sob a chefia de Prestes, e, numa etapa posterior, a organização do governo do proletariado. A ideia parecia simples, mas Prestes estava enganado com a realidade do país. Nem de longe o Brasil estava 90% pronto para a revolução, como ele chegou a afirmar. Nem mesmo dentro de sua equipe Prestes detinha o controle e o conhecimento da realidade. Johnny de Graaf era um ferrenho anticomunista que trabalhava como agente duplo, infiltrado entre comunistas para o serviço secreto britânico (era inimigo de Ewert desde a década de 1920, ainda na Alemanha). Ghioldi e Ewert eram contra a insurreição e contra a greve geral que deveria acontecer simultaneamente aos levantes. Sabiam que não havia nenhuma chance de sucesso. Mas Prestes alegou que tinha cartas na manga: "A Marinha de Guerra está comprometida comigo para tomar o poder". Era um delírio. De Graaf mantinha Alfred Hutt, o superintendente da companhia de energia Light, no Rio de Janeiro, informado sobre todos os passos de Prestes e seus camaradas. Hutt, que servia ao MI6 (a inteligência militar britânica), repassava as informações para o embaixador inglês, que, por sua vez, fazia uma seleção e encaminhava o que considerava importante para Oswaldo Aranha, o ministro das Relações Exteriores de Vargas. A ingenuidade e o despreparo dos líderes comunistas — principalmente de Prestes — aliados às informações repassadas por Johnny de Graaf ao governo transformaram as ações da "Intentona Comunista" num fiasco completo.

Antecipando-se às ações, sem coordenação do Rio de Janeiro, o primeiro levante estourou no dia 23 de novembro de 1935, em Natal, Rio Grande do Norte, no quartel do 21º Batalhão de Caçadores. Sem resistência, os comunistas chegaram a ocupar a cidade. Na madrugada seguinte, o 29º Batalhão de Caçadores se sublevou na Vila Militar, em Jaboatão dos Guararapes, Pernambuco, e marchou para Recife sob o comando do então sargento Gregório Bezerra. Apesar do sucesso inicial, a rebelião no Nordeste foi sufocada no dia 27 de novembro, quando tropas do Exército leais a Vargas vindas da Bahia, do Ceará e da Paraíba cercaram os quartéis e os bairros que haviam sido tomados pelos comunistas.

No Rio de Janeiro, onde o levante deveria começar, a rebelião só teve início quando a luta pelo Nordeste terminava. Na madrugada do dia 27 se levantaram o 3º Regimento de Infantaria, na Praia Vermelha, e a Escola de Aviação Militar, no Campo dos Afonsos. O objetivo do 3º RI era atacar o palácio da Guanabara e prender Getúlio Vargas. Espremido entre os morros cariocas e o mar, o regimento sequer conseguiu deixar o quartel. A "revolução" teve início às 3 horas e acabou às 13h30, durando pouco mais de dez horas.

A ANL, por meio do PCB, apostou suas fichas na possibilidade de que levantes em vários quartéis do Brasil pudessem inflamar a população e facilitar a derrubada de Vargas; erro estratégico que resultou em vexame. Os comunistas não conseguiram apoio popular, reuniram menos de 2.500 pessoas nas três cidades onde ocorreram ações. Ainda que o número de participantes possa ter sido maior (muitos foram presos e permaneceram no cárcere sem acusação formal, e outros 1.420 foram detidos em outros estados por envolvimento com o levante), o movimento de novembro nem de longe mobilizou "as grandes massas proletárias" que formariam a revolução socialista no Brasil. O que de fato aconteceu foi mais uma quartelada na história brasileira (no Rio de Janeiro, dos 838 indiciados, 65% eram militares e apenas 9% operários).[168] O levante serviu apenas para que o governo decretasse o estado de sítio — que iria durar até 1937 — e caçasse impiedosamente os comunistas, trabalho que coube ao chefe de Polícia do Distrito Federal, o capitão Filinto Müller, outro participante dos levantes de 1922 e 1924, agora com boas relações com a Gestapo, a polícia secreta nazista (Müller fora expulso da Coluna Prestes por covardia e roubo de armamento).

Assim, os principais líderes da Internacional Comunista no Brasil foram presos, ninguém escapou. Torturados, Barron morreu e Ewert enlouqueceu. A esposa de Ewert foi deportada e pereceu num campo de concentração nazista, em 1940. Após pouco mais de quatro meses fugindo, em 5 de março de 1936, Prestes e Olga foram presos em um esconderijo na Rua Honório, nº 279, no Méier. Os dois não se veriam mais. Ela seria extraditada em setembro, grávida de sete meses, para a Alemanha nazista. Detida em uma prisão em Barnimstrasse, em Berlim, Olga deu à luz Anita Leocádia em 27 de novembro. Em janeiro do ano seguinte, foi separada da filha, que seria entregue à mãe de Prestes. Em 1938, foi transferida para o campo de concentração de Lichtenburg e, em 1939, para Ravensbrück. Em 30 de abril de 1942, Olga morreu em uma câmara de gás, no campo de concentração de Bernburg. Prestes só tomaria conhecimento do fato em julho de 1945.[169]

Acusada de traição por ser informante da polícia, Prestes deu ordens para que "Elza Fernandes" fosse executada. Elza era o codinome de Elvira Cupello Calônio, também conhecida por "Garota", namorada de Antônio Maciel Bonfim, o Miranda, secretário-geral do PCB, por quem Prestes nunca nutriu muita simpatia. O Cavaleiro da Esperança negou até a morte ter dado tal ordem, mas os documentos encontrados no esconderijo do Méier não deixam dúvidas: a determinação partira mesmo dele. Quatro anos depois do assassinato, a ossada de Elza foi encontrada; seu corpo havia sido quebrado para caber em um saco. A filha de Prestes reconheceu décadas mais tarde que a decisão "foi errônea, desnecessária e inaceitável".[170] A bibliografia alinhada com a esquerda tentou esconder a história de Elza. Assim como a participação do *Komintern* no levante, embora isso fosse muito claro. A historiadora Marly Vianna, escrevendo sobre o movimento, em 1992, negou que a Internacional Comunista tivesse qualquer participação na Intentona: "não encontra qualquer apoio nos fatos documentais", o "'dedo de Moscou' não pode ser comprovado nos levantes", afirmou.[171] Tudo caiu por terra no ano seguinte, quando o jornalista William Waack destruiu a ideia sustentada por Vianna e diversos outros historiadores, publicando material dos arquivos do extinto Partido Comunista da União Soviética. O trabalho investigativo de Waack (que obteve cópias de mais de 500 páginas de documentos secretos) teve ajuda de Iuri Ribeiro, filho mais moço de Prestes, que vivia na capital russa. Como imaginado, Moscou deu amplo apoio à Intentona. Tudo foi financiado pela Internacional Comunista, que gastou mais de 66 mil dólares na operação. Os gastos com o salário de Prestes chegavam a 845 dólares mensais, uma pequena fortuna (o carro mais caro na época custava pouco mais de mil dólares, e o salário de um dirigente comum do PCB girava em torno de 60 dólares por mês).[172]

PRESTES SEM OLGA

Em março de 1945, o ex-companheiro de Coluna e então chefe de polícia do Distrito Federal Lins de Barros anunciou a quebra de incomunicabilidade do secretário-geral do PCB. Depois de quase uma década preso, Prestes não constituía mais ameaça à ordem pública. Com a concessão da anistia, Lins de Barros fez questão de conduzir seu antigo comandante na Coluna Prestes até a porta da prisão, onde a imprensa o aguardava.

Nesse mesmo ano, o Partido Comunista do Brasil divulgou o seu programa para a eleição da Assembleia Nacional Constituinte. Entre as propostas estavam a criação de um "Poder Executivo exercido por um Conselho de Ministros sob o controle de uma Assembleia de Representantes", e o direito do povo de "cassar a qualquer momento o mandato de seus representantes". Para surpresa geral, Prestes deu apoio a Vargas — os interesses do povo estavam acima das tragédias pessoais, alegou. Na legalidade, o PCB surgia como quarta força partidária do país, atrás do Partido Social Democrático (PSD), da União Democrática Nacional (UDN) e do Partido Trabalhista Brasileiro

(PTB) — obteve 10% dos votos na eleição nacional, elegendo 14 deputados federais (entre eles, o escritor Jorge Amado e o líder do levante em Recife, Gregório Bezerra) e um senador, o próprio Prestes, o segundo mais votado no país, superado apenas por Vargas. O número de filiados passou de míseros 5 mil a mais de 180 mil. Durante a Constituinte de 1946, Prestes criticou o presidencialismo, que chamou de "ditadura unipessoal", e defendeu o parlamentarismo, para que o Poder Executivo "surgisse do seio da própria Assembleia de representantes do povo".

Nas eleições municipais de 1947, Jaboatão dos Guararapes, o foco inicial do levante pernambucano, elegeu o primeiro prefeito comunista do Brasil. O médico Manoel Rodrigues Calheiros tomou posse e a cidade recebeu da imprensa a alcunha de "Moscouzinha de Pernambuco". Em Recife, os comunistas não elegeram o prefeito, mas garantiram 12 vereadores numa câmara de 25 assentos. Em Olinda também compuseram maioria na Câmara. Fortaleza, no Ceará, e Nova Linha, em Minas Gerais, também elegeram vereadores comunistas. A cidade mineira, inclusive, elegeu um vice-prefeito comunista. Mas a lua de mel com a legalidade durou pouco. A Guerra Fria e o alinhamento brasileiro com os Aliados ocidentais cobrariam seu preço. Em 1946, o deputado Barreto Pinto, do PTB, denunciou o PCB, alegando inconstitucionalidade em seu registro: o Partido Comunista do Brasil era uma extensão de um partido internacional com sede em Moscou (o que, de certa forma, era verdade). No ano seguinte, o Tribunal Superior Eleitoral cassou por três votos a dois o registro do partido. Todos os parlamentares comunistas eleitos foram cassados. Mais uma vez, o PCB entrava na ilegalidade — desde a sua fundação, em 1922, o partido passara apenas três anos como organização regular.

Prestes voltou a viver na clandestinidade política. Na vida pessoal, casou-se, em 1950, com Maria do Carmo Ribeiro (que também ficara "meio decepcionada" com a altura do marido quando o conhecera). A segunda esposa lhe daria oito filhos em quase quatro décadas de matrimônio.

O que já se notara na Intentona de 1935 se repetiria na década de 1950: Prestes tinha pouca capacidade de avaliação política. Além disso, o PCB era um emaranhado de tendências e posições. A opção pela luta armada não passou de um sonho, e quando o partido teve a oportunidade de apoiar Vargas, fez o contrário e atacou o presidente (só percebendo o erro com o suicídio de Getúlio, em 1954). O comunista Jacob Gorender chegou a afirmar que Prestes não passava de "stalinista empedernido". Outra avaliação errada: "Fidel Castro é um aventureiro pequeno-burguês", afirmou Prestes pouco depois da Revolução Cubana, em 1959. Ele acreditava que Fidel era um agente da CIA e que o Partido Socialista Popular (nome do Partido Comunista cubano) era radicalmente contra o Movimento 26 de Julho, liderado por Castro. Ao contrário do que Prestes previra, Fidel iria estreitar relações com a União Soviética.

A década de 1960 trouxe mais avaliações erradas, decisões desastrosas e dissidências internas no PCB (em 1962 é criado o PCdoB). No começo de 1964, em visita a Kruchev, em Moscou, perguntado sobre o perigo da direita no Brasil de João Goulart, Prestes afirmou que não havia riscos: "Se eles levantarem a cabeça será melhor, o processo revolucionário avançará. Nós lutamos por uma via pacífica, à classe operária interessa que o nosso povo progrida e chegue à revolução sem guerra civil". Jango seria deposto pouco tempo depois e, em 1967, rachado, o PCB se divide em PCBR, ALN, MR-8 e diversos outros grupos menores. Em 1969, em um relatório da KGB (a polícia secreta soviética), dirigentes do PCB acusaram Prestes de ter deixado cair nas mãos da polícia brasileira os arquivos do partido em 1936, 1947 e 1964. Otávio Brandão afirmava, segundo o documento, que o Cavaleiro da Esperança não sabia nem amar nem odiar, mas tinha "anseios ambiciosos e doentiamente" reagia a qualquer crítica à sua direção.[173] Traço da personalidade de Prestes notado também por Olga, que diversas vezes precisou "abanar o rabo" como se fosse um "cachorrinho" até que Prestes recuperasse o bom humor. O Partido Comunista da URSS, no entanto, parece ter desconsiderado o relatório, condecorou Prestes e financiou suas viagens por China, Cuba, Alemanha Oriental e diversos países do Leste Europeu, onde ele se hospedou em hotéis luxuosos, assistiu óperas e visitou líderes políticos. Exilado na União Soviética desde 1971, voltou ao Brasil com a anistia de 1979. Em divergências com o PCB, acabou afastado da secretaria geral, deixando o partido que dirigira por mais de três décadas, e ainda orientou seus seguidores a ingressar no Partido Democrático Trabalhista, de Leonel Brizola. O "Velho" morreu no Rio de Janeiro em 7 de março de 1990, aos 92 anos de idade.

OS GALINHAS VERDES E O GOLPE DO PIJAMA

Durante a década de 1920, movimentos políticos de extrema direita surgiram em todo o Brasil, como a Legião Cearense do Trabalho, o Partido Fascista Nacional, o Partido Nacional Sindicalista, a Legião Cruzeiro do Sul e a Legião de Outubro, liderada pelo futuro ministro da Justiça Francisco Campos — redator da Constituição do Estado Novo de Vargas e dos Atos Institucionais pós-golpe de 1964. Nenhum desses "partidos", no entanto, alcançou mais notoriedade que a Ação Integralista Brasileira, a AIB. Era a versão da direita brasileira mais próxima do nazifascismo europeu. Criada a partir do "Manifesto Integralista", lançado pelo escritor paulista Plínio Salgado logo após o fim da Revolução Constitucionalista de 1932, a AIB se propunha a buscar a formação de um "novo homem", comprometido com Deus, com a pátria e com a família — daí seu lema "Deus, Pátria, Família".

O historiador Ricardo Seitenfus descreveu Salgado como um "homem dotado de uma inegável inteligência, de uma certa cultura e, sobretudo, de uma personalidade mística bastante acentuada", "um carrossel de ideias" capaz de juntar a Virgem Maria, Immanuel Kant, Karl Marx e Adam Smith.[174] Um exemplo disso é o símbolo adotado pelo movimento. A letra grega sigma representaria a ideia de integração de "todas as Forças Sociais do país", como o símbolo matemático que indica a soma dos números infinitamente pequenos, tal como os membros do movimento integralista. No aspecto religioso, era a letra usada pelos "primeiros cristãos" da Grécia antiga na identificação de Deus. O símbolo representava, ainda, a estrela polar no hemisfério sul.

Tal como os modelos europeus de extrema direita, os integralistas também tinham sua milícia, as "Forças Integralistas". E assim como os camisas-pardas (no caso do nazismo) e os camisas-negras (fascismo), os membros da AIB eram obrigados a usar uniforme, o que, segundo o próprio movimento, criava "uma mística profunda" e "uma unidade inquebrantável": camisa e gorro sem pala verde-oliva, calças pretas ou brancas, gravata negra e uma braçadeira com a letra sigma no braço esquerdo. Devido à cor predominante no uniforme e ao barulho que marcava suas manifestações públicas, receberam o apelido pejorativo de "galinhas verdes". Cinco anos após sua fundação, o movimento alegava ter 1,5 milhão de filiados, embora muitos historiadores acreditem que o número real ficasse entre 100 mil e 200 mil — principalmente no Rio de Janeiro, em São Paulo e em Santa Catarina —, 40% dos quais ligados ao funcionalismo público.[175]

O ideal integralista era a formação de um "Estado Integral", sem partidos políticos, luta de classes ou regionalismo, e cujos inimigos seriam o liberalismo, o comunismo e o capitalismo financeiro — que, na visão de um dos seus principais "teólogos", o prolífico escritor cearense Gustavo Barroso, ex-presidente da Academia Brasileira de Letras, era controlado pelo judaísmo internacional. Barroso foi o tradutor para o português do conhecido panfleto *Os protocolos dos sábios de Sião*, uma falsificação muito usada na Europa para incriminar os judeus, alegando um suposto "complô" sionista para conquistar o mundo. Outro líder radical da AIB era Miguel Reale, filósofo e jurista que será, no futuro, um dos principais redatores da Constituição de 1969 e supervisor da comissão que elaborou o Código Civil de 2002.

Em uma das marchas promovidas pela AIB aconteceu o mais violento confronto entre integralistas e os diversos grupos de esquerda reunidos em torno da Frente Única Antifascista (FUA), composta por mais de 40 associações sindicais, comunistas, trotskistas e anarquistas. Para festejar o segundo aniversário do Manifesto Integralista e da criação da AIB, Plínio Salgado programou uma grande marcha para o dia 7 de outubro de 1934, em São Paulo: a "Marcha dos Dez Mil". Tão logo o jornal integralista *Ofensiva* divulgou o evento, integrantes da FUA se mobilizaram para impedir a manifestação. O confronto foi inevitável e o resultado também: 6 mortos (3 guardas civis, 2 integralistas e 1 comunista) e 50 feridos — boa parte vitimada pela correria causada pelo disparo acidental de uma metralhadora da Força Pública. O *Jornal do Povo*, dirigido pelo comunista e folclórico "barão de Itararé", estampou em manchete três dias depois: "Um integralista não corre: voa...".[176] Entre os integralistas, o episódio ficou conhecido como "Batalha da Praça da Sé"; os integrantes da FUA apelidaram a tragicomédia de "Revoada dos Galinhas Verdes".

A AIB daria o troco três anos depois, quando o diretor do serviço secreto integralista Olímpio Mourão Filho redigiu o "Plano Cohen", um documento forjado entregue às Forças Armadas e atribuído à Internacional Comunista, que supostamente planejava tomar o poder por meio de ataques às autoridades civis, greve geral, incêndio de prédios públicos e um novo levante — uma espécie de *Os protocolos dos sábios de Sião* tupiniquim. Divulgado publicamente em jornais e rádios em setembro de 1937, serviu de pretexto para a decretação do estado de guerra e a posterior implantação da ditadura do Estado Novo de Getúlio Vargas, em novembro. Em 1964, Mourão Filho seria o responsável direto pelo golpe que derrubou o presidente João Goulart.

Embora manifestasse apoio a Vargas, a AIB foi formalmente extinta, assim como todos os partidos políticos. A partir daí, começou ela própria a articular a deposição do presidente. Em março de 1938, a polícia brasileira evitou uma emboscada que seria realizada enquanto Vargas estivesse em visita às instalações da Marinha, na Baía da Guanabara. O capitão de mar e guerra Fernando Cochrane, membro da AIB, seria o artífice, e entre os envolvidos estava Euclides de Oliveira Figueiredo, envolvido no levante do Forte de Copacabana e pai do futuro presidente João Batista de Oliveira Figueiredo.

Uma nova e mais ousada investida foi preparada para a noite do dia 10 de maio seguinte. A tentativa integralista, no entanto, foi mais atrapalhada que a comunista. O plano de golpe consistia em atacar o palácio da Guanabara e prender Vargas. A organização era cômica, e a mobilização foi pífia. Dos 150 integralistas voluntários, menos de 30 apareceram na hora e no dia marcados — não dispunham de armamento pesado, além de terem esquecido os explosivos preparados para o momento. A reação do governo também foi patética. Quando o palácio foi atacado, por volta da 1 hora da madrugada do dia 11 de maio, demorou até que alguém fosse em socorro do presidente, que se encontrava sitiado em seu quarto com a família — por isso a imprensa carioca denominou a ação de "o golpe do pijama". A inércia de homens como Filinto Müller, Góes Monteiro e Eurico Dutra, respectivamente chefe de Polícia, chefe do Estado-Maior do Exército e ministro da Guerra, levantou a suposição entre historiadores de que eles também fizessem parte de um complô contra Getúlio.[177] Depois do susto, o ataque comandado pelo tenente Severo Fournier foi duramente reprimido pelas tropas do general Dutra (pelo menos nove integralistas foram sumariamente fuzilados nos jardins do palácio).

Com a redemocratização, em 1945, a AIB iria se transformar no Partido de Representação Popular, o PRP, ainda sob a liderança de Plínio Salgado e com apoio de ex-integralistas e do Movimento Águia Branca. Salgado concorreu à presidência em 1955, eleição vencida por Juscelino Kubitschek, obtendo pouco mais de 714 mil votos (8% do total). O PRP foi dissolvido dez anos depois pelo AI-2. A maioria dos seus integrantes migrou para a Aliança Renovadora Nacional, a Arena.

9. A ESFINGE DOS PAMPAS

Getúlio Vargas flertava com fascistas, tinha apoio de liberais e dos trabalhadores. Revolucionário, derrubou um presidente eleito e instaurou um regime que perdurou por quinze anos. Até ser deposto, implantou uma política populista e nacional-desenvolvimentista ao mesmo tempo que impunha censura e repressão. Voltou ao poder democraticamente e cometeu suicídio antes de ser novamente apeado do poder. Homem de várias faces, transformou-se no líder político mais popular da história do Brasil.

Palácio do Catete, Rio de Janeiro. Madrugada de terça-feira, 24 de agosto de 1954. O ministro da Guerra, general Euclides Zenóbio da Costa, chega à sede do governo com um ultimato assinado por uma camarilha de generais exigindo a renúncia do presidente Vargas. Reunido com o ministério, os três filhos e a esposa Darcy, sem que se chegue a um consenso, Getúlio decide se licenciar do cargo. Uma nota à nação é escrita pelo ministro da Justiça Tancredo Neves e, pelo rádio, o Brasil toma conhecimento da decisão presidencial. Por volta das 7h30, Getúlio é avisado pelo irmão de que o pedido de licença não era suficiente. Os militares querem que Vargas renuncie ao cargo imediatamente. Pouco depois das 8 horas, de pijama, o presidente deixa o quarto no terceiro andar e desce até o gabinete de trabalho. Ao retornar, traz consigo um revólver Colt calibre 32, com cabo de madrepérola. Sentado na cama, Getúlio põe o revólver na altura do coração, próximo ao monograma "GV", e puxa o gatilho. O estampido ecoou pelo Catete. Ao entrarem no quarto, a esposa e os filhos Lutero e Alzira encontram Vargas caído sobre o leito, agonizante. Na mesinha de cabeceira, uma carta-testamento. "Joguei-me sobre ele, numa última esperança", lembrou mais tarde Alzira. "Apenas um leve sorriso me deu a impressão de que ele me havia reconhecido". Às 8h35, o presidente estava morto. O diário carioca Última Hora, em edição extra daquele dia, estampava: "Matou-se Vargas! O presidente cumpriu a palavra: 'só morto sairei do Catete'".[178] Aos 72 anos de idade, Getúlio Vargas saía da vida e entrava para história.

A ESFINGE

Ninguém ficou tanto tempo na presidência quanto ele. Foram quinze anos desde a Revolução de 1930 até seu afastamento em 1945, e outros três anos no período democrático, entre a posse em 1951 e o suicídio em 1954. Quase duas décadas. Em 1984, às vésperas de ser indicado para concorrer à presidência depois de 40 anos de vida pública, Tancredo Neves declarou que nunca havia convivido com algum político que "pudesse se aproximar" de Vargas.[179] O político mineiro afirmou que Vargas foi "o maior líder nacional que o Brasil já conheceu". Para a cientista política Ângela Gomes, Vargas era uma "grande síntese", reunindo em sua personalidade todas as qualidades das maiores figuras históricas brasileiras. "Tudo nele tinha início e tudo, para ele, convergia como fim", definiu.[180]

Até mesmo seus adversários políticos viam nele as qualidades de um estadista. O jornalista Assis Chateaubriand, o "Chatô", dono dos *Diários Associados*, afirmou certa vez que o Rio Grande do Sul era uma "floresta africana" que só produzia "leões", Getúlio era a "primeira raposa dos pampas"; perto dele, Maquiavel era um "pinto".[181] "Vargas tinha de Pedro II e de Floriano; de Sarmiento e de Facundo; de Mauá e das forças telúricas do índio ciumento, que olha de través o branco civilizado, como o usurpador de sua roça. É tolerante e intolerante; gosta dos ricos e dos pobres, e, fazendo política socialista, não tem constrangimento de frequentar os ricos e sentar-se à mesa deles, a fim de melhor experimentar a técnica de demoli-los", observou ainda o paraibano, que também fora senador e embaixador brasileiro.

Nascido na sede da fazenda Triunfo, em São Borja, às margens do rio Uruguai, na fronteira com a Argentina, em 19 de abril de 1882, Getúlio Dornelles Vargas era filho de Manuel do Nascimento Vargas e Cândida Francisca Dornelles, a "Candoca". O pai era militar, veterano da Guerra do Paraguai e maçom iniciado na loja Luz Invisível (assim como o irmão de Getúlio, Benjamim); com a Revolução Federalista de 1893-95 alcançaria a patente de general e, mais tarde, o cargo de prefeito de São Borja.

Em 1911, Vargas casou com Darcy Sarmanho, filha de um rico estancieiro gaúcho. Uma "pudica açucena missioneira", nas palavras do amigo e companheiro político João Neves da Fontoura. Quando se enamoraram, ele, com 28 anos de idade, já era deputado estadual. Darcy tinha apenas 14 anos. Foi preciso esperar que ela completasse 15 anos para a oficialização do casamento. Como Vargas não tinha apreço algum pelo catolicismo ou mesmo pelo cristianismo, a união foi formalizada apenas no cartório. Somente em 1934, na solidão da estância Santos Reis, em São Borja, o casal oficializaria o matrimônio diante de um padre. Para atender a mulher e por um "caso de consciência", revelou Vargas ao diário pessoal que mantinha. Quando nasceu o primogênito do casal, Vargas daria o nome de Lutero ao menino — homenagem ao líder da Reforma Protestante do século XVI e, segundo Thomas Carlyle, autor de *Os heróis*, obra que deixara forte impressão no futuro presidente, um "destruidor de ídolos".

Segundo o jornalista Lira Neto, como orador da turma na Faculdade de Direito, em 1907, Vargas pronunciaria um "libelo contra o cristianismo": "A moral cristã é contra a natureza humana", declarou o então jovem advogado. O "cristianismo é inimigo da civilização" e um retrocesso às "grandes conquistas progressivas da humanidade", diria.[182] Eram ideias muito próprias do positivismo de Comte e de sua Religião da Humanidade. Mais tarde, o discurso da faculdade seria ocultado. Em um país de imensa maioria católica não caía bem a um político atacar duramente a crença popular.

Embora não fosse seguidor da religião do pensador francês, na formação de sua personalidade enquanto estudante de direito e depois como político no Rio Grande do Sul, as ideias positivistas marcaram profundamente o futuro presidente. "Como método científico, o positivismo me atrai. Juntamente com meu interesse pelo método vem uma incredulidade como religião. Não compreendo uma religião sem Deus", observou. A visão positivista de mundo, em que a democracia não era bem vista (já tratada no capítulo *Ao som da Marselhesa*), deu a Vargas um fundamento de paternalismo, de que os ilustrados teriam o direito — e o dever — de impor às camadas iletradas uma "ditadura científica". Luiz Vergara, que conviveu com Getúlio por duas décadas como chefe de gabinete, secretário e ministro, notou que, como estadista, em Vargas sobressaíram "o instinto de ordem como norma e a ideia de união nacional como roteiro".[183] No Rio Grande do Sul, os ideais de Comte foram implantados pela mão enérgica de Júlio de Castilhos, líder do Partido Republicano Rio-Grandense, presidente do estado e autor da Constituição gaúcha de 1891 (fortemente influenciada pelo positivismo); e pela ditadura de Borges de Medeiros, filhote de Castilhos e presidente gaúcho por um quarto de século por meio de sucessivas reeleições — todas marcadas pelas fraudes eleitorais, é bom lembrar. Mas Vargas não se espelhara apenas em Comte; além do filósofo alemão Friedrich Nietzsche, faziam parte de suas leituras as obras do naturalista britânico Charles Darwin, do liberal Herbert Spencer, do romancista francês Émile Zola e até mesmo do conde de Saint-Simon, um dos fundadores do socialismo.

Como membro da oligarquia e instruído, Vargas não deixava de ser popular e carismático. Fazia questão de estar entre a gente simples e não raro se fazia fotografar com populares, geralmente sorrindo. A atenção especial à imagem contribuiu para a construção do mito. A fim de disfarçar a pouca altura, os fotógrafos o retratavam sempre de baixo para cima ou em ângulo mais propício a esconder o parco 1,60 metro do presidente. Extremamente vaidoso, viajava sempre com uma maleta de couro marrom carregada de apetrechos que o mantinham sempre com a aparência de pós-banho: creme de barbear, loção pós-barba, água-de-colônia e perfume, espelho de mão, navalha, pente, tesoura e lixa de unhas. O fiel Adão Feliciano (sua "babá") ajudava na escolha diária das roupas, mas principalmente em duas tarefas: fazer o nó da gravata e amarrar os sapatos. Aprumado, o dia começava com o tradicional chimarrão e o trabalho seguia com outra de suas marcas registradas, o indefectível charuto — um "charuto fedorento que mantém o tempo todo na boca, como uma chupeta de bebê", observou um jornalista.[184] Eram pelo menos oito por dia, especialmente das marcas *Mil e Uma Noites*, *Soberano* e *Poock*. Getúlio trabalhava, em média, 12 horas diárias. Iniciava as atividades por volta das 7 horas e muitas vezes só o encerrava às 23 horas. O palácio do Catete foi utilizado por Vargas como sede presidencial nos governos provisório e constitucional, entre 1930 e 1937, e no período democrático, entre 1951 e 1954. Já o palácio da Guanabara, que servira de endereço para a princesa Isabel durante o Império, o presidente usou como residência oficial durante o Estado Novo, entre 1937 e 1945.

Como uma raposa, ele tinha a capacidade de avaliar inimigos e a paciência necessária para aguardar a hora certa de agir. "Vargas namorava os adversários com uma ternura dom-juanesca", escreveu o amigo João Neves em suas memórias. "Não se comportava como ator", observou Vergara, "via tudo como espectador que sabe que a realidade não está toda na decoração do proscênio, mas se estende pelos bastidores e camarins".[185] A filha Alzira escreveu em suas memórias: "Sempre me pareceu estranho ouvir, anos mais tarde, dizerem que papai era de índole calma e serena, o homem que sabia esperar. Saber, ele o sabia, mas não gostava. Aprendeu a controlar seu temperamento impaciente, ardoroso, quase intempestivo, nas lides da própria experiência".[186]

Vargas era uma contradição só, e poucos personagens históricos brasileiros exercitaram tão profundamente a dualidade da condição humana quanto ele. Como ditador nacionalista, namorou o nazifascismo europeu, mas casou com a democracia estadunidense, perseguiu a fascismo integralista e o comunismo de Prestes. Usou dinheiro dos capitalistas para desenvolver e modernizar o país ao mesmo tempo que dava forma à legislação trabalhista, atendendo as aspirações populares nacionais. Como presidente eleito, lutou contra o capital estrangeiro que havia financiado a industrialização do Brasil, aproximando-se dos sindicatos e de uma política social que não contava com apoio da esquerda. No mesmo pequeno corpo conviveu o homem que deu ao país os direitos trabalhistas e a repressão à liberdade de expressão e aos direitos civis e políticos, que assinava e rasgava constituições com a mesma facilidade e calma que acendia um charuto. Como ele próprio resumiu, era uma esfinge: "Gosto mais de ser interpretado do que de me explicar".[187]

O GOLPE DE 1930, A "REVOLUÇÃO LIBERAL"

O pleito de 1930 elegeu Júlio Prestes presidente do Brasil. O paulista recebeu 1.091.709 votos, o primeiro brasileiro a ultrapassar a marca de 1 milhão de sufrágios. Ganhou, mas não levou. Sua indicação pelo presidente Washington Luís rompia com a política do "café com leite" — acordo que mantinha lideranças paulistas e mineiras se alternando na Presidência da República. Minas Gerais aguardava por sua vez e esperava a indicação de Antônio Carlos Ribeiro de Andrada, sobrinho-neto de José Bonifácio, o "Patriarca da Independência". A insistência do presidente acabou com o acordo entre cafeicultores e produtores de leite, que passaram a apoiar a indicação de um gaúcho, o governador Getúlio Vargas (que já fora ministro de Washington Luís). Depois de alguns ajustes, uniram-se assim Rio Grande do Sul, Minas Gerais e Paraíba, formando a "Aliança Liberal". O movimento indicou Vargas para a presidência e João Pessoa, governador paraibano, para vice. Embora a Aliança Liberal prometesse medidas importantes e inovadoras (como o voto secreto, que acabaria com as fraudes eleitorais), Vargas foi derrotado por Júlio Prestes em uma eleição que estava longe de ser confiável (para qualquer dos lados).

"As eleições eram facílimas", lembrou Alzira Vargas, "o voto então só era secreto para o eleitor", que "recebia das mãos do coronel, do chefe político local ou do cabo eleitoral a cédula dentro de um envelope, já devidamente fechado e sacramentado". Era o método "bico-de-pena", a prática mais comum nas fraudes eleitorais, que consistia na falsificação de assinaturas. Cabos eleitorais e mesários experientes simulavam a votação sem grandes problemas. "As atas eram feitas em cima da perna, e a vitória era proclamada conforme as conveniências. Em alguns municípios, um tiro na urna, no intrometido fiscal da oposição, ou no presidente da mesa, decidia o impasse", observou a filha de Getúlio Vargas. Ela mesma, quando criança, ajudara a "colar muitos envelopes contendo cédulas secretas para o eleitor".

Mas em 1930, um incidente não político, o assassinato do governador da Paraíba, daria motivos para que a ala mais radical da Aliança Liberal, representada, entre outros, por João Neves da Fontoura e Oswaldo Aranha, articulasse uma revolta para impedir que Júlio Prestes assumisse. A morte de João Pessoa não teve ligação com a

Um golpe militar derruba o presidente Washington Luís. A "Revolução Liberal" chega de trem ao Rio de Janeiro. Ao centro, com uniforme militar, estão Miguel Costa, Góes Monteiro e Getúlio Vargas.
GETTY IMAGES.

eleição presidencial — o crime envolveu inconfidências amorosas —, mas serviu de pretexto para o levante. Com permissão de Vargas, Oswaldo Aranha começou a articular a "Revolução Liberal". Comprou armas no exterior e se aproximou dos militares que haviam participado — contra ou a favor — do movimento tenentista na década de 1920. Depois que o tenente-coronel Estevão Leitão de Carvalho, o coronel Euclides de Oliveira Figueiredo (pai de João Batista Figueiredo, futuro presidente da República durante a ditadura militar) e o capitão Luiz Carlos Prestes se negaram a liderar o braço militar do movimento que derrubaria Washington Luís do poder, coube ao alagoano Pedro Aurélio de Góes Monteiro assumir a tarefa. De início, hesitante, aceitou o convite de Vargas, mas com uma condição: "Darei ordens até sobre a maneira como devem conspirar". A estratégia era simples. Góes Monteiro iria liderar as forças revolucionárias a partir do sul, enquanto Juarez Távora (antigo companheiro de Prestes nos tempos da Coluna) atuaria do Nordeste e Aristarco Pessoa (irmão de João Pessoa, o candidato assassinado) ficaria responsável por sublevar as tropas de Minas Gerais. Vencida a luta armada, Vargas seria empossado presidente.

Góes Monteiro calculou que em três meses Washington Luís seria deposto. Não precisou. Além de teimoso, o presidente era um péssimo articulista e ainda pior líder militar. Custou a levar a sério o levante e quando o fez já lutava por uma causa perdida. Iniciada em Porto Alegre às 17h30 do dia 3 de outubro de 1930, a revolução se alastrou rapidamente e em vinte dias pusera o governo federal em xeque. "Não renuncio!", declarou o presidente, "Só sairei daqui morto!". Com o palácio da Guanabara cercado pela artilharia e os canhões dos fortes cariocas a disparar tiros exigindo sua renúncia, Washington Luís se mantinha irredutível. Foi preciso a intermediação do cardeal D. Sebastião Leme. Aconselhado durante mais de duas horas, o presidente mudou de opinião e aceitou se entregar a uma "Junta Governativa Provisória" — composta pelos generais Augusto Tasso Fragoso (que já ajudara na derrubada da monarquia, em 1889) e João de Deus Mena Barreto, além do contra-almirante José Isaías de Noronha. Preso, às 18 horas daquele dia 24 de outubro, Washington Luís, cujo mandato encerrava em menos de um mês, foi levado de carro ao Forte de Copacabana e enviado para o exílio. Entre outros militares presentes, estava o então primeiro-tenente Artur da Costa e Silva, futuro presidente de República durante a ditadura militar.

Enquanto isso, Vargas se dirigia à capital com Góes Monteiro e Miguel Costa (o mesmo da Coluna Prestes). Sabendo da queda de Washington Luís, enviou um ultimato à Junta, tendo esta o "convidado" a assumir o cargo vago. Do Paraná ao Rio de Janeiro, o "comboio revolucionário" que levava o novo presidente foi aclamado em todos os lugares. Em 3 de novembro, a Junta entregou o governo a Vargas. Juarez Távora, em entrevista ao *Correio da Manhã*, declarava o que viria pela frente: "Aprovo a ditadura no seu exato sentido". E "a ditadura de um homem com honra, com as virtudes do puro administrador", disparou. Entre os "planos grandiosos de reconstrução nacional", como afirmou Vargas, estavam rasgar a Constituição e fechar o Congresso Nacional — um "viveiro de parasitas", cheio de corrupção, ignorância e servilismo, segundo Távora.[188] Oito dias depois, Vargas suspendeu a Constituição, mas a Revolução Constitucionalista de 1932 o forçou a dar ao país uma nova carta. Em 1933, com o novo Código Eleitoral criado pelo "governo provisório" (Justiça Eleitoral, voto secreto e estendido ao sexo feminino), os brasileiros elegeram 214 deputados que somados a 40 representantes de sindicatos trabalharam em uma nova Constituição, que foi promulgada em 16 de julho de 1934, ao mesmo tempo que os constituintes elegiam Vargas presidente do Brasil (175 votos contra os 59 do também gaúcho Borges de Medeiros; Góes Monteiro recebeu 4 votos e outros nove candidatos receberam menos que isso).

A Carta Magna de 1934 tinha um problema: Vargas governaria até 1938, sem direito a reeleição. Por isso, tornou-se a mais efêmera das constituições brasileiras; durou apenas 1.213 dias, pouco mais de três anos. Vargas teria dito: "Eu creio que serei o primeiro revisionista da Constituição". Ela não foi revisada, mas suprimida, como fora a de 1891. Com auxílio de Góes Monteiro, um admirador do fascismo italiano, o golpe do Estado Novo outorgou uma nova Constituição em 10 de novembro de 1937. Elaborada pelo jurista mineiro Francisco Campos, então ministro da Justiça, a nova carta dava supremacia ao Poder Executivo em detrimento do Legislativo e do Judiciário. Estava instaurada a ditadura. Mais tarde, Campos voltaria a colaborar com outro golpe, o de 1964, participando dos atos institucionais n° 1 e n° 2 e colaborando com a Constituição de 1967.

UM ESTADO NOVO: "FASCISMO TUPINAMBÁ"

Centralizador, o Estado Novo destruiu a democracia — que, na verdade, pouco existira no Brasil até então — e instalou uma ditadura em moldes positivistas (para não dizer fascistas, como ocorria na Alemanha e na Itália). E como a propaganda é a alma do negócio, tal como fizeram Hitler e Mussolini, Vargas criou em 1939 o Departamento de Imprensa e Propaganda, o DIP, destinado a difundir a ideologia do novo regime junto à população, controlar as manifestações artísticas e promover o culto à personalidade do ditador — o que não diferia seu regime em nada tanto do fascismo como do comunismo soviético. Sob a direção do jornalista Lourival Fontes (que até 1945, ano da extinção do órgão, foi sucedido pelo major Coelho dos Reis e pelo capitão Amilcar Dutra de Menezes), o DIP interferia em tudo, desde produção musical, passando por teatro, cinema e turismo até imprensa. Proibia "publicações nocivas aos interesses brasileiros", não permitia a entrada de informações e influências vindas de fora e era responsável ainda pela transmissão diária do programa *Hora do Brasil*, precursor da *Voz do Brasil*. Só em 1942, mais de 370 músicas e cem programas de rádio foram proibidos. Características culturais regionais foram apagadas em prol da unicidade do país e de uma cultura "genuinamente brasileira" (como o idioma dos imigrantes, duramente reprimido). Com sua foto estampada em livros, revistas e paradas cívicas, sua imagem reproduzida em bustos e estátuas por todo o Brasil, Vargas se transformou no onipresente idolatrado "pai dos pobres" e líder incontestе da nação.

O Estado Novo manteve estrito relacionamento com o fascismo europeu, principalmente com a Alemanha nazista; perseguiu, prendeu, torturou, assassinou e exilou intelectuais e políticos opositores, "mas não adotou uma atitude de perseguições indiscriminadas", observou o historiador Boris Fausto. Vargas sabia da importância de contar com pensadores, assim, "católicos, integralistas, autoritários e esquerdistas disfarçados ocuparam cargos e aceitaram as vantagens que o regime oferecia".[189] Por isso, o romancista Graciliano Ramos, autor do célebre *Vidas secas*, preso pelo envolvimento com a Intentona Comunista de 1935, escreveu em *Memórias do cárcere* que o Estado Novo era um "pequenino fascismo tupinambá".

O flerte com as ditaduras europeias se encerrou em 1942, durante a Segunda Guerra, quando o Brasil cortou relações com o nazi-fascismo e a aproximação com os Aliados resultou em um acordo com os Estados Unidos — convênio que forneceu ao Brasil 200 milhões de dólares em armas e munição de guerra, e outros 114 milhões de dólares para que o país organizasse a produção de materiais básicos e estratégicos, modernização de ferrovias e artigos de exportação.[190] Mas se o Brasil lucrou com o conflito mundial, o fim dele encerrou também o período de Vargas no poder. Em 1945, o mesmo Góes Monteiro que o pusera na presidência articulou sua derrubada. Mas Vargas não deixou a política, apenas deu início a um novo jogo, "com todas as pedras de volta no tabuleiro". Naquele mesmo ano, dos três principais partidos criados no país, dois estavam sob influência do presidente: o Partido Social Democrático (o PSD, que reunia os interventores aliados a Vargas) e o Partido Trabalhista Brasileiro (o PTB, surgido do grupo "queremista", que desejava manter Vargas no poder como líder de uma Assembleia Constituinte). Afastado do governo, ele concorreu simultaneamente a uma vaga no Senado em cinco estados e a de deputado federal em nove. Elegeu-se senador pelo Rio Grande do Sul e por São Paulo; e deputado por sete estados. Acabou escolhendo a vaga de senador pelo estado natal. Na eleição de 1945, a primeira direta desde 1930, mais de 6,2 milhões de pessoas votaram, cerca de 13% da população total do país.

No ano seguinte, em 1946, uma nova Carta Magna foi promulgada em 18 de setembro pelo presidente Eurico Gaspar Dutra. O general Dutra participara do golpe que afastou Vargas do poder, mas, por indicação da raposa gaúcha, fora eleito democraticamente pelo PSD. A Constituição de 1946 seria suspensa em 1964 e substituída em 1967. Quanto a Vargas, ele retornaria à presidência, "nos braços do povo", em 1951.

TRABALHADORES DO BRASIL!

Getúlio Vargas foi o primeiro líder político brasileiro a buscar no povo a legitimação de seu poder. Empossado no governo, uma das primeiras medidas tomadas pelo chamado "governo provisório" foi criar o Ministério do Trabalho, Indústria e Comércio. O "ministério da Revolução", como foi chamado por Lindolfo Boeckel Collor — primeiro titular da pasta e avô do futuro presidente da República Fernando Collor de Mello —, tinha como finalidade interferir e regular as relações entre patrões e trabalhadores, assunto que era até então tratado pelo Ministério da Agricultura e quase ignorado pelo governo. Na montagem do ministério, Collor contou com colaboradores experientes em questões trabalhistas, como Joaquim Pimenta e Evaristo de Morais Filho (ligados às organizações sindicais) e o "paternalista" Jorge Street (empresário que se notabilizara por defender o direito à greve dos trabalhadores e mais tarde seria diretor do Departamento Nacional da Indústria e Comércio). Do ministério da Revolução surgiu o reconhecimento de entidades sindicais, a normatização da jornada diária de trabalho e a regulamentação do trabalho infantil e feminino.

Em maio de 1939, o governo organizou a Justiça do Trabalho, cuja origem eram as Juntas de Conciliação e Julgamento, criadas em 1932 pelo próprio Vargas. O salário mínimo (que deveria comprar "dez cestas básicas") já fora regulamentado em 1938, e o Serviço de Alimentação da Previdência Social seria criado dois anos depois. O Instituto Nacional de Previdência Social, o INPS, e o Fundo de Garantia por Tempo de Serviço, o FGTS, seriam regulamentados em 1966, durante o regime militar.[191]

Mas as leis trabalhistas ainda eram uma situação mal resolvida, um conjunto de leis desconexas e contraditórias. Com o objetivo de solucionar o problema, em 1942 Vargas nomeou uma comissão encarregada de estudar e organizar um anteprojeto que unificasse a legislação até então produzida. Embora muitas leis trabalhistas tenham sido inspiradas na *Carta del Lavoro* (carta do trabalho), elaborada pelo fascismo italiano em 1927, a comissão também tomou como base as normas da Organização Internacional do Trabalho e as leis já existentes no próprio Brasil e que vinham sendo discutidas desde 1930. Desse comitê nasceu o texto da "Consolidação das Leis do Trabalho", a CLT, que, encaminhado ao ministro do Trabalho Alexandre Marcondes Filho, foi aprovado, por decreto, em 1° maio de 1943. Curiosamente, o Partido dos Trabalhadores, o PT de Lula, atacou insistentemente o maior legado de Vargas. Durante a década de 1970, Lula chamou inúmeras vezes a CLT de "AI-5 dos trabalhadores" — uma alusão ao decreto de Costa e Silva, de 1968, que extinguiu os diretos constitucionais. Quando se elegeu presidente em 2002, Lula deixou de atacar o trabalhismo de Vargas e passou a associar seu maior inimigo político, o PSDB — Partido da Social Democracia Brasileira — de Fernando Henrique Cardoso, à UDN — União Democrática Nacional — de Carlos Lacerda, os inimigos de Vargas.

Se durante o Estado Novo Vargas se aproximara do capital estrangeiro para modernização e industrialização do país, no período democrático sua política mudou de lado. Por isso, desde que assumiu novamente o poder, em janeiro de 1951, enfrentou cerrada oposição liderada pela UDN — apoiada por militares, empresários e importantes setores da imprensa. Contrária às medidas populares, a oposição temia o comunismo (o mesmo grupo, com as mesmas pessoas, repetirá a dose e a desculpa em 1955 e 1964). O jornal *Imprensa Popular*, do Partido Comunista Brasileiro, chamava Vargas de "velho tirano", mas nenhum inimigo era tão radical quanto Carlos Lacerda, articulador do *Tribuna da Imprensa*, jornal que atacava com virulência o presidente, exigia sua renúncia e intervenção militar. Para enfrentar Vargas, em agosto de 1953, Lacerda também fundou o "Clube da Lanterna", que reunia os opositores do governo. Já na época da campanha eleitoral, Lacerda disparava contra Vargas: "Não deve ser candidato à Presidência. Candidato, não deve ser eleito. Eleito, não deve tomar posse. Empossado, devemos recorrer à revolução para impedi-lo de governar".

Em maio de 1954, Lacerda ganhou o apelido pelo qual passaria à história: "o Corvo". O qualificativo surgiu no enterro do repórter Nestor Moreira, do jornal *A Noite*, de oposição ao governo, morto em consequência de uma surra tomada de policiais cariocas. "Sempre que havia uma morte interessante, lá estava Carlos Lacerda. Era um corvo", lembrou Samuel Wainer, dono do jornal *Última Hora*, criado em 1951 e financiado por Vargas para prestar apoio ao governo.[192] A pedido de Wainer, o caricaturista italiano radicado no Rio de Janeiro Lan Rossi desenhou um corvo com a cara de Lacerda, caricatura que foi estampada na edição seguinte do diário. Para Wainer, imigrante bessarábio de origem judaica, Lacerda era "um pobre delator de seus próprios companheiros, um mísero frustrado em sua própria profissão, uma alma de alcaguete a serviço de todos os movimentos antipopulares, anti-humanos e antinacionais".

Quando assumiu como presidente eleito, Vargas enviou ao Congresso o projeto de lei para criação da Petrobras, que demorou mais de dois anos até que fosse aprovado. A empresa deu início às operações em janeiro de 1954, no mesmo ano em que Vargas proporia a criação de outra estatal, a Eletrobras — só aprovada em 1961, com Jânio Quadros na presidência, e instalada em 1962, no governo de João Goulart. As duas companhias faziam parte de um projeto que visava garantir autonomia brasileira diante do mercado internacional por meio do desenvolvimento econômico. Mas sofreu forte resistência. Chatô afirmou que o lema "O petróleo é nosso", criado pela União Nacional dos Estudantes, era um "chavão soviético". O motivo era claro: o projeto se chocava com os interesses de empresas multinacionais enraizadas no país há muito tempo. A norte-americana Standard Oil atuava no Brasil com o nome de "Esso Brasileira de Petróleo", e além de principal distribuidora de combustível, patrocinava o mais conhecido programa de radiojornal e telejornal do país durante mais de três décadas, o *Repórter Esso*. A American & Foreign Power, um gigantesco conglomerado estadunidense, monopolizava os serviços elétricos e telefônicos nas principais cidades do país por meio de diversas subsidiárias brasileiras. A Light and Power, por sua vez, ficou conhecida como "polvo canadense", já que atuava em várias áreas além da energética.[193]

Para as historiadoras Lilia Schwarcz e Heloisa Starling, Vargas pôs em cena, "pela primeira vez, de forma nítida", a disputa entre dois projetos de modernização do Brasil: o seu, de caráter nacionalista, e o de seus opositores, associado ao capital internacional. Três anos depois de apresentar o projeto de criação das estatais ao Congresso, o presidente escreveria em sua carta-testamento o principal motivo dos insultos e calúnias que se abateram sobre ele: "Lutei contra a espoliação do Brasil". A dependência do Brasil do capital estrangeiro era tal que, quatro décadas mais tarde, das 15 maiores empresas privadas do país, apenas duas eram brasileiras, a Varig e a C. R. Almeida, respectivamente em sexto e décimo quinto lugar. As demais eram estadunidenses ou europeias, e controlavam sistematicamente quase todos os principais setores de produção do país.[194]

Em junho de 1953, Vargas nomeou João Goulart, o "Jango", ministro do Trabalho, Indústria e Comércio. Em meio a uma crise econômica, o jovem conterrâneo de Vargas cometeu o sacrilégio de propor um aumento de 100% no salário mínimo do trabalhador. A imprensa rapidamente denominou o governo de "República sindicalista". Foi o estopim para a crise que levaria Vargas ao suicídio. Em fevereiro do ano seguinte, um grupo de militares entregou ao ministro da Guerra o "Manifesto dos Coronéis". Abaixo-assinado endossado por mais de 80 oficiais ligados à ala conservadora do Clube Militar do Exército (chamada de "entreguista" por se alinhar com os Estados Unidos), o documento atacava a política do governo que desmerecia o Exército e se aproximava do comunismo, equiparando salários civis aos da classe militar, "uma aberrante subversão de todos os valores profissionais". O redator do manifesto fora Golbery do Couto e Silva, golpista de plantão, de quem falaremos no capítulo seguinte. Vargas demitiu Jango, mas bancou o aumento. "Hoje vocês estão no governo, amanhã serão o governo", disse o presidente aos trabalhadores no Primeiro de Maio. Em junho, a Câmara dos Deputados votou um pedido de *impeachment*. Pelos meios constitucionais, os udenistas são derrotados: 136 votos contra, 35 a favor. A oposição deseja agora um "golpe preventivo" contra Vargas. Com apoio militar. O mês de agosto irá mudar os rumos do país.

GALANTEADOR

Baixinho, gorducho e levemente estrábico, Getúlio não era o que se poderia chamar de homem charmoso e atraente. O poder, no entanto, encanta tanto quanto o dinheiro e a beleza. Desde que se elegera deputado estadual, Vargas se tornara frequentador assíduo do *Clube dos Caçadores*, um cabaré luxuoso localizado na Rua Andrade Neves, no centro de Porto Alegre, que, além de cassino, oferecia beldades de todas as nacionalidades. O que, diga-se a verdade, não era uma anormalidade; exceção era os que não frequentavam. Curiosamente, como governador do estado, Vargas daria combate aos "antros" que corrompiam a moralidade e os bons costumes, incluindo o *Caçadores*. Como chefe do governo provisório, presidente e ditador, as coisas mudaram. Pelo menos até conhecer Aimée Soto-Maior de Sá.

Com 28 anos de idade, 20 a menos que Vargas, Aimée era noiva de Luís Simões Lopes, oficial de gabinete da Secretaria da Presidência da República e depois diretor do Departamento Administrativo de Serviço Público. Jovem, morena, alta, de olhos verdes e beleza estonteante. "Era de fato encantadora, e mais que isso, simpática, elegante, cheia de espírito, em suma, uma presença que enfeitiçava qualquer homem", notou Juraci Magalhães, oficial do Exército, interventor da Bahia e primeiro presidente da Petrobras. Além de elegante, Aimée era culta e desenvolta, falava seis línguas. Uma conquista e tanto. Nada mal para um cinquentão que vivia um casamento morno, quase que protocolar, com a esposa que lhe dera cinco filhos. Segundo Lira Neto, os flertes tiveram início pouco antes da Revolução de 1930 e aparecem de forma velada no diário mantido por Vargas (documento de mais de 1.200 páginas). Aparentemente, o primeiro encontro carnal se deu em 1º de maio de 1931, quando Vargas anotou no diário que depois de uma "visita agradável" houve uma "interrupção de três anos e meio de vida regular".[195] Além de confirmar o caso extraconjugal, que Neto supõe ser com Aimée, a anotação revela também que a jovem não fora a primeira — a julgar pela data, Getúlio também

Aimée Simões Lopes, a "bem-amada" de Vargas, em Poço de Caldas, Minas Gerais, em 1934.
FUNDAÇÃO GETÚLIO VARGAS – CPDOC.

andara pulando a cerca enquanto era governador dos gaúchos (o diário compreende apenas o período entre 1930 e 1942).

O caso ficou sério a partir de 1936, quando Aimée começa a ser mencionada no diário como "bem-amada" (data, aliás, aceita pela maioria dos historiadores como a de início do romance). Ela estava casada com Simões Lopes há quatro anos, e as escapadas envolviam não apenas o presidente como pessoas próximas do círculo do poder. O motorista que levava Vargas até a *garçonnière*, o "ninho de amor" que servia de encontro aos amantes, era Iedo Fiúza. Velho amigo do presidente, Fiúza fora nomeado prefeito de Petrópolis em 1930 e diretor-geral do Departamento Nacional de Estradas de Rodagem, em 1934. Mais tarde, em 1945, seria candidato à presidência pelo Partido Comunista Brasileiro (obteve 570 mil votos, 10% do eleitorado de então).

Aimée era "a luz balsâmica e compensadora" de seus dias atribulados, anotou Vargas em agosto de 1937. Simões Lopes acabou descobrindo a traição da esposa. Chegou a escrever uma carta de quatro páginas a Vargas, mas não está claro que soubesse ser o presidente o amante de sua esposa. De todo modo, o casamento de Aimée terminou. Ela acabou convidada para acompanhar a família Vargas em uma temporada em São Lourenço, uma estação termal em Minas Gerais. A proximidade e a presença da família não apagaram o fogo dos amantes. "O encontro deu-se em plena floresta, à margem de uma estrada", confidenciou ele ao diário, "para que um homem de minha idade e posição corresse esse risco, seria preciso que um sentimento muito forte o impelisse".[196] Vargas e Aimée mantiveram o caso até maio de 1938, quando, divorciada de Simões Lopes, ela partiu para a Europa. Em 1941, já casada com o milionário Rodman de Heeren, Aimée seria eleita pela revista *Time* uma das três mulheres mais elegantes do mundo, atrás de Bessie Wallis Warfield, por quem o rei Eduardo VIII abdicou o trono inglês, e de Barbara Cushing, editora de moda da *Vogue*. Aimée faleceu em 2006, em Nova York.

Outra amante de Vargas foi Virgínia Lane, "a vedete do Brasil", atriz do teatro de revista conhecida por ter as pernas mais bonitas do país. Polêmica, em entrevista a um jornal carioca disparou: "Na cama, ele não era grande coisa. Como era baixinho, não chegava lá".

"Gosto mais de ser interpretado do que de me explicar".
Getúlio Vargas, em São Lourenço, Minas Gerais, 1938.
FUNDAÇÃO GETÚLIO VARGAS – CPDOC.

Em 2012, já aos 92 anos, em entrevista à Rádio Globo, Lane contou uma história estapafúrdia em um programa ao vivo. Estaria na cama com Getúlio quando quatro encapuzados teriam entrado no quarto e assassinado Vargas em 1954. Jogada pela janela do terceiro andar do Catete pelo segurança de Getúlio, ela teria fraturado o braço direito e quatro costelas na queda. Despida por dois dos assassinos, teria sido chamada de "vagabunda". Lane morreu em 2014 sem publicar o livro em que prometia contar a "verdade" sobre o suposto assassinato.

Teriam compartilhado a cama com Vargas, ainda, a cantora Linda Batista (quase quarenta anos mais nova e intérprete da música "Desperta Brasil", de Grande Otelo e Popeye do Pandeiro, criada para a campanha que visava a entrada do Brasil na Segunda Guerra) e a poetisa Adalgisa Nery, esposa do diretor do DIP.

SÓ MORTO SAIREI DO CATETE

A madrugada de 5 de agosto de 1954 selou o destino do presidente. Quando voltava de um comício, Carlos Lacerda sofreu um atentado, à bala, na porta de casa, o edifício Albervânia, número 180 da Rua Tonelero, em Copacabana. O jornalista e então candidato a deputado escapou da emboscada, o pistoleiro teria lhe acertado um tiro no pé esquerdo. Mas seu segurança, o major-aviador Rubens Florentino Vaz, morreu baleado com dois tiros. O autor dos disparos alvejou ainda um guarda municipal antes de conseguir fugir de táxi. Dois dias depois, o taxista confessou aos investigadores que tinha levado não um, mas dois homens até o local do atentado. Um deles era Climério Euribes de Almeida, membro da guarda pessoal do presidente, compadre de Gregório Fortunato (conhecido por "Anjo Negro" e chefe da guarda) e afilhado de Lutero (o filho mais velho de Getúlio). Por meio da *Tribuna da Imprensa*, Lacerda incendiou o país. Exortando as forças armadas a exigirem a renúncia do presidente, acusou Vargas de ser o mentor do crime e "protetor de ladrões".

No dia 13 de agosto, a polícia chegou até o outro participante do atentado, João Alcino do Nascimento. Para piorar a situação do presidente, o pistoleiro, preso com 7 mil cruzeiros, confessou ter atirado em Lacerda por ordem de Climério, e que este estaria a mando de Lutero. Acusado de ser o mandante, Lutero negou qualquer envolvimento e, como médico, sustentou que Lacerda sequer teria sido atingido. Alegou que uma lesão provocada por bala de uma arma calibre 45 teria feito um estrago muito maior e que, se fosse verdade, decerto o Corvo teria tido os ossos e os tendões do pé destroçados. Além disso, um tiro no pé não justificaria a bota de gesso que Lacerda exibira com espalhafato para a imprensa. O prontuário médico do dia do atentado, de fato, desapareceu do hospital Miguel Couto, onde o jornalista fora atendido. Provavelmente, Lacerda estava usando o ferimento do pé para criar mais sensacionalismo — como se fosse preciso. Em discurso na Câmara, o deputado federal Afonso Arinos de Melo Franco acusou Vargas de ser "o pai supremo da fantasmagoria e da falsidade", um "Sileno gordo, pálido, risonho e com as mãos polpudas, tintas de sangue".

O chefe da guarda presidencial também negou qualquer participação, mas a Aeronáutica, que liderava a investigação e instalara uma "República do Galeão" — referência ao local onde se instalara o inquérito —, não teve dificuldade em encontrar nos arquivos de Fortunato provas de que havia muita corrupção dentro do governo: transações ilegais que envolviam assessores, nomes do alto escalão e até mesmo o filho do presidente, Manuel Vargas. O Anjo Negro negociava favores entre autoridades públicas e empresariais, agia junto ao Banco do Brasil, cobrava propina e, apesar de um salário de 15 mil cruzeiros, somava um patrimônio de 65 milhões de cruzeiros, uma fortuna para a época, mais de 30 milhões de reais em valores atuais.[197]

Quando Climério foi preso, com ele foram encontrados 35 mil cruzeiros. E as notas coincidiam com a série das cédulas apreendidas com Alcino e Fortunato. O crime fora encomendado e tramado por homens de confiança de Vargas. A situação do presidente se tornou insustentável. Não havia provas contra Getúlio, muito provavelmente Fortunado agira sozinho, em defesa do presidente e da família que era achincalhada por Lacerda, mas ficara óbvio para a oposição que Vargas fora, no mínimo, omisso, permitindo que pessoas ligadas a ele se envolvessem em um esquema de corrupção dentro do palácio do governo. Questionado pelo escritor e advogado paraibano José Américo de Almeida (então seu ministro de Viação e Obras Públicas) sobre o que realmente pensava sobre os indivíduos que o cercavam, Vargas teria respondido: "A metade deles não é capaz de nada e a outra metade é capaz de tudo".[198]

Com o governo encurralado, o vice-presidente Café Filho sugeriu que ambos renunciassem — Café, que já pendera para o lado golpista. Um grupo de oficiais do Exército se manifestou publicamente exigindo o mesmo (entre eles estava Juarez Távora, participante ativo

"Meu nome será a vossa bandeira de luta", escreveu Vargas. População carioca se despede do presidente, em 1954.
FUNDAÇÃO GETÚLIO VARGAS – CPDOC.

de todos os golpes e revoluções ocorridos entre 1922 e 1964). Vargas afirmou que jamais aceitaria. "Só morto sairei do Catete", declarou. No dia 24 de agosto, ele cumpriu a promessa. Naquela manhã, do palácio, um comovido Victor Costa, diretor da Rádio Nacional, comunicou por telefone o fato a Heron Domingues, o Repórter Esso, que estava no estúdio da emissora. O locutor, em edição extraordinária, noticiou à nação: "Atenção! Acaba de suicidar-se em seus aposentos, no palácio do Catete, o presidente Getúlio Vargas".

Na carta deixada sobre a mesinha de cabeceira, o presidente transmitia seu "testamento" e os motivos que o levaram a buscar a morte: a "campanha subterrânea dos grupos internacionais", os "grupos nacionais revoltados contra o regime de garantia de trabalho" e a "lei dos lucros extraordinários". O pequeno grande homem nada mais podia dar senão o próprio sangue. "Meu nome será a vossa bandeira de luta", pediu ao povo. Vargas já tinha trabalhado a ideia de uma carta suicida em pelo menos duas outras vezes. Em julho de 1932, acreditando que poderia ser deposto pelos militares, Getúlio escreveria um bilhete para ser usado caso fosse obrigado ao suicídio: "Escolho a única solução digna para não cair em desonra, nem sair pelo ridículo". Em 1945, ele repetiria o tom em uma carta de dez páginas, muito semelhante à famosa carta de 1954: "Lúcido e consciente, estou resolvido a esse sacrifício para que ele fique como um protesto, marcando a consciência dos traidores".[199]

Pegos de surpresa com a notícia trágica, os atordoados inimigos de Vargas também caíram. O suicídio e a comoção popular adiaram outro golpe militar por pelo menos dez anos. "Mais uma vez ele nos ganhou", lamentou um dos líderes da UDN. Ao saber pelo rádio da morte do "pai dos pobres", multidões saíram às ruas em todo o país. Manifestantes depredaram as sedes dos jornais *Tribuna da Imprensa* e *Diário de Notícias*, caminhões d'*O Globo* foram incendiados e a embaixada americana correu risco de ser invadida. Caçado, foi ali que Lacerda se escondeu antes de ser levado, de helicóptero, para o cruzador *Barroso*, ancorado na baía da Guanabara. Durante o velório, no Catete, uma enorme massa humana composta de 100 mil pessoas se despediu do presidente — cerca de 3 mil sofreram desmaios e crises nervosas. A edição da revista *O Cruzeiro*, que circulou dois dias depois do suicídio, vendeu mais de 700 mil exemplares. A repercussão internacional também foi imediata. O jornal londrino *The Times* escreveu que a morte de Getúlio significava o fim de uma era, do "campeão das massas, o homem que pela primeira vez na história do Brasil deu aos trabalhadores o direito de defender os seus destinos". O *Le Monde*, de Paris, afirmou que o suicídio do presidente era "uma vitória para os círculos direitistas, para as famílias que são demasiado ricas e estão mal situadas para dar lições de moral e de civismo".[200] No sepultamento, em São Borja, para onde o corpo havia sido levado por um avião da FAB, Osvaldo Aranha observou: "Quando se quiser escrever a história do Brasil, será preciso molhar a pena em teu coração", disse o velho amigo e correligionário.

Naquele mesmo ano, Carlos Lacerda foi eleito deputado federal. No ano seguinte pregou a intervenção militar, na tentativa de impedir a posse de Juscelino Kubitschek. Elegeu-se governador da Guanabara em 1960. Quatro anos mais tarde, apoiaria o golpe militar que derrubou Jango da presidência.

10. A DEMOCRACIA ESTRAÇALHADA

Os militares fizeram a parte suja, mas o golpe de 1964 teve o apoio e condescendência do setor empresarial, de religiosos e de grande parte da classe média brasileira. Jango, um rico estancieiro e mulherengo notório, não foi deposto por corrupção, desvio de verbas ou enriquecimento ilícito, mas porque ousou querer implantar uma reforma econômica e social sem articulação e sustentação política para tal. O auxílio da mídia, o medo geral do comunismo e o suporte dado pelos Estados Unidos fizeram o resto.

Após ser avisado de que o general Olímpio Mourão Filho marchava em seu encontro, pouco depois do meio-dia de 1º de abril de 1964, o presidente João Goulart deixou o palácio das Laranjeiras, no Rio de Janeiro, e retornou para a capital federal. O Brasil virara de cabeça para baixo. O Congresso já se preparara para dar apoio ao golpe. Goulart não se deu ao trabalho de ir ao palácio do Planalto. A mulher, Maria Thereza, reuniu os filhos, algumas malas, duas mudas de roupa e uma bolsa de maquiagem. Às 22h30, o presidente deixou a Granja do Torto e voou para Porto Alegre em um avião da FAB, o Avro AC 2501. Enquanto o presidente voava para o Sul, na madrugada do dia 2 de abril o senador Auro Moura de Andrade (do Partido Social Democrático, PSD) declarava vaga a presidência — ato inconstitucional, dado que Jango se encontrava em território nacional. Mais do que depressa, Moura Andrade, acompanhado do presidente do Supremo Tribunal Federal Álvaro Moutinho Ribeiro da Costa e do deputado e presidente da Câmara Ranieri Mazzilli (também do PSD) se dirigiram ao palácio do Planalto, onde este último seria empossado presidente. "Uma cerimônia bizarra", escreveu o jornalista Elio Gaspari, a menor comitiva de posse da história brasileira. Ao se encontrarem nos corredores, Darcy Ribeiro, o chefe do Gabinete Civil de Goulart, chamou Mazzilli de "macaco traidor", "estou vendo os pelos crescendo no seu corpo".

Durante a madrugada, na capital gaúcha, reunido com o ex-governador do Rio Grande do Sul Leonel Brizola — também seu cunhado —, Goulart tentou articular uma resistência com apoio do general Ladário Telles, comandante do 3º Exército. Ao perceber que reagir levaria o país a uma guerra civil, o presidente desistiu da ideia, deu-se por vencido e partiu no final da manhã para a fazenda Rancho Grande, em São Borja, enquanto a família seguia para Montevidéu. Da fazenda, rumou em uma aeronave C-47 para um rancho às margens do rio Uruguai e dali passou os próximos dias vagando sem destino e sem saber o que fazer. No dia 4 de abril, chegou à capital uruguaia para passar os próximos doze anos em exílio. Vivo, não retornaria mais ao Brasil.

Enquanto isso, no resto do país, Carlos Lacerda (da União Democrática Nacional, UDN), ao telefone com a TV Rio, às lágrimas, agradecia: "Obrigado, meu Deus, muito obrigado!". O governador de São Paulo, Adhemar de Barros (do Partido Social Progressista, PSP), "que rouba, mas faz", gratificava a Nossa Senhora Aparecida pelo golpe. Nos Estados Unidos, a Operação Brother Sam era desativada e o presidente Lyndon Johnson enviava mensagem com votos de felicidade a Mazzilli, declarando que as relações entre os dois países seguiam passos largos nos "interesses da paz, da prosperidade e da liberdade neste hemisfério e no mundo".[201] No mesmo dia 2 de abril, cerca de 1 milhão de pessoas do movimento Marcha da Família com Deus pela Liberdade sai às ruas do Rio de Janeiro para celebrar a "salvação da democracia".

JANGO

João Belchior Marques Goulart nasceu em 1º de março de 1918, na mesma São Borja de Getúlio Vargas, seu padrinho político. Filho de Vicente Rodrigues Goulart e Vicentina Marques, "Jango" era o mais velho dos três homens da família, que ainda contava com cinco mulheres. Vicente era um rico estancieiro cuja fortuna o filho iria aumentar consideravelmente — segundo um historiador, "à pata de cavalo, nas lides de tropeiro", comprando e vendendo gado. Em 1946, possuía um rebanho com mais de 30 mil cabeças.[202] Três décadas mais tarde tinha construído um império agropastoril. Em São Borja possuía as estâncias Rancho Grande, Santa Luzia e Cinamomo, a granja São Vicente e outros campos menores; no Mato Grosso, Jango era dono da estância Três Marias, com 48 mil hectares; no Rio de Janeiro, do sítio Capim Melado. No Uruguai, as estâncias El Rincón e El Milagro, um moinho e frigoríferos; na Argentina eram três pequenas fazendas, La Villa, Suzy e El Aperia; no Paraguai, a Sun Corporation, com 25 mil hectares. Ao todo, mais de 100 mil hectares. Além disso, tinha cinco aviões particulares, apartamentos espalhados pelo mundo, carros e ações. Também era amigo do líder líbio Muamar Kadafi, com quem chegou a negociar petróleo para a Argentina do presidente Juan Domingos Perón.

Apesar da riqueza, o historiador e cientista político Luiz Alberto de Vianna Moniz Bandeira, provavelmente um dos maiores conhecedores da vida de Goulart, afirma que Jango era um "homem simples, informal e discreto". Amigos recordam que ele costumava tomar cerveja e uísque no "bar da Georgina", em São Borja. A timidez, observou Moniz Bandeira, "desaparecia ao contato com a multidão, quando ele se excedia a si mesmo, nos comícios, e improvisava o discurso, abandonando o texto previamente elaborado". A capacidade de comunicação de massa do político vinha da pecuária extensiva, geradora de "uma convivência social mais aberta, mais democrática".[203] O historiador e jornalista Marco Antonio Villa, autor de livro sobre o perfil político de Jango, imagina o contrário, afirma ser "difícil encontrar alguma ideia, uma frase, uma lei, enfim algo de relevante para a posteridade que João Goulart tenha produzido".[204] É um exagero. A maioria dos historiadores não chega a tanto, embora seja quase unanimidade que Jango foi tudo, menos um político hábil e articulista.

João Goulart conheceu a futura esposa Maria Thereza Fontella no começo da década de 1950. Ele já havia passado dos 30 anos, havia se formado em Direito pela UFRGS e fora eleito deputado estadual e federal; ela mal chegara aos 13 anos. O namoro se tornou público em 1954 e os dois se casaram no ano seguinte, quando ela completou 15 anos e ele concorria à vice-presidência. "Fiquei muito tempo chamando Jango de senhor; foi uma coisa que eu não perdi muito rápido. De vez em quando me escapava um 'senhor'", revelou ela mais tarde.[205]

João Goulart (1918-1976), o Jango, em uma de suas inúmeras fazendas.
GETTY IMAGES.

Do casamento nasceriam João Vicente e Denise, em 1956 e 1957. O padrinho do primogênito foi o general Amauri Kruel — participante da Revolução de 1930 e veterano da FEB na Segunda Guerra, era amigo de Castelo Branco e iria ajudar a derrubar Jango em 1964. Pouco depois do nascimento dos filhos, Maria Thereza foi morar em Madri, na Espanha. Enquanto isso, o marido, boêmio e mulherengo desde os tempos de estudante, frequentava a boate carioca Sacha's, no Leme, e colecionava amantes no Rio de Janeiro — o problema no joelho esquerdo que o impedira de jogar futebol no Internacional viria da sífilis contraída nos bordéis gaúchos, e não de um tiro ou coice de cavalo como normalmente atribuído. Antes mesmo da eleição de 1955, enquanto ministro do Trabalho de Vargas, Jango era duramente criticado por Lacerda por suas noitadas pouco discretas. "Joãozinho Boa Pinta deve sair do ministério e voltar ao cabaré, que é a sua universidade, a sua caserna e o seu santuário", atacava por meio das páginas do *Tribuna da Imprensa*. Pelo menos quanto a isso Lacerda estava certo. Além da jogatina, do turfe e do álcool, João Goulart adorava um rabo de saia. A lista de amantes era grande: Aída Campos, Fernanda Sotto Mayor, Carla Morel, Mara Rúbia e Angelita Martinez (vedete que também teve romances com Garrincha e Dorival Caymmi), entre muitas outras. Segundo a própria esposa, "não houve uma vedete do Carlos Machado que o Jango não tivesse comido".[206] Mesmo depois, no exílio, Jango manteve amantes. Aos 52 anos, Goulart vivia perambulando entre suas fazendas enquanto, na maioria das vezes, a mulher e os filhos permaneciam em Montevidéu. Tempo suficiente para romances. Um deles, ele conheceu em 1970; era uma estudante argentina de apenas 17 anos, Eva de León Gimenéz, "la gordita". Até em viagens internacionais a jovem acompanhou o ex-presidente. Enquanto Jango fazia *checkups* médicos na França e se encontrava com antigos colaboradores de governo, como Darcy Ribeiro e Celso Furtado, lá estava Gimenéz comprando joias em Paris.

O sonho de voltar ao Brasil acabou em 1976. Em 6 de dezembro daquele ano, Jango morreu em La Villa, sua fazenda em Mercedes, na Argentina. Tinha 58 anos. Cardíaco diagnosticado desde 1962 e com outros dois infartos, em 1965 e 1969, o atestado de óbito registrou como causa da morte apenas *"efermedad"*, sem qualquer especificação. A esposa, que estava com Goulart naquela noite, afirmou que viu o "marido sofrendo o infarto". Sem passar por autópsia, o corpo do ex-presidente foi transportado diretamente para São Borja, onde o enterro foi acompanhado por 30 mil pessoas. O caixão não foi aberto, fato que sempre deu margem a dúvidas sobre a possibilidade de Jango ter sido assassinado — quase na mesma época morreram também JK e Lacerda. Tudo faria parte da Operação Condor, que deu sustentação a diversas ditaduras militares na América do Sul durante a década de 1970. Desde 2000, livros e declarações polêmicas têm surgido a respeito, como as obras dos historiadores Oswaldo Munteal e Juremir Machado e as afirmações do radiotécnico e traficante de armas uruguaio Mario Neira Barreiro. Encarcerado no presídio de segurança máxima de Charqueadas, no Rio Grande do Sul, Barreiro declarou à Policia Federal que Jango fora assassinado pela "Operação Escorpião". Ele teria espionado o ex-presidente durante quatro anos até receber a ordem de envenenar Jango. Orquestrada pelo delegado Sérgio Fleury a mando do presidente Geisel, a execução teria ficado a cargo do Grupo de Ações Militares Antissubversivas, o "Gamma", do serviço secreto do Uruguai. Tudo teria sido apoiado e patrocinado pela CIA. Com permissão da família, entre 2013 e 2014 a Polícia Federal examinou os restos mortais do ex-presidente. Mais de 700 mil substâncias químicas foram encontradas (incluindo resquícios de xampu e do remédio que Jango usava para o coração), mas nada que indicasse envenenamento. Moniz Bandeira não vê fundamento nas declarações de Barreiro; para ele, Jango morreu mesmo de um infarto. Em entrevista recente, o historiador afirmou que a memória de Goulart estaria sendo "dilapidada" pela família e por interesseiros em promover sensacionalismo. Juremir Machado, autor de um livro sobre a vida do ex-presidente no exílio, afirmou que "não há qualquer prova robusta ou material de que Jango tenha sido assassinado". "Em compensação", observou, "muitos indícios são inquietantes".[207]

CONSPIRADORES

Os militares envolvidos na trama que derrubou Jango eram todos egressos da Escola Superior de Guerra (ESG), o que explica a ojeriza de Castelo Branco, Costa e Silva, Geisel e de todos os outros generais a qualquer que fosse o movimento de esquerda. Centro de difusão da doutrina de "segurança nacional", a ESG surgiu da necessidade dos Estados Unidos de fomentar o anticomunismo na América Latina no pós-Segunda Guerra — o período da Guerra Fria. Em 1949, os EUA "forneceram apoio logístico e a inspiração" para a criação da ESG, encarapitada na Fortaleza de São João, na Praia Vermelha. Um de seus primeiros comandantes foi ninguém menos que Juarez Távora, ex--companheiro de Prestes na "Coluna Invicta" e ativo em todos os golpes e revoluções ocorridos no Brasil entre 1922 e 1964. Além da implementação ideológica, a ESG serviu de base para o Serviço Nacional de Informações (SNI), o serviço secreto brasileiro, nascido depois do golpe de 64.

Entre os civis, a ideia de remover o presidente era articulada pelo Instituto Brasileiro de Ação Democrática (IBAD) e o Instituto de Pesquisas e Estudos Sociais (IPES). O IBAD foi organizado em 1959 pelo empresário estadunidense Ivan Hasslocher. O instituto recebia contribuições de empresários brasileiros e estrangeiros descontentes com o governo de Juscelino Kubitschek e contrários ao avanço do comunismo no Brasil. De ação política, o ideal do IBAD era claro: influir diretamente na economia e na política do país. Para esse fim, foi criada a "Ação Democrática Popular". O resultado se viu nas eleições de 1962 para renovação do legislativo federal e de onze governos estaduais (já com Jango na presidência após a renúncia de Jânio Quadros). O IBAD injetou cerca de 5 milhões de dólares de empresas estrangeiras, principalmente estadunidenses, no financiamento de campanhas eleitorais de candidatos de oposição a Jango. Alguns historiadores acreditam que as cifras se aproximariam de 20 milhões. De qualquer modo, foram financiados 250 candidatos a deputado federal — um terço da Câmara Federal foi formada por parlamentares eleitos com recursos estrangeiros. O esquema ainda investiu na campanha de 600 deputados estaduais, 8 governadores e vários senadores, prefeitos e vereadores. Uma CPI instaurada em 1963 a pedido de Jango conseguiu encontrar irregularidades e o IBAD foi dissolvido por ordem do Judiciário.

O IPES, por sua vez, apresentava-se como uma "sociedade civil sem fins lucrativos, de caráter filantrópico e com intuitos educacionais, sociológico e cívico". Na realidade, reunia a nata de empresários, executivos, jornalistas, advogados e outros profissionais com uma visão liberal. Roberto Campos, Mário Henrique Simonsen, Octávio Gouveia de Bulhões e Delfim Netto, entre outros que ocupariam postos de comando durante a ditadura militar, faziam parte do IPES. Também eram membros os generais Golbery do Couto e Silva, Cordeiro de Farias e Ernesto Geisel, todos oriundos da ESG. O IPES pregou abertamente o afastamento de Goulart, financiando e produzindo peças de teatro, programas de rádio e de TV, livros e filmes curta-metragem que eram exaustivamente veiculados em todos os recantos do país. Para o historiador uruguaio René Dreifuss, "o que ocorreu em abril de 1964 não foi um golpe militar conspirativo, mas, sim, o resultado de uma campanha política, ideológica e militar travada pela elite orgânica, centrada no complexo IPES/IBAD". O historiador Boris Fausto afirmou que o círculo ESG-IPES-IBAD criou a convicção no imaginário popular de que "só um movimento armado poria fim à anarquia populista" e conteria o comunismo.[208]

Como se isso não bastasse, os Estados Unidos estavam dispostos a intervir diretamente na derrubada do governo brasileiro. Em março de 1964, o embaixador Lincoln Gordon solicitou apoio logístico ao golpe que se aproximava. Washington preparou o "Plano de Contingência 2-61", codinome "Operação Brother Sam". Quando os tanques do general Mourão Filho ligaram os motores em Minas Gerais a operação foi deflagrada. Consistia de uma força-tarefa composta pelo porta-aviões *Forrestal*, 6 destróieres, 4 petroleiros com capacidade para 550 mil barris de combustível, 8 aviões de caça, 8 aviões-tanque, 2 aviões de comunicações e 7 aviões de transporte C135 com 110 toneladas de armas. O comando foi entregue ao general George Brown. Se necessário, Brown ainda teria apoio da CIA e de uma força conjunta baseada no Panamá, sob o comando do general Breitweiser. O plano envolvia também 5 mil boinas-verdes que atuavam no Nordeste e tomariam o porto de Santos.[209] Dessa forma, o golpe de 1964 foi tudo, menos uma mera quartelada.

NO FIO DA NAVALHA

Depois da comoção popular com a morte de Vargas, Goulart foi eleito vice-presidente em 1955. Fez mais de 3,5 milhões de votos, meio milhão a mais que o presidente eleito, Juscelino Kubitschek, o presidente "Bossa Nova" que iria construir Brasília — na época, votos para presidente e para vice-presidente eram dados em separados. Nem mesmo a campanha de difamação lançada por Carlos Lacerda, então deputado federal pela UDN, serviu para impedir a vitória de JK e Goulart. A "Carta Brandi", atribuída ao deputado argentino Antonio Jesús Brandi e divulgada pelos jornais *Tribuna da Imprensa* e *O Globo*, era comprovadamente falsa, havia sido forjada por falsários para envolver Jango e o governo de Juan Domingo Perón na criação de um movimento armado de cunho sindicalista. Ainda assim, foi preciso a ação enérgica do general Teixeira Lott para garantir a legalidade, a não intromissão dos militares no governo e permitir a posse dos eleitos (ver capítulo *Impedidos*). Em 1957, os mesmos oficiais planejaram sequestrar e depor JK. A ação se daria no porto de Santos, enquanto o presidente e alguns ministros estivessem no navio de guerra *Barroso*. JK mudou os planos na última hora e a ação foi abortada.[210] O medo crescente dos militares de uma revolução comunista no Brasil foi ampliado em 1959 (mesmo ano em que Fidel Castro tomou o poder em Cuba), quando Leonel Brizola, governador do Rio

Grande do Sul, encampou a Companhia de Energia Elétrica Rio-Gran-dense, subsidiária da American & Foreign Power. Três anos mais tarde, ele desapropriaria os bens da Companhia Telefônica Nacional, subsidiária da International Telephone & Telegraph, a ITT.

Em 1960, Jânio Quadros foi eleito com mais de 48% dos votos. Embora Teixeira Lott, seu parceiro de chapa tenha sido derrotado, Jango foi eleito vice-presidente com 4,5 milhões de votos. Mas a dobradinha "Jan-Jan" foi um desastre econômico e político. Além de ter visitado Cuba antes da eleição e demonstrar simpatia por Fidel, depois de eleito, Jânio condecorou com a Ordem do Cruzeiro do Sul o guerrilheiro Ernesto "Che" Guevara, argentino e compa-nheiro de Castro em Sierra Maestra. Goulart, por sua vez, foi visitar a União Soviética, onde se encontrou com os líderes comunistas. Os Estados Unidos consideraram a viagem uma afronta a sua polí-tica anticomunista.

Jânio, o presidente da "vassourinha", não varreu a corrupção do governo nem conteve a crise econômica. Em 24 de agosto de 1961, um oportunista Lacerda, sempre ele, alardeou aos quatro ventos que Jânio tramava um golpe. Talvez fosse verdade. Na tentativa de reunir mais poder para governar, Jânio cometeu um erro estratégico. Acre-ditando ser imprescindível para o país e certo de que receberia apoio do Congresso, que não entregaria a presidência a Jango (que era vis-to como comunista), ele renunciou ao cargo no dia seguinte. Porém, ao contrário do que imaginou, a renúncia foi aceita. Mazzilli assumiu provisoriamente a presidência enquanto Jânio se explicava: agira motivado por "forças terríveis". Goulart se encontrava no exterior e não podia estar em lugar pior: a China comunista de Mao Tsé-tung. Os ministros militares vetaram sua volta ao Brasil e a posse como presidente, por "razões de segurança nacional". Tem início, assim, a "Campanha da Legalidade", comandada de Porto Alegre durante 14 dias por Brizola. "Não pactuaremos com golpes ou violências contra a ordem constitucional e contra as liberdades públicas. Se o atual regime não satisfaz, em muitos de seus aspectos, desejamos é o seu aprimoramento e não sua supressão, o que representaria uma regres-são e o obscurantismo", declarou o líder trabalhista entrincheirado no palácio Piratini.

O governador gaúcho Leonel Brizola (1922-2004) vistoria barricadas em frente ao Palácio Piratini, em Porto Alegre, Rio Grande do Sul. A "Campanha da Legalidade" adiou o golpe que derrubaria Jango por três anos.
ACERVO DO MUSEU DA COMUNICAÇÃO HIPÓLITO JOSÉ DA COSTA.

Sem unanimidade no alto comando militar — o general Machado Lopes, do 3º Exército, declarara apoio a Jango —, o Congresso, temendo uma guerra civil, encontrou uma saída para o impasse, uma "solução de compromisso": a instalação do parlamentarismo. Assim, com um "golpe branco", Jango tomou posse em 7 de setembro de 1961 nos parâmetros do novo regime e com poderes reduzidos. Até 1963, o Brasil teria três primeiros-ministros: Tancredo Neves, Francisco Brochado da Rocha e Hermes Lima (Tancredo, alinhado ao nacionalismo, cancelou todas as concessões das jazidas de ferro dadas ilegalmente ao truste estadunidense Hanna Co.). Mas, como estava previsto, um plebiscito foi realizado naquele ano para decidir o retorno ou não ao presidencialismo. O parlamentarismo recebeu um rotundo "não" — 9,5 milhões de votos contrários, num total de mais de 12 milhões de votos.

Goulart chegara à presidência andando sempre no fio da navalha, e assim se manteria. Seu plano econômico falhou, a inflação anual alcançou 80% e o crescimento do PIB caiu de 5,3% para 1,5%. Greves estouraram por todo o país. Em outubro de 1963, o movimento paralisou 700 mil trabalhadores em São Paulo. Para conter a situação, Jango propôs ao Congresso a decretação do estado de sítio por trinta dias. Não foi atendido e, pior, desagradou tanto a esquerda como a direita. Com nova crise instaurada, em entrevista ao jornal estadunidense *Los Angeles Times*, Carlos Lacerda anunciava publicamente o desejo de uma intervenção militar com apoio dos EUA, contra um governo que era "uma versão comunista de um totalitário à moda sul-americana".

Em janeiro de 1964, Goulart regulamentou a Lei de Remessa de Lucros, desfavorecendo empresas estrangeiras instaladas no país, proibindo que elas enviassem para o exterior mais que 10% do capital registrado no Brasil. Em 13 de março de 1964, Jango anunciou a reforma agrária diante de 200 mil pessoas reunidas em comício estrategicamente preparado na Central do Brasil — o mesmo palco que fora usado por Vargas. Seria a primeira das "reformas de base".

O "Corvo" Carlos Lacerda (1914-1977), governador da Guanabara e um dos principais opositores de João Goulart. Lacerda já havia conspirado contra Vargas, JK (1902-1976) e Jânio Quadros (1917-1992).
GETTY IMAGES.

O general Castelo Branco, chefe do Estado-Maior do Exército, assistia ao discurso pela TV de sua casa, em Ipanema, na companhia dos generais Golbery e Geisel. O embaixador estadunidense fazia o mesmo, em sua mansão, em Botafogo. Para os supersticiosos, era uma sexta-feira e Jango fora o décimo terceiro e último a falar à multidão. O anúncio de que encamparia cinco refinarias de petróleo privadas e de que faria a reforma agrária, desapropriando terras improdutivas localizadas às margens de estradas e ferrovias, foi a gota d'água para a oposição. A população brasileira era de 70 milhões, mas somente 3,35 milhões possuíam terras. Pouco mais de 2% da população detinha 58% da área do país. O projeto esboçado pelo presidente visava elevar para 10 milhões o número de proprietários. Para Moniz Bandeira, Jango "não desejava desencadear a revolução social", não era revolucionário nem comunista, mas "empiricamente reformista, que acreditava na transformação gradual". As mesmas forças que agiram contra Vargas em 1954, que haviam tentado impedir JK de assumir em 1956 e que pressionavam Jango desde 1961 se puseram em marcha mais uma vez. Para o historiador Juremir Machado, as reformas de base "foram ardilosamente abortadas em nome da 'democracia', da ordem, da tranquilidade nacional, do progresso e do medo".[211]

João Goulart fala com jornalistas no retorno ao Brasil após a renúncia de Jânio Quadros. Jango cairia em abril de 1964, deposto por um golpe militar.
GETTY IMAGES.

Em resposta ao comício da Central do Brasil, em 19 de março o IPES organiza a Marcha da Família com Deus pela Liberdade e reúne 500 mil pessoas em São Paulo, em protestos contra Jango, Brizola e o comunismo. O objetivo é legitimar a intervenção do Exército. O movimento se repete em mais 50 cidades do Brasil. No dia seguinte, Castelo Branco distribui uma "carta reservada", teme pelo "comunismo de Moscou", mas afirma querer defender a legalidade. Dez dias depois, em 30 de março, ato final: mesmo aconselhado a não fazê-lo, Jango discursa no Automóvel Clube do Rio de Janeiro, em uma assembleia de suboficiais. O alto-comando do Exército encara o ocorrido como uma afronta. No dia seguinte, o general Olímpio Mourão Filho, o mesmo envolvido no "Plano Cohen" que deu suporte ao golpe do Estado Novo de Vargas e descrito pela inteligência dos EUA como "oportunista", dá início à mobilização das tropas estacionadas em Juiz de Fora. Com apoio do governador mineiro, seu destino será o Rio de Janeiro, e seu objetivo, depor João Goulart.

GOLPE LEGITIMADO

O golpe de 1964 já foi chamado de "revolução legítima", de "golpe militar-empresarial", "civil-militar" e, mais recentemente, de "golpe midiático-civil-militar". Como visto, foi um pouco de tudo, menos uma revolução e legítima. Goulart não caiu por corrupção, desvio de verbas, enriquecimento ilícito ou favorecimento de amigos; caiu porque ousou querer reformar um sistema carcomido.

O tripé ESG-IPES-IBAD não tinha adversários à altura. O jornalista Alberto Dines, diretor do *Jornal do Brasil*, não poupou elogios ao governador mineiro, principal articulador civil: "Minas marcha contra Goulart. Enfim, apareceu um homem para dar o primeiro passo. Este homem é o mais tranquilo, o mais sereno de todos os que estão na cena política. Magalhães Pinto, sem arroubos, redimiu os brasileiros da pecha de impotentes".[212] Outros três governadores apoiaram o golpe: Adhemar de Barros, em São Paulo, Carlos Lacerda, na Guanabara, e Ildo Meneghetti, no Rio Grande do Sul. No mesmo dia 31, o *Correio da Manhã* estampava: "O Brasil já sofreu demasiado com o governo atual. Agora basta!".

Já com Jango fora do governo, *O Globo* de 2 de abril estampou em manchete: "Fugiu Goulart e a democracia está sendo restabelecida — Empossado Mazzilli na presidência". E, supremo sacrilégio, afirmou que "o Exército defendeu nesta revolução o mesmo ideal que custou a vida a Tiradentes". O jornal *A Noite*, em edição extra, soltou esta: "A Constituição e a Lei serão vitoriosas — Povo e governo superam sublevação".

Enquanto a imprensa saudava a posse de Mazzilli, o general Costa e Silva, "o tio velho", proclamava-se "comandante do Exército nacional" e ordenava ao novo presidente: "não faça nada". O Exército havia preparado, se a situação exigisse, um ataque de paraquedistas que desceriam na Praça dos Três Poderes e fechariam o parlamento.[213] Não precisou, o governo de Jango caiu "como um castelo de cartas", afirmou o general Golbery.

Em 11 de abril de 1964, o Congresso Nacional elegeu Castelo Branco o novo presidente da República — Tancredo Neves estava entre os 72 deputados que se abstiveram de votar, JK deu seu voto ao general. Em sua posse, Castelo Branco (o "Tamanco" dos tempos de escola militar) prometeu defender e cumprir "com honra e lealdade a constituição do Brasil". "Caminharemos para a frente", disse ele, "com a segurança de que o remédio para os malefícios da extrema esquerda não será o nascimento de uma direita reacionária". Como novo chefe de Estado, afirmou que seu "procedimento" seria encaminhar o processo eleitoral, prometendo, "sem tergiversações", entregar o cargo em 31 de janeiro de 1966 ao brasileiro que fosse eleito conforme mandava a carta magna do país.[214] Não seria assim.

Baixado oito dias após o golpe, o AI-1 não alterava o calendário das eleições estaduais, e em 1965 a oposição venceu em vários estados, incluindo Minas Gerais e Guanabara. Foi o suficiente para que os militares percebessem a fragilidade do governo recém-instituído. Pouco mais de vinte dias depois, pressionado pelos generais "linha-dura", Castelo Branco decretou o AI-2, que extinguia o pluripartidarismo e, em linhas gerais, delineava a ditadura — a votação para presidente seria nominal e realizada pelo Congresso. Assim nasceram a Aliança Renovadora Nacional, a Arena, formada por governistas, e o Movimento Democrático Brasileiro, o MDB, que faria oposição

golpe em marcha: tanques guardam o Ministério da Guerra a madrugada de 1º de abril de 1964.

GETTY IMAGES.

ao regime. Em 1966, o Congresso Nacional foi convocado a votar a nova Constituição, promulgada em janeiro do ano seguinte. Os próximos quatro presidentes brasileiros seriam militares. Todos eleitos indiretamente. Só em 1989 o Brasil voltaria a eleger, de forma direta, um presidente civil. Boris Fausto chamou o Regime Militar de "condomínio de chefes militares", já que não se baseava em ditadura pessoal. "Tal posicionamento impede a adoção de um modelo fascista no Brasil. Mesmo nos momentos de maior intolerância, a Ditadura Militar, por meio da rotatividade dos presidentes, evita o caudilhismo, não deixando também de reconhecer a legalidade da oposição parlamentar", observaram os historiadores Mary del Priore e Renato Venancio.[215]

Mas logo no primeiro mandato regido pela nova Carta Magna, houve um golpe dentro do golpe. O presidente-marechal Costa e Silva adoeceu e foi afastado do cargo, morrendo logo em seguida, em 1969. Seu vice, o civil Pedro Aleixo, deveria assumir, mas uma junta militar impediu a posse e uma nova "Constituição" foi imposta — mais uma, a de 1969. A "linha dura" iria ficar mais dura com a eleição do general gaúcho Emílio Garrastazu Médici e o advento dos "anos de chumbo". A democracia fora definitivamente estraçalhada.

Exilado, o "comandante" Brizola ainda tentou lutar, treinou e liderou guerrilhas com apoio de comunistas cubanos e bolivianos, mas desistiu da ideia em 1967. Voltou ao Brasil com a anistia e foi eleito governador do Rio de Janeiro em duas oportunidades, nas décadas de 1980 e 1990; tentou se eleger presidente em 1989, sem sucesso. Morreu em 2004, aos 82 anos. Quanto a Carlos Lacerda, incompatibilizou-se com Castelo Branco depois de tentar se candidatar à presidência em 1966. Teve os direitos políticos cassados com a decretação do AI-5. Lacerda ainda tentou formar com Jango uma "Frente Ampla" de oposição, mas a ditadura já os havia vencido. Morreu em 1977, de infarto do miocárdio, enquanto estava hospitalizado devido a uma gripe forte. Como no caso de JK, há quem acredite que tenha sido assassinado.

CENSURA, APARELHOS DE REPRESSÃO E LUTA ARMADA

Em menos de dois anos o regime fez um "limpa" na administração do país. Cerca de 2 mil funcionários públicos foram demitidos ou aposentados compulsoriamente, pouco mais de 380 políticos tiveram seus mandatos cassados; o mesmo ocorreu com 49 juízes. Sete em cada dez sindicatos e associações de trabalhadores tiveram as diretorias depostas; mais de 420 oficiais do Exército foram punidos, enviados forçadamente para a reserva e outros 200 seguiram o mesmo destino mediante acordos — em muitos casos, eram tratados como mortos, não recebiam salário ou qualquer outro direito, cabendo à esposa uma pensão de viúva. Foram cassados os governadores Miguel Arraes (Pernambuco) e Mauro Borges Teixeira (Goiás), mesmo este tendo apoiado o golpe. Dos 91 generais, 24 foram expurgados.[216] Só no primeiro ano, 50 mil pessoas foram detidas, 10 mil se tornaram rés.

Além dos sete mortos no dia do golpe, mais 13 pessoas morreram naquele ano de 1964: nove teriam cometido suicídio, quatro delas pulando de janelas de edifícios como o da Polícia Central do Rio de Janeiro — de onde "suicidas" pulavam desde 1936. Até 1975, 39 presos políticos cometeriam suicídio, 19 por enforcamento; dois deles teriam se enforcado sentados. Em Recife, o dirigente comunista Gregório Bezerra foi amarrado seminu a um jipe militar e arrastado pela cidade. Preso pelo pescoço e surrado com uma barra de ferro, sobreviveu a um espancamento em praça pública. Sarcasticamente, Golbery do Couto e Silva observou duas décadas mais tarde: "Você não faz omelete sem quebrar ovos". Mas ao contrário do que o "doutor Go" afirmara, tortura e perseguição não seriam realizadas apenas no "calor da hora". A Comissão Nacional da Verdade encontrou 434 mortos e desaparecidos políticos no Brasil e no exterior entre 18 de setembro de 1946 e 5 de outubro de 1988. A Comissão de Familiares Mortos e Desaparecidos Políticos afirma terem ocorrido 379 mortes só no período de 1964 a 1985.[217]

O mundo vivia a Guerra Fria, a luta entre dois blocos antagônicos pela hegemonia global. Capitalismo *versus* comunismo. Assim como os Estados Unidos interfeririam nas democracias sul-americanas para proteger "seu" quintal do comunismo, o socialismo soviético destruía democracias prestando apoio a ditadores e ditaduras de extrema esquerda em países do Leste Europeu, em Cuba e na China. A URSS esmagou movimentos reformistas na Hungria (1956) e na Tchecoslováquia (1968), e cerca de 300 mil pessoas deixaram esses países por motivos políticos; o comunismo de Mao assassinou 1 milhão de latifundiários na China, e o próprio Stálin havia ordenado pessoalmente a execução de 800 mil pessoas.[218]

No Brasil, assim como é fato que os militares perseguiram, torturaram e mataram, também é verdade que a guerrilha armada no país não lutava por liberdade ou tinha a intenção de implantar uma democracia. O objetivo era seguir o exemplo das ditaduras de esquerda patrocinadas pela União Soviética. O jornalista Elio Gaspari, autor de uma série de livros sobre a ditadura militar, escreveu que o objetivo final das organizações de luta armada era "transformar o Brasil numa ditadura, talvez socialista, certamente revolucionária". O projeto, segundo ele, "não passava pelo restabelecimento das liberdades democráticas". O próprio Partido Comunista Brasileiro Revolucionário (PCBR) definia como seu objetivo a conquista de um "Governo Popular Revolucionário", não queria nem lutava pela redemocratização.[219] Entre as organizações que propunham esse ideal estavam também a Ação Libertadora Nacional (ALN), a Vanguarda Popular Revolucionária (VPR) e o Comando de Libertação Nacional, o "Colina", que entre seus membros contava com a futura presidente da República Dilma Rousseff. A Ala Vermelha, a Vanguarda Armada Revolucionária e a Organização Revolucionária Marxista/Política Operária desejavam o mesmo, embora divergissem quanto aos meios. A maioria dos cerca de 2.500 guerrilheiros provinha sobretudo da classe média, predominantemente estudantes ou professores universitários. No Colina, esse segmento representava 53% do grupo, e no Movimento de Libertação Popular, o Molipo, chegava a 80%. A maior das organizações, a ALN, chegou a somar 300 militantes (61% dos desaparecidos na ditadura militar eram membros da ALN, da VPR, do Molipo, do PCdoB e do PCB).[220]

A esquerda nunca aceitou apoio de outros descontentes com o Regime Militar. Mesmo que uma parcela significativa da população estivesse descontente com o regime, não aprovava as ações dos grupos de extrema esquerda. Líderes políticos, como Tancredo Neves e Ulysses Guimarães, também não aceitavam a luta armada como meio para a redemocratização. Nem mesmo o grande nome do comunismo brasileiro durante a Era Vargas, Luiz Carlos Prestes, admitia os métodos empregados pelos radicais opositores do regime. As divergências levaram o Partido Comunista Brasileiro a expulsar de seus quadros Carlos Marighella. Como deputado federal constituinte de 1946, Marighella era dos grandes nomes do partido. Em 1968, antes mesmo do AI-5 ser baixado e suspender quaisquer garantias constitucionais, Marighella fundou o grupo armado Ação Libertadora Nacional — que não deve ser confundido com a Aliança Nacional Libertadora, criada na década de 1930. A ALN participou de diversos assaltos a banco e do sequestro do embaixador estadunidense Charles Burke Elbrick, o primeiro de um diplomata estrangeiro na América do Sul, em 1969, em ação conjunta com o Movimento Revolucionário 8 de Outubro (o MR-8).

A contribuição de Marighella para a luta armada contou ainda com a publicação de diversos livros, entre eles *O minimanual do guerrilheiro urbano*, em que o soteropolitano ensinava tática de guerrilha, como realizar emboscadas, sabotagens, sequestros, atos de terrorismo e execuções — que deviam ser efetuados "por um franco atirador, paciente, sozinho e desconhecido, e operando absolutamente secreto e a sangue frio".[221] O homem que acreditava serem a violência e o terrorismo práticas que enobreciam "qualquer pessoa honrada" acabou provando do próprio veneno. Foi morto em novembro de 1969 por agentes do DOPS em uma emboscada em São Paulo, coordenada pelo delegado Fleury (que se transformou em um dos mais notórios torturadores, líder de um "esquadrão da morte", responsável por 200 assassinatos). A guerrilha realizaria outros três sequestros de diplomatas estrangeiros em 1970: o do cônsul japonês Nabuo Okuchi, o do embaixador da Alemanha Ocidental Ehrenfried von Holleben, e o do embaixador suíço Giovanni Enrico Bucher. Todos foram trocados por presos políticos. Durante o final da década de 1960 e meados da década seguinte, a luta armada orquestrou mais de 300 assaltos a banco, chamados pelos guerrilheiros de "desapropriações revolucionárias". Arrecadaram cerca de 2 milhões de dólares. Embora com sentimento nacional e de justiça social, "a esquerda radical equivocara-se completamente, pensando criar no Brasil um novo Vietnã", escreveu Boris Fausto. Ex-integrante do MR-8, o historiador Daniel Aarão Reis, uma das maiores autoridades sobre o tema, também se tornou um crítico da luta armada; para ele, a ideia de "resistência democrática" foi um discurso político criado pela esquerda pós-ditadura militar. "Autoritários e soberbos, generosos e audaciosos, no limite da arrogância, equivocaram-se de sociedade e de tempo histórico", definiu Reis.[222]

O DOPS, Departamento de Ordem Política e Social, agia como órgão de repressão no Brasil desde o a década de 1930, investigando todo tipo de movimento social e estudantil, greves e sindicatos, produzindo inquéritos, relatórios e fichários de presos. O futuro presidente da República Fernando Henrique Cardoso, por exemplo, aparece nos fichários do DOPS por associação a grupos de esquerda e ligado a "intelectuais comunistas", desde 1951. Mas com a chegada da ditadura militar, o aparato de repressão precisou aumentar. Em reação à guerrilha surgiu a Operação Bandeirantes, a Oban, um centro de informações e investigações criado em 1968 pelo governo paulista e pelo 2º Exército Brasileiro, que era financiada por empresários como o sueco Henning Albert Boilesen, presidente da Ultragaz (Boilesen seria morto por guerrilheiros em 1971). O prefeito de São

Paulo, Paulo Maluf, a Ford e a Volkswagen também deram apoio para que a operação se efetivasse. A Oban daria origem a outras redes de espionagem e repressão: o Destacamento de Operações de Informação e o Centro de Operações de Defesa Interna, normalmente associados a uma organização única, conhecida pela sigla DOI-Codi. Enquanto o DOI era responsável pelas ações de busca, apreensão e interrogatório de suspeitos, o Codi era encarregado da análise de informações, da coordenação dos diversos órgãos militares e do planejamento estratégico de combate aos grupos guerrilheiros. Ambos os órgãos foram instalados no Rio de Janeiro, Recife, Brasília, Salvador, Belo Horizonte, Porto Alegre, Fortaleza e Belém. O mais conhecido nome associado ao DOI-Codi (do 2º Exército, de São Paulo) é o do gaúcho Carlos Alberto Brilhante Ustra, na época major com o codinome "Dr. Tibiriçá". O Exército também criou seu Centro de Informações, o CIE, com 120 homens preparados para caçar e matar. O CIE agiu, entre outros casos, na repressão à guerrilha do Araguaia, onde foram mortos quase 70 guerrilheiros do PCdoB (uma dissidência do PCB que adotara a China e a Albânia como "modelos" do ideal marxista-leninista). O mais secreto dos serviços secretos, o Cenimar, Centro de Informações da Marinha, também passou a atuar na repressão. Em todas as instituições, choques elétricos nas partes íntimas, abuso sexual, palmatórias, introdução de alfinetes por baixo das unhas, queimaduras com pontas de cigarro, cacetadas, socos, pontapés e os mais diversos tipos de tortura psicológica eram práticas comuns, sem nenhuma restrição.

O controle sobre a imprensa teve início em 1967; a liberdade de expressão foi suprimida e a censura recaiu sobre músicas, filmes, peças de teatro ou artistas que criticassem aberta ou indiretamente o regime. Tudo só era tornado público após a permissão dos órgãos de controle do governo. Alguns temas eram considerados "altamente subversivos". Em 1972, famosos "efeminados" foram expulsos dos programas de auditório e proibidos de aparecer na TV. Clóvis Bornay, popular participante dos concursos de fantasias de Carnaval do Rio de Janeiro, foi um deles. Denner Pamplona Abreu e Clodovil Hernandez, costureiros apreciados pela elite brasileira, também foram censurados. Segundo informação de um jornal mineiro, eram "a negação da masculinidade, sem firmeza de caráter, cuja presença na televisão prejudica a formação da juventude". Os militares viam estreita ligação entre o movimento gay e a esquerda. Acreditavam que o "apoio à atividade homossexual" por parte da imprensa tinha ligação com o "alto interesse" comunista em promover esse "proselitismo". Celso Curi, do jornal *Última Hora* e autor de "A coluna do meio", dirigida ao público gay, foi processado por defender "abertamente as uniões anormais entre seres do mesmo sexo". Onze jornalistas da revista *IstoÉ* também foram processados sob a acusação de "fazer apologia malsã do homossexualismo", e os cinco editores do jornal *Lampião da Esquina* também foram indiciados criminalmente (o periódico, lançado em abril de 1978, foi o primeiro jornal a defender abertamente os direitos dos homossexuais, incentivando a formação do primeiro grupo de ativistas no país, o "Somos: Grupo de Afirmação Homossexual"). Dentro do governo também ocorreram expurgos homofóbicos. Em 1969, 15 diplomatas foram expulsos do Itamaraty por sua orientação sexual: sete deles sob a justificativa explícita de "prática de homossexualismo, incontinência pública escandalosa".[223]

O "SATÂNICO DOUTOR GO"

O jornalista Lucas Figueiredo, autor do livro *Ministério do silêncio*, sobre a história do serviço secreto brasileiro, afirmou que o general gaúcho Golbery do Couto e Silva "foi um dos maiores conspiradores do país".[224] O general Mourão Filho o descreveu como alguém de "cérebro doentio". Golbery, que havia estudado nos Estados Unidos e participado da campanha da FEB na Itália durante a Segunda Guerra, foi o principal teórico brasileiro da doutrina de segurança nacional. Quando foi transferido para ESG, integrou o grupo de "intelectuais" militares apelidados de "Sorbonne" — grupo que contava ainda com Castelo Branco e Ernesto Geisel. Dono de uma biblioteca de mais de 20 mil livros, Golbery era um "homem de superlativos". Poliglota, era aficionado por termos e expressões estrangeiras: usava *left-wing* para se referir a um reduto esquerdista e *Götterdämmerung* para um sujeito radical e pessimista.

Em 1954, foi o redator do "Manifesto dos Coronéis", que causou a demissão de Jango do ministério do Trabalho e agravou a crise no governo Vargas. Com o suicídio de Getúlio, tentou impedir a posse de Juscelino Kubitschek, de quem Jango era vice. Foi preso e seis anos mais tarde convidado por Jânio Quadros para fazer parte do Conselho de Segurança Nacional como chefe de gabinete da Secretaria Geral. Era tudo que Golbery tinha pedido "a Deus e ao Diabo", escreveu Lucas Figueiredo. No cargo, ele era responsável pelo Serviço Federal de Informações e Contrainformações, o SFICI (um de seus assessores era o então coronel João Baptista de Oliveira Figueiredo, futuro presidente da República). A partir do SFICI, Golbery criou em junho de 1964 o Serviço Nacional de Informações (SNI), órgão central de inteligência durante a Ditadura Militar, responsável por identificar e encontrar os inimigos do governo. Antes, porém, o general esteve envolvido na criação do IPES e do IBAD. Era chamado pelos estudantes de esquerda de "Golbery do 'Colt' e Silva". A oposição o denominou ainda de "Gregório Branco" (alusão ao negro Gregório Fortunato, chefe da guarda de Vargas) e "satânico doutor Go" (referência ao vilão do filme de James Bond).

Ironicamente, foi ele quem concebeu a estratégia de devolver o poder aos civis, de forma "lenta e gradual". Em 1974, Glauber Rocha chamou Golbery de "gênio da raça"; o cineasta chegou a declarar ainda "que o general Geisel tem tudo na mão para fazer do Brasil um país forte, justo e livre". Mas os militares "linha-dura" não gostaram da ideia. O chefe do SNI passou a ser achincalhado pelos próprios companheiros de farda: "debiloide", "traidor maquiavélico", "novo Rasputin", "Downbery", "vendilhão do Brasil" e até "comuna". Em 1981, desentendeu-se com o antigo subalterno João Figueiredo, àquela altura presidente do Brasil: foi contra a decisão do mandatário de acobertar a participação dos militares no atentado a bomba no Riocentro, no Rio de Janeiro, que acabou matando acidentalmente um sargento e ferindo um capitão do DOI-Codi do 1º Exército (as quatro bombas armadas pelo DOI e pelo CIE deveriam explodir em meio a um show com 20 mil pessoas, a culpa recairia sobre os grupos armados e o fato impediria a abertura política). Ao deixar o SNI, Golbery teria dito: "Criei um monstro". O "doutor Go" morreu em 1987 e o SNI foi dissolvido na presidência de Fernando Collor, sendo reestruturado por Fernando Henrique Cardoso como Agência Brasileira de Inteligência, Abin.

UMA MÃO LAVA A OUTRA

Junto com os "anos de chumbo" também se viveu o chamado "milagre econômico". As taxas de desenvolvimento industrial atingiram 10% ao ano. O governo militar investiu pesado em "obras faraônicas", como a construção da hidrelétrica de Itaipu, a ponte Rio-Niterói e a rodovia Transamazônica (BR-230) — com seus mais de 4.200 quilômetros até hoje não concluídos. As montadoras produziram três vezes mais carros em 1970 do que em 1964. O número de televisores também quase triplicou. Mas o sucesso do "milagre" era ilusório e o país entrou nos anos 1980 em série crise econômica. Na "década perdida" a inflação chegou a 80% ao mês e a média anual ultrapassou os 230%. Entre 1969 e 1985 a dívida externa cresceu de pouco mais de 4 milhões de dólares para mais de 105 milhões de dólares. Quem lucrou foram as empreiteiras e os grandes grupos econômicos nacionais que mantinham vínculos estreitos com o governo e os setores do poder, não raro empregando militares em suas diretorias: Camargo Corrêa, Andrade Gutierrez, Mendes Júnior, Odebrecht, Gerdau e Votorantim, apenas para citar algumas. No setor bancário não foi diferente. Em 1960, havia 358 bancos e casas bancárias no país, incluindo oito instituições estrangeiras. Duas décadas depois, o número total fora reduzido a 111 e as instituições nacionais, que antes eram em 350, não chegavam a 100.[225]

Quem não estava alinhado com o novo governo sofria retaliações. Em 1964, os empresários Celso da Rocha Miranda e Mario Wallace e Simonsen detinham o controle acionário da Panair do Brasil, a segunda maior empresa privada do país, e da TV Excelsior, pioneira na implantação da tevê em cores. Em janeiro de 1965, quatro dias após receber a "visita" do brigadeiro Eduardo Gomes, ministro da Aeronáutica, o juiz da 6ª Vara Cível da Justiça decretou a falência da Panair do Brasil e a Varig, do empresário gaúcho Ruben Berta, ganhou de bandeja todo o mercado de aviação civil do país. Patrono da Força Aérea, Gomes foi um dos sobreviventes dos "18 do Forte"; preso quando tentava integrar a Coluna Prestes, foi revolucionário de 1930;

candidato à presidência derrotado em duas oportunidades, tramou para derrubar Vargas em 1954. A Excelsior teve o mesmo destino, e a liderança no ramo das telecomunicações passou a ser da Rede Globo de Televisão, do empresário Roberto Marinho.

Marinho, assim como Nascimento Brito e João Calmon, tinha ligação com o IPES e foi por uma iniciativa coordenada no instituto que os empresários unificaram as emissoras de rádio e os jornais das empresas *Globo* (o jornal, criado em 1925, e a rádio, em 1944), *Tupi*, *Jornal do Brasil* e *Diários Associados*, formando a "Rede da Democracia", que deu amplo apoio ao golpe. A lealdade de Marinho foi recompensada rapidamente, quando a *Rede Globo* entrou no ar pela primeira vez, em abril de 1965. A *Globo* era resultado de um acordo firmado em 1962 entre Roberto Marinho e a companhia estadunidense *Time-Life*, que havia investido mais de 6 milhões de dólares na nova empresa. Em troca, o grupo multinacional receberia até 45% dos lucros.[226] A transação não seria um problema se a Constituição vigente em 1962 (a de 1946) não fosse clara: proibia a participação do capital estrangeiro nos meios de comunicação. Assim, o acordo entre Marinho e a *Time-Life* era ilegal. Em 1966, o Conselho Nacional de Telecomunicações instaurou uma comissão de investigações no ministério da Justiça e uma Comissão Parlamentar de Inquérito foi aberta. Em agosto daquele ano, a CPI aprovou o parecer do relator Djalma Marinho (da Arena) e concluiu que o acordo entre o empresário brasileiro e o grupo estadunidense era inconstitucional. No entanto, em 1967, as boas relações mantidas entre Roberto Marinho e o então ministro do Planejamento Roberto Campos, que era ligado ao advogado Luiz Gonzaga do Nascimento Silva (responsável pelo contrato de 1962 entre o brasileiro e o grupo estrangeiro), garantiram que o procurador-geral da República Adroaldo Mesquita da Costa "concluísse" que o acordo era legal. A *Globo* não teve a concessão cassada e Marinho pôde comprar, dois anos depois, a parte que pertencia ao grupo estadunidense. Ainda em 1969, o grupo fundou a *Som Livre*, a primeira empresa das dezenas de outras que seriam criadas nos anos seguintes no Brasil e no exterior. Até o início da década de 1980, com mais de 40 afiliadas, a *Globo* detinha e abocanhava quase que sozinha toda a verba pública destinada aos contratos de publicidade e propaganda, assim como alcançava altos índices de audiência, chegando a atingir 80% do público nacional. Até quando pôde, a emissora tentou esconder as manifestações populares pelas Diretas Já. "Eu uso o poder", afirmou Marinho em 1987, "mas sempre de maneira patriótica, tentando corrigir as coisas".[227] O Grupo Globo é hoje o maior conglomerado de mídia da America Latina e um dos maiores do mundo.

11. IMPEDIDOS

Além de Collor e Dilma, outros dois presidentes brasileiros sofreram impeachment; Café Filho e Carlos Luz também foram afastados do governo. Mas enquanto em 1992 e 2016 o afastamento seguiu o rito previsto pela Constituição, os dois casos ocorridos em 1955 não deram aos mandatários o direito de defesa; eles foram acusados de tentar impedir a posse de um presidente eleito. E dessa vez, um militar salvou a democracia.

Os dois processos de impeachment mais conhecidos da história brasileira são os de Fernando Collor de Mello, em 1992, e o mais recente, de Dilma Rousseff, em 2016. Mas não foram os únicos. Em 1955, de uma só vez, no espaço de vinte dias, dois presidentes empossados, Café Filho e Carlos Luz, sofreram impeachment. O que diferencia os quatro casos é que os dois primeiros não seguiram o rito estabelecido pela lei 1.079, de 10 de abril de 1950 — além do fato de a expressão usada na época ser "impedimento" e não impeachment.[228] Em meio a uma situação extremamente grave, com o risco de um presidente eleito não tomar posse, deputados e senadores rasgaram a Constituição, não deram direito de defesa a Café e Luz, realizaram julgamentos-relâmpago e afastaram os dois presidentes com apoio de um general.

O ocorrido em 1955 teve origem no governo Vargas. O próprio Getúlio, durante a crise que o levaria ao suicídio, teve um pedido de impedimento votado em junho de 1954, mas a denúncia não foi aceita.[229] Com a redemocratização, depois da ditadura militar, o presidente José Sarney, do PMDB — Partido do Movimento Democrático Brasileiro, teve pedidos protocolados contra ele. De 1990 até 2016, foram mais de 130 os requerimentos formalizados na Câmara de Deputados (50 deles pelo PT — Partido dos Trabalhadores). Depois de 1992, quatro pedidos foram protocolados contra Itamar Franco, do PRN — Partido da Reconstrução Nacional, o vice de Collor que assumira a presidência. O presidente seguinte, Fernando Henrique Cardoso, do PSDB — Partido da Social Democracia Brasileira, sofreu 17 pedidos de impeachment em oito anos de governo. Ele foi acusado de dar um "golpe branco" com a emenda constitucional que permitiu a própria reeleição por meio de compra de votos parlamentares para que o projeto passasse na Câmara dos Deputados e no Senado. O governo FHC também esteve envolvido em denúncias de corrupção no Sivam — Sistema de Vigilância da Amazônia, em um programa de benefício ao Banco Econômico (a CPI da "Pasta Rosa") e no caso dos precatórios, no DNER — Departamento de Estradas de Rodagem. O sucessor, Luís Inácio Lula da Silva, do PT, colecionou 34 pedidos de impedimento e um número sem-fim de escândalos de corrupção, como o "Mensalão" (a compra de votos parlamentares no Congresso Nacional por meio de uma mensalidade de 30 mil reais) e o "Petrolão" (desvio de fundos da Petrobras, iniciado em 2003, em que o PT teria lesado a estatal em bilhões de reais).[230]

FALTAM CAFÉ E LUZ NO CATETE

A morte do presidente Vargas, em agosto de 1954, colocou o Brasil em uma grave crise sucessória. A princípio, apesar da comoção popular com o suicídio de Getúlio e do acirrado embate político que o país vivera nos últimos anos, o vice-presidente Café Filho, do PTB — Partido Trabalhista Brasileiro, assumiu sem maiores problemas. Potiguar de Natal, foi o primeiro presidente não católico do Brasil (era presbiteriano). Não era uma sumidade e Vargas nunca confiou nele (Café tinha ligações com o governador de São Paulo, Adhemar de Barros, do PSP — Partido Social Progressista). No final daquele ano, a sucessão presidencial passou a constituir a questão prioritária da política nacional quando o PSD — Partido Social Democrático lançou extraoficialmente a candidatura do então governador mineiro Juscelino Kubitschek à presidência da República. A UDN — União Democrática Nacional e os militares viram na candidatura de JK o continuísmo de Vargas. Na tentativa de impedir que isso ocorresse, as Forças Armadas propuseram que a eleição tivesse um candidato único, de consenso e civil, que deveria ser aprovado pelos militares. Não levaram. E em 3 de outubro de 1955, Juscelino Kubitschek foi eleito, como esperado, com 35,6% do total dos pouco mais de 9 milhões de votos.

Seu principal concorrente, o general Juarez Távora, alcançou 30,2%. João Goulart, do PTB, também criação de Getúlio, elegeu-se vice-presidente. A UDN não engoliu a derrota e desencadeou uma campanha para anular as eleições e impedir a posse prevista para janeiro de 1956 — com um golpe militar, se fosse necessário.

No final do mês de outubro surgiu uma deixa. Um dos mais destacados conspiradores militares contra o governo Vargas, o general Canrobert Pereira da Costa, morrera. No enterro, o coronel Bizarria Mamede rasgou elogios ao defunto e atacou os interessados em defender o que ele chamou de "pseudolegalidade imoral e corrompida", uma eleição que era uma "mentira democrática". O general Henrique Teixeira Lott, ministro da Guerra, imediatamente se dispôs a punir Mamede, mas para tal precisava da anuência do presidente Café Filho — como oficial membro da Escola Superior de Guerra, Mamede era subordinado à presidência. Enquanto se decidia o impasse, Café Filho teria tido (ou forjado) um ataque cardíaco no dia 3 de novembro, sendo internado no Hospital dos Servidores do Estado do Rio de Janeiro. Cinco dias depois, a presidência foi transferida interinamente

Henrique Teixeira Lott (1894-1984), a "espada de novembro". O general garantiu a posse de JK e Jango, em 1956, e foi contra o Golpe de 1964.
GETTY IMAGES.

a Carlos Luz, presidente da Câmara dos Deputados. Luz negou qualquer punição ao coronel, levando o general Lott a pedir demissão.

Valendo-se das circunstâncias, o brigadeiro Eduardo Gomes, ministro da Aeronáutica, e o almirante Amorim do Valle, ministro da Marinha, tentaram convencer o general Lott de que Juscelino Kubitschek não poderia assumir a presidência, e que a oportunidade havia chegado. Para o historiador Nelson Werneck Sodré, Teixeira Lott era um "militar profissional em estado de pureza" e a "personificação da ingenuidade, da boa-fé, da credulidade". Anticomunista, tinha fama de disciplinador, cumpridor de regulamentos e extremamente preocupado com pontualidade e limpeza. E, para azar dos conspiradores, Lott era radicalmente contra a intervenção dos militares na política.[231]

Temendo que Carlos Luz não transmitisse o cargo a JK, o general Lott deu um "golpe preventivo". No dia 11 de novembro suas tropas tomaram edifícios governamentais, estações de rádios, jornais, as bases navais e a sede da Aeronáutica e depuseram o presidente. Acompanhado de ministros e políticos, Luz se refugiou no cruzador *Tamandaré*, ancorado na baía da Guanabara (entre os políticos que estavam com Luz se encontrava Carlos Lacerda, sempre ele). O Forte de Copacabana chegou a disparar tiros de canhão contra o navio, que conseguiu fugir. "É melhor perdermos o navio com quem está a bordo do que ter guerra civil no Brasil", declarou Lott.[232]

Naquele mesmo dia, o Congresso Nacional, reunido em sessão extraordinária, aprovou o afastamento de Carlos Luz em tempo recorde, desconsiderando todos os ritos do impeachment. Nereu Ramos, presidente do Senado, foi empossando na presidência. Dois dias depois, Ramos visitou Café Filho no hospital, afirmando que permaneceria no governo apenas até sua recuperação. Entretanto, como garantia de que nada sairia do controle, Lott decidiu vetar o retorno do presidente, que estava entre os principais suspeitos de tramar a conspiração contra a posse de Kubitschek.

O já consagrado humorista político "barão de Itararé" não perdeu a oportunidade. "No dia 11 de novembro faltava Café e Luz no Catete. Só havia pão de Lott", disparou Aparício Torelly.[233] Mesmo assim, Café Filho ainda tentou contornar a situação e no dia 21 de novembro enviou carta a Nereu Ramos e aos presidentes da Câmara, do Senado e do Supremo Tribunal Federal (STF) declarando que pretendia reassumir imediatamente o cargo. O general Lott agiu rápido e ordenou que suas tropas cercassem o palácio do Catete e a residência de Café Filho, sonegando qualquer chance de mobilidade. Entre a noite e a madrugada seguinte, o Congresso aprovou o impeachment do presidente afastado, confirmando Ramos como presidente — o que foi referendado pelo STF em dezembro. Para impedir novas tentativas de golpe, Nereu Ramos governou sob estado de sítio pelos dois meses seguintes, até entregar a faixa presidencial a JK em janeiro de 1956.

No primeiro aniversário do "golpe", Lott recebeu do governo uma espada com punho e bainha de ouro 18 quilates e lâmina de aço. Fabricada por uma indústria em Caxias do Sul, no punho continha a inscrição "Civis e militares oferecem ao general Lott"; na lâmina, "A espada de novembro".[234] O general foi preso defendendo a legalidade em 1961. Três anos depois, quando João Goulart foi derrubado, declarou, em nota, que era "completamente antidemocrático e contrário aos interesses nacionais procurar depor um presidente da República mediante uma insurreição". Lott faleceu em 1984, no Rio de Janeiro, aos 90 anos de idade.

FORA COLLOR!

O carioca Fernando Collor de Mello, do nanico PRN, venceu as eleições de 1989, a maior da história até então, e a primeira a eleger um presidente pelo voto popular desde Jânio Quadros quase três décadas antes. Mais de 72,2 milhões de brasileiros votaram em dois turnos. Collor obteve 53% dos votos e só não venceu seu concorrente em três estados — Rio Grande do Sul, Rio de Janeiro e Pernambuco — e no Distrito Federal. Eleito com apoio da mídia, principalmente da *TV Globo*, devido à ojeriza que as classes média e alta tinham da esquerda liderada pelo PT de Lula, Collor assumiu o país com a promessa de modernizar o Brasil e lutar contra os privilégios da elite (apresentava-se como "caçador de marajás"). Em uma carreira-relâmpago, fora prefeito de Maceió (pela Arena — Aliança Renovadora Nacional), deputado federal (pelo PDS — Partido Democrático Social) e governador de Alagoas (pelo PMDB). Como o mais jovem presidente da história — tinha 40 anos ao receber a faixa presidencial e uma imagem de jovem esportista que fazia corridas matinais e andava de *jet ski* e aviões a jato —, parecia mesmo poder fazer o que prometera. Com a reforma administrativa, criou sete secretarias diretamente vinculadas ao presidente, reorganizou e diminuiu de 25 para 12 o número de ministérios, extinguiu autarquias, fundações obsoletas e sociedades de economia mista (entre as organizações extintas estava o SNI, o serviço secreto brasileiro, que teve papel destacado na ditadura militar). Para mostrar austeridade, em vez de se instalar no palácio da Alvorada, a residência oficial da presidência, escolheu morar na "Casa da Dinda", um imóvel considerado simples para os padrões da capital.

Tudo não passou de uma ilusão. A reforma da casa custou 2,5 milhões de dólares e o encanto com o presidente se quebrou já no dia seguinte à posse, ocorrida em 15 de março de 1990, quando a ministra da Fazenda Zélia Cardoso de Melo, professora de história econômica da USP, anunciou o novo plano econômico oficialmente chamado de "Plano Brasil Novo", mas que ficaria conhecido como "Plano Collor". Para tentar derrubar a inflação que chegara a 1.782% em 1989, o governo implantou um pacote com 17 medidas provisórias. Na mais impopular delas, simplesmente bloqueou parte do dinheiro depositado em bancos e em instituições financeiras do país. Das

Em março de 1990, Fernando Collor de Mello toma posse como primeiro presidente eleito democraticamente no Brasil desde 1960. O "Caçador de Marajás", presidente mais jovem a assumir o cargo, deixou o governo pela porta dos fundos.
GETTY IMAGES.

contas-correntes, aplicações financeiras e cadernetas de poupança que então somavam 120 bilhões de dólares, o Plano Collor estava confiscando 95 bilhões, 80% de todo o dinheiro que circulava no país.[235] O brasileiro só poderia sacar a quantia de 1.250 dólares, o que correspondia a 50 mil cruzeiros, a nova moeda, e a soma total seria devolvida um ano e meio depois, em 12 parcelas. No caso dos fundos de curto prazo, como o *overnight*, recurso ao qual recorria parte da classe média para fugir da hiperinflação, só poderiam ser sacados 25 mil cruzeiros. Boa parte do dinheiro nunca foi devolvida; vinte anos mais tarde haveria 890 mil ações individuais e mais de mil coletivas tramitando na Justiça. Além disso, os salários foram congelados, as tarifas do serviço público sofreram aumento e o Banco Central decretou feriado bancário de três dias. Curiosamente, a própria ministra e o presidente tinham pouco dinheiro em caixa naquele dia 16 de março. Também não foram poucos os que teriam sido avisados com antecedência do plano.

Seja como for, Collor afirmou que o plano era sua "bala de prata", era "vencer ou vencer" a inflação. Não funcionou. Em menos de um ano, a estratégia havia fracassado. Veio então o Plano Collor 2, aliando privatizações de estatais e medidas impopulares, como o aumento de preços e de impostos e mais congelamento de salários. A ministra Zélia Cardoso deixa o ministério; o novo chefe da pasta, Marcílio Marques Moreira, contrai um empréstimo de dois bilhões de dólares junto ao FMI e a inflação cai de 1.476% para 480% ao ano. Mas em meio a suspeitas de que o ex-tesoureiro da campanha de Collor, Paulo César Farias, o "PC Farias", estaria envolvido em um grande esquema de corrupção, o irmão mais novo do presidente, Pedro Collor de Mello, concede uma entrevista bombástica à revista *Veja* (publicada em matéria de capa na edição de 13 de maio 1992).[236] Pedro Collor prometia "derrubar o governo" e não estava brincando. O caçula da família Collor de Mello soltou o verbo: afirmou que PC Farias tinha uma "simbiose profunda" com o irmão, era "testa de ferro" do presidente, administrando os recursos ilegais arrecadados durante a campanha e intermediando nomeações e indicações a cargos públicos mediante cobrança de propinas. "O Paulo César diz para todo mundo que 70% é do Fernando e 30% é dele", disparou.

Revelou ainda que o irmão era usuário de cocaína e se insinuara para sua mulher, Thereza, que acabaria conhecida como "musa do impeachment" e era, provavelmente, apesar da disputa pelas empresas da família, o motivo da briga dos dois irmãos.

A repercussão da entrevista e das denúncias que se sucederam levaram o Congresso Nacional a instalar uma Comissão Parlamentar de Inquérito. Descobriu-se que a campanha de Collor arrecadara mais de 100 milhões de dólares, dos quais 40 milhões na forma de depósitos bancários e o restante em dinheiro ao portador. Da "sobra", 8 milhões foram destinados aos gastos pessoais do presidente. O "Esquema PC" usava cheques de laranjas e contas fantasmas, empresas e contas nos Estados Unidos, na França, na Suíça e no Caribe, e envolveu motoristas, secretários e assessores do presidente, além da própria esposa, Rosane Collor, e até a matriarca da família, Leda Collor. O dinheiro desviado é estimado em mais de 350 milhões de dólares — quantia até hoje não encontrada.

Em 13 de agosto, uma quinta-feira, em discurso no palácio do Planalto, Collor negou qualquer envolvimento com o esquema e, para provar que tinha apoio do povo, convocou a população a sair às ruas, no domingo seguinte, vestindo verde e amarelo em solidariedade ao governo. O que se viu, no entanto, foi uma multidão vestindo roupas pretas, faixas com dizeres "Fora Collor!" e milhares de "caras-pintadas" (jovens com os rostos pintados em negro ou com as cores nacionais em sinal de protesto). Vinte e nove pedidos de impeachment foram protocolados contra o presidente, entre eles o do PT, movido por um dos fundadores do partido, Hélio Bicudo, que mais de duas décadas depois iria fazer o mesmo com Dilma Rousseff. Mas o requerimento que acabou derrubando Collor, entretanto, foi assinado por Barbosa Lima Sobrinho e Marcelo Lavenère, respectivamente presidentes da Associação Brasileira de Imprensa e da Ordem dos Advogados do Brasil. O pedido de impeachment de Collor foi votado na Câmara dos Deputados em 29 de setembro de 1992 e aprovado por 441 votos a 38. Afastado o presidente, o vice Itamar Franco assumiu interinamente. A votação no Senado foi marcada para o dia 29 de dezembro, mas antes que tivesse início, Collor renunciou. Itamar assumiu em definitivo e os senadores, por 76 votos a 3, aprovaram o impedimento do presidente — o primeiro da história do Brasil a seguir o rito formal de impeachment e também o primeiro da América Latina. Collor se tornou inelegível por oito anos. De volta à política, disputou o governo alagoano nas eleições de 2002, tendo sido derrotado por Ronaldo Lessa (PSB — Partido Socialista Brasileiro). Quatro anos depois, Collor venceu Lessa na disputa pelo Senado. Em 2010 foi derrotado por Teotônio Vilela Filho (PSDB) nas eleições para governador de Alagoas. Reelegeu-se senador por Alagoas em 2014 com quase 700 mil votos.

PEDALADAS FISCAIS

Em 16 de janeiro de 1970, "Estela" foi presa em um bar da Rua Augusta, no centro de São Paulo. Portava arma, documentos falsos e estava à espera de um "companheiro" da VAR-Palmares, a Vanguarda Armada Revolucionária–Palmares. Presa, passou 22 dias no Destacamento de Operações de Informação paulista, depois foi enviada para o Departamento de Ordem Política e Social e mais tarde para a "Torre das Donzelas", no presídio Tiradentes. Passou 26 meses na prisão antes de ser libertada, não sem passar por choques, palmatórias e pau de arara. Quatro décadas mais tarde, a guerrilheira seria eleita a primeira mulher presidente do Brasil.

Dilma Vana Rousseff participara de vários grupos armados durante a ditadura militar, entre eles o "Colina" (Comando de Libertação Nacional) e a VPR (Vanguarda Popular Revolucionária). No Colina seu codinome era "Wanda"; na VPR e na VAR era "Estela" e "Luisa".[237] Quando o regime militar acabou, ela entrou para a vida pública junto com o marido, também ex-guerrilheiro; foi secretária da Fazenda de Porto Alegre no governo de Alceu Collares (PDT — Partido Democrático Trabalhista) e secretária de Minas, Energia e Comunicações do Rio Grande do Sul em dois governos: no de Collares e no de Olívio Dutra, do PT. No governo Lula foi ministra de Minas e Energia e ministra-chefe da Casa Civil. Nunca havia se candidatado a um cargo eletivo até 2010, quando concorreu à presidência — foi eleita em 2010 e reeleita em 2014, nas duas eleições tendo como vice Michel Temer, do PMDB.

Em março de 2014, o início da Operação Lava Jato — um conjunto de investigações da Polícia Federal — apressou o fim da conturbada

Dilma Rousseff é reeleita presidente do Brasil, em 2014. A primeira presidente da história do país sofreu *impeachment* dois anos depois.

GETTY IMAGES.

administração de Dilma. A maior apuração de corrupção e lavagem de dinheiro da história brasileira descobriu a ligação criminosa entre o governo, a Petrobras e diversas empreiteiras e empresas privadas (Odebrecht, OAS, Andrade Gutierrez, Grupo Schahin e JBS, entre outras) que agiam em conluio com políticos de quase todos os partidos em todas as esferas. Uma quadrilha de empresários, lobistas, ministros, governadores, senadores, deputados e assessores construíram uma rede de propinas e desvios de verbas públicas sem precedentes na história da República.

Em meio a denúncias de corrupção, escândalos e trocas de acusação entre governistas e opositores, até 2015 mais de 60 pedidos de impeachment foram protocolados contra Dilma. Em artigo publicado pela *Folha de S. Paulo*, em fevereiro de 2015, Ives Gandra Martins, um dos mais renomados juristas do país, doutor pela Universidade Mackenzie, escreveu que "à luz de um raciocínio exclusivamente jurídico, há fundamentação para o pedido de impeachment".[238]

Embora com aspectos jurídicos, o impeachment é sempre uma ferramenta política, pois cabe somente aos parlamentares analisar o pedido e o mérito (Collor sofreu impeachment por decisão parlamentar, mas foi absolvido pelo STF). Dilma perdera a capacidade de articular, o que livrara Vargas, FHC e Lula de ser impedidos de governar. Em outubro de 2015, um pedido de impeachment apresentado pelos juristas Hélio Bicudo, Miguel Reale Júnior e Janaína Paschoal acusou a presidente de cometer crime de responsabilidade fiscal, com base na reprovação das contas de 2014 pelo Tribunal de Contas da União, as chamadas "pedaladas fiscais". No início de dezembro, o presidente da Câmara dos Deputados, Eduardo Cunha, do PMDB, autorizou a abertura do processo de impeachment contra a presidente. A decisão foi tomada no mesmo dia em que a bancada petista anunciava que votaria pela continuidade do processo de cassação de Cunha no Conselho de Ética. No dia seguinte, o STF rejeitou duas ações (do PT e do PCdoB) que tentavam impedir o andamento do processo contra a presidente.

O governo acusou de imoral a ação de Cunha — ele mesmo investigado por corrupção e mais tarde preso por esse motivo. Mas o texto constitucional não discute se o presidente é honesto ou se age de má-fé, não fala propriamente em atos de improbidade, mas em atos contra a probidade de administração. Não é uma questão de moral — o que obviamente a oposição não tinha, como atestam as investigações da Lava Jato. Mas como declarou Gandra Martins, "quando, na administração pública, o agente público permite que toda espécie de falcatruas sejam realizadas sob sua supervisão ou falta de supervisão, caracteriza-se a atuação negligente e a improbidade administrativa por culpa".

De toda forma, depois de aberto o processo de impeachment, o vice-presidente Michel Temer envia uma "carta-desabafo" a Dilma. Depois de seis anos atuando como mero "vice decorativo", Temer rompe com a presidente. Desfeita a parceria, o PT acusa o PMDB de tramar um golpe.

A formação da uma comissão especial — que seria composta de 65 deputados titulares e igual número de suplentes — é um parto. A comissão seria responsável pelo parecer de abertura ou não do processo de impeachment. A primeira reunião foi marcada por tumulto e quebra-quebra. Foi preciso que o STF suspendesse a tramitação do processo e determinasse algumas mudanças no rito. O Senado recebeu maior poder na análise do afastamento, o voto não seria secreto e Eduardo Cunha não seria afastado da presidência da Câmara (o afastamento do deputado havia sido solicitado pelo PCdoB).

Depois do recesso parlamentar e da rejeição por parte do STF para que o rito fosse novamente revisto, a comissão especial é formada em março de 2016. A relatoria da comissão cabe a Jovair Arantes (líder do PTB — Partido Trabalhista Brasileiro e um dos principais aliados de Eduardo Cunha), e a presidência fica com Rogério Rosso, líder do PSD. A comissão ouve os autores do pedido, assim como o ministro da Fazenda, Nelson Barbosa, testemunha de defesa. No começo de abril, o ministro José Eduardo Cardozo, da Advocacia--Geral da União, entrega a defesa escrita de Dilma. No dia 11 de abril os parlamentares decidem, por 38 votos a favor e 27 contra, acatar o parecer do relator.

O processo segue para a Câmara dos Deputados, onde, seis dias depois, por 367 votos a 137, o impeachment é aprovado, devendo seguir para o Senado. Na câmara alta do Congresso Nacional o relator é o mineiro Antonio Anastasia, do PSDB, que dá parecer favorável ao afastamento da presidente, relatório que é aprovado por ampla maioria (dos 21 senadores, 15 votam a favor e apenas 5 contra — senadores do PT, do PCdoB e do PDT).

No dia 9 de maio, o presidente interino da Câmara dos Deputados, Waldir Maranhão (PP — Partido Progressista), que havia assumido o cargo após o afastamento do deputado Eduardo Cunha, anula a votação do processo de impeachment realizada na Câmara. Apenas para voltar atrás horas depois. No dia 12 de maio, após uma sessão que durou mais de vinte horas, o Senado aprovou a continuidade do processo de impeachment da presidente (55 votos a 22). Dilma é afastada por 180 dias até que seja julgada, enquanto Temer assume a presidência interinamente.

Em seu relatório final, o senador Anastasia defende que Dilma seja julgada pelo crime de responsabilidade fiscal: a presidente afastada teria aberto créditos suplementares sem autorização do Congresso Nacional, as chamadas "pedaladas fiscais". A comissão especial aprova o relatório (15 votos a 5) e os 81 senadores, em plenário, decidem julgar Dilma (59 votos a 21). Depois de quase nove meses, tem início a fase final do processo de impeachment, sendo o julgamento comandado pelo presidente do STF, Ricardo Lewandowski. Como em todas as sessões anteriores, tanto na Câmara como no Senado, o que se vê são xingamentos, trocas de acusações, bate-bocas e quase agressões físicas entre governistas e opositores. Em seu discurso de defesa, dois dias antes da votação, Dilma falou em iminência de "golpe" e se negou a renunciar, como Collor havia feito: "Jamais o faria porque nunca renuncio à luta", afirmou. Alegou que não haveria justiça em sua condenação e fez um apelo: "votem pela democracia".[239] Em 31 de agosto de 2016, a sessão da votação final do processo foi transmitida ao vivo por todas as emissoras de TV aberta do país. O Senado decidiu afastar em definitivo Dilma da presidência. Todos os 81 senadores participaram da sessão: 61 votaram favoráveis ao impeachment e 20, contra. Em segunda votação, porém, os parlamentares decidiram por manter os direitos políticos de Dilma, o que, para muitos, seria a única ilegalidade do processo.

Quanto à Lava Jato, a Polícia Federal segue investigando, em associação com a 13ª Vara Federal Criminal de Curitiba, comandada pelo juiz federal Sérgio Moro, crimes de corrupção ativa e passiva, organização criminosa, gestão fraudulenta, lavagem de dinheiro e obstrução da justiça. Em setembro de 2017, a operação já estava em sua 45ª fase, com mais de 1.700 procedimentos instaurados, 877 buscas e apreensões, 221 conduções coercitivas (incluindo a do ex-presidente Lula), 97 prisões preventivas e 110 temporárias, 160 condenações, ações em 38 países, 158 acordos de colaboração premiada. (Em uma das apreensões, realizada em apartamento ligado a Geddel Vieira Lima, ex-ministro de Lula e de Temer, foram confiscados 51 milhões de reais em dinheiro, guardados em malas de viagem). O valor de ressarcimento pedido é superior a 38 bilhões de reais.[240]

A REPÚBLICA TUPINIQUIM

Entender a história política do Brasil, da República em especial, é um exercício de paciência. Passados 128 anos desde que o marechal Deodoro destronou D. Pedro II, 14 presidentes brasileiros (nomeados e eleitos direta ou indiretamente) não concluíram seus mandatos: dois faleceram antes mesmo de assumir (Rodrigues Alves, em sua segunda gestão, e Tancredo Neves) e dois morreram na vigência do governo (Afonso Pena e Costa e Silva); dois foram afastados antes de tomar posse (Júlio Prestes e Pedro Aleixo); um cometeu suicídio durante o mandato (Getúlio Vargas) e três renunciaram (Deodoro da Fonseca, Jânio Quadros e Fernando Collor); cinco foram afastados ou derrubados do poder (Washington Luís, Getúlio Vargas, Café Filho, João Goulart e Dilma Rousseff).[241]

Sem considerar os interinos (deputados, senadores ou vice-presidentes), 15 presidentes eleitos (direta ou indiretamente) concluíram seus mandados (incluindo o não eleito Castelo Branco, que assumiu após o golpe de 1964). Dois eram militares eleitos democraticamente (Hermes da Fonseca e Dutra) e três oficiais eleitos indiretamente durante a ditadura militar (Médici, Geisel e Figueiredo).

Exerceram integralmente a presidência da República Prudente de Morais (1894-1898), Campos Sales (1898-1902), Rodrigues Alves (1902-1906), Hermes da Fonseca (1910-1914), Wenceslau Brás (1914-1918), Epitácio Pessoa (1919-1922), Artur Bernardes (1922-1926), Eurico Gaspar Dutra (1946-1951), Juscelino Kubitschek (1956-1961), Humberto Castelo Branco (1964-1967), Emílio Garrastazu Médici (1969-1974), Ernesto Geisel (1974-1979), João Figueiredo (1979-1985), Fernando Henrique Cardoso (1995-2003) e Luiz Inácio Lula da Silva (2003-2011).

Desconsiderando a própria ação militar que derrubou a monarquia e todas as revoltas, pressões, articulações e maquinações em que as Forças Armadas estiveram envolvidas, os militares intervieram diretamente em cinco oportunidades ao longo do período republicano. Duas vezes agiram em favor da democracia (derrubaram uma ditadura em 1945 e garantiram a sucessão presidencial em 1955) e três vezes atuaram contra ela (em 1930, 1937 e 1964). Dos presidentes militares pós-golpe de 1964, só Costa e Silva não terminou seu mandato (1967-1969). Seu vice eleito, o civil Pedro Aleixo, foi impedido de assumir o poder por uma junta de militares.

Os 14 presidentes brasileiros (não eleitos e eleitos direta ou indiretamente) que não concluíram seus mandatos:

MANUEL DEODORO DA FONSECA (1889-1891)

Assumiu interinamente o país depois do Quinze de Novembro. Como primeiro presidente constitucional, permaneceu menos de nove meses no cargo. Depois de dissolver o Congresso no golpe do 3 de novembro, foi pressionado a renunciar, o que fez em 23 de novembro de 1891. O vice-presidente, marechal Floriano Peixoto, concluiu o mandato.

FRANCISCO DE PAULA RODRIGUES ALVES (5º PRESIDENTE: 1902-1906)

Cumpriu o primeiro mandato, sendo eleito para um segundo período (1918-1922). Não chegou a assumir, falecendo de gripe espanhola, no Rio de Janeiro, em 16 de janeiro de 1919.

AFONSO AUGUSTO MOREIRA PENA (6º PRESIDENTE: 1906-1909)

Com a saúde abalada desde 1908 após a morte de um dos filhos e sem apoio político, morreu no Rio de Janeiro, de pneumonia, ano seguinte, em 14 de junho de 1909, antes de concluir o mandato.

WASHINGTON LUÍS PEREIRA DE SOUSA (13º PRESIDENTE: 1926-1930)

Depois de indicar Júlio Prestes para a presidência — que acabou vencendo Getúlio Vargas nas urnas —, foi derrubado pela Aliança Liberal liderada por Vargas em 24 de outubro de 1930, um mês antes de entregar o cargo para Prestes.

JÚLIO PRESTES DE ALBUQUERQUE (NÃO ASSUMIU: 1930)

Único presidente eleito pelo voto popular a não assumir o cargo. Foi impedido pela Revolução de 1930. Ironicamente, foi o primeiro político brasileiro a ser capa da revista norte-americana *Time* (23 jun.1930, vol.15 n.25).

GETÚLIO DORNELLES VARGAS (14° E 17° PRESIDENTE: 1930-1945 E 1951-1954)

Após derrubar Washington Luís em 1930, governou "provisoriamente" até 1934, quando foi eleito indiretamente para a presidência. Em 1937, instalou uma ditadura chamada "Estado Novo". Foi deposto pelos militares em 1945. Foi democraticamente eleito em 1950, sendo o primeiro presidente a vencer uma eleição direta. Assumiu em 1951 e, pressionado por uma enorme crise política, cometeu suicídio no palácio do Catete, Rio de Janeiro, em 24 de agosto de 1954.

JOÃO FERNANDES CAMPOS CAFÉ FILHO (18° PRESIDENTE: 1954-1955)

Afastou-se por motivos de saúde, mas acabou sendo impedido de retomar o cargo sob a suspeita de que não permitiria a posse de JK no ano seguinte. Foi substituído em 8 de novembro de 1955 por Carlos Luz (seu impeachment foi aprovado em 22 de novembro e confirmado pelo STF em dezembro). Luz, presidente da Câmara dos Deputados, também foi afastado (sofreu impeachment em tempo recorde, em 11 de novembro). No lugar dele, assumiu o senador Nereu Ramos, que completou o período de transição.

JÂNIO DA SILVA QUADROS (22° PRESIDENTE: 1961)

Jânio venceu as eleições de 1960 com 5,6 milhões de votos. Permaneceu oito meses no cargo. Renunciou em 25 de agosto de 1961 alegando a pressão de "forças ocultas". O deputado Ranieri Mazzilli assumiu interinamente a presidência.

JOÃO BELCHIOR MARQUES GOULART (24° PRESIDENTE: 1961-1964)

Foi empossado após o Congresso Nacional aprovar uma emenda que instaurou o parlamentarismo. Devido a temores dos militares quanto a reformas e um regime comunista, Jango foi deposto por um golpe militar iniciado em 31 de março de 1964.

ARTHUR DA COSTA E SILVA (27° PRESIDENTE: 1967-1969)

Tomou posse em março de 1967 como segundo presidente do regime militar. Fechou o Congresso e instaurou o AI-5. Em agosto de 1969, sofreu uma trombose cerebral e foi afastado do cargo. Faleceu no Rio de Janeiro, em 17 de dezembro de 1969.

PEDRO ALEIXO (NÃO ASSUMIU: 1969)

Vice-presidente civil do general Costa e Silva, deveria tomar posse em seu lugar, mas uma junta militar o impediu. A Junta Provisória era composta por Aurélio de Lira Tavares (ministro do Exército), Augusto Rademaker (ministro da Marinha) e Márcio Melo (ministro da Aeronáutica), e governou por três meses, até a posse de outro militar, Emílio Garrastazu Médici (1969-1974).

TANCREDO DE ALMEIDA NEVES (NÃO ASSUMIU: 1985)

Primeiro-ministro de Jango (1961-1962), o mineiro Tancredo Neves disputou a última eleição indireta no país. Eleito primeiro presidente civil depois de uma sucessão de militares, em 14 de março de 1985, na véspera da posse foi internado em estado grave. Seu vice, José Sarney, assumiu interinamente a presidência. Tancredo faleceu em São Paulo, em 21 de abril do mesmo ano.

FERNANDO COLLOR DE MELLO (32º PRESIDENTE: 1990-1992)

Primeiro presidente eleito por voto popular desde 1960. Envolvido em esquemas de corrupção, Collor foi afastado da presidência em outubro de 1992, em virtude de pedido de impeachment. Renunciou ao cargo em 29 de dezembro de 1992.

DILMA VANA ROUSSEFF (36º PRESIDENTE: 2011-2016)

Primeira mulher a assumir a presidência, foi afastada do cargo em maio de 2016 devido à instauração de um processo de impeachment por desrespeitar a lei de Responsabilidade Fiscal. Teve o mandato definitivamente cassado em 31 de agosto de 2016.

BIBLIOGRAFIA DE REFERÊNCIA

ABRAMO, Fúlvio. *A revoada dos galinhas verdes*. São Paulo: Veneta, 2014.

ABREU, Alzira Alves de *et al* (org.). *Dicionário histórico-biográfico brasileiro pós 1930*. 2ª ed. Rio de Janeiro: FGV, 2001.

ABREU, Alzira Alves de (coord.). *Dicionário histórico-biográfico da Primeira República (1889-1930)*. Rio de Janeiro: FGV, 2015.

ALDEN, Dauril. "O período final do Brasil Colônia, 1750-1808". In: BETHELL, Leslie (org.) *História da América Latina*: América Latina Colonial. Vol. II. São Paulo: EdUSP; Imprensa Oficial do Estado; Brasília, DF; Fundação Alexandre de Gusmão, 2004, pp.527-592.

ALMOMD, Mark. *O livro de ouro das revoluções*. Rio de Janeiro: HarperCollins Brasil, 2016.

ALONSO, Angela. *Flores, votos e balas*: o movimento abolicionista brasileiro (1868-1888). São Paulo: Companhia das Letras, 2015.

AMADO, Jorge. *O cavaleiro da esperança*. 20ª ed. Rio de Janeiro: Record, 1979.

ANDRADE, Manoel Correia. *A Revolução de 30*: da República Velha ao Estado Novo. Porto Alegre: Mercado Aberto, 1988.

ARQUIVO NACIONAL. *Os presidentes e a República*. Rio de Janeiro: O Arquivo, 2003.

ASLAN, Nicola. *A maçonaria operativa*. Rio de Janeiro: Aurora, 1975.

____. *História geral da maçonaria*. Rio de Janeiro: Aurora, [1979].

ASSIS, Denise. *Propaganda e cinema a serviço do golpe (1962-1964)*. Rio de Janeiro: Mauad, 2001.

AUTOS DE DEVASSA DA INCONFIDÊNCIA MINEIRA. 11 vol. Brasília/Belo Horizonte: Câmara dos Deputados/Imprensa Oficial de Minas, 1976-2001.

AZEVEDO, José Afonso Mendonça de Azevedo. "Documentos do Arquivo da Casa dos Contos". In: ANAIS DA BIBLIOTECA NACIONAL. Vol.65. Rio de Janeiro: Imprensa Nacional, 1943.

BANDEIRA, Moniz. *O governo de João Goulart*. Rio de Janeiro: Civilização Brasileira, 1983.

BARATA, Alexandre Mansur. *Maçonaria, sociabilidade ilustrada e Independência do Brasil, 1790-1822*. Juiz de Fora: UFJF/São Paulo: Annablume, 2006.

BARMAN, Roderick J. *Princesa Isabel do Brasil*. São Paulo: Unesp, 2005.

BARRETO, Célia de Barros. "Ação das sociedades secretas". In: HOLANDA, Sérgio Buarque de (dir.). *O Brasil Monárquico*: o processo de emancipação. Tomo II, vol.3. Rio de Janeiro: Bertrand Brasil, 2003, pp.215-234.

BARRETT, David V. *A brief history of secret societies*. Filadélfia: Running Press, 2007.

BARROS, João Alberto Lins de. *A marcha da Coluna*. Rio de Janeiro: BibliEx, 1997.

BARROSO, Gustavo. *À margem da história do Ceará*. Fortaleza: Imprensa Universitária do Ceará, 1962.

BETHELL, Leslie. "A Independência do Brasil". In: BETHELL, Leslie (org.) *História da América Latina*: da Independência a 1870. Vol. III. São Paulo: EdUSP; Imprensa Oficial do Estado; Brasília, DF; Fundação Alexandre de Gusmão, 2004, pp.187-230.

BETHELL, Leslie; CARVALHO, José Murilo de. "O Brasil da Independência a meados do século XIX". In: BETHELL, LESLIE (org.) *História da América Latina*: da Independência a 1870. Vol. III. São Paulo: EdUSP; Imprensa Oficial do Estado; Brasília, DF; Fundação Alexandre de Gusmão, 2004, pp.695-769.

BRUM, Eliane. *Coluna Prestes*. Porto Alegre: Artes e Ofícios, 1994.

BUBLITZ, Juliana. "A construção do Estado Nacional e o desenvolvimento do Brasil no pensamento de José Bonifácio de Andrada e Silva". In: *Revista Esboços*. Vol.13, n.15, UFSC, 2006, p.174-201.

CALDEIRA, Jorge (org.). *Diogo Antônio Feijó*. São Paulo: Ed.34, 1999.

CAMARGO, Aspásia; GÓIS, Walder de. *Meio século de combate*: diálogo com Cordeiro de Farias. Rio de Janeiro: Nova Fronteira, 1981.

CARNEIRO, Glauco. *História das revoluções brasileiras*. 2ª ed. Rio de Janeiro: Record, 1989.

CARNEIRO, Maria Luiza Tucci. *Guerreiras anônimas*: Por uma história da mulher judia. Projeto Integrado Arquivo Público do Estado e Universidade de São Paulo. Disponível em <http://www.usp.br/proin/download/artigo/artigo_guerreiras_anonimas.pdf>.

CARVALHO, Jarbas Sertório de. "O homicídio do desembargador Cláudio Manoel da Costa", *Revista do IHGSP*, São Paulo, vol. 51, p.43-79, 1953.

CARVALHO, José Murilo de. *Os bestializados*. São Paulo: Companhia das Letras, 1987.

____. *A formação das almas*. São Paulo: Companhia das Letras, 2004.

____. *A construção da ordem*. Rio de Janeiro: Civilização Brasileira, 2006.

____. *D. Pedro II*. São Paulo: Companhia das Letras, 2007.

____. (coord.). *A construção nacional 1830-1889*. Vol.2. São Paulo: Objetiva, 2014.

CASTELLANI, José. *A maçonaria e o movimento republicano brasileiro*. São Paulo: Traço, 1989.

____. *Os maçons na Independência do Brasil*. Londrina: A Trolha, 1993.

CASTRO, Celso. *Os militares e a República*. Rio de Janeiro: Zahar, 1995.

____. *A Proclamação da República*. Rio de Janeiro: Zahar, 2000.

CASTRO, Chico. *A Coluna Prestes no Piauí*. Brasília: Senado Federal, 2008.

CASTRO, Therezinha. *História documental do Brasil*. Rio de Janeiro: Record, 1968.

CHIAVENATO, Júlio José. *As várias faces da Inconfidência Mineira*. São Paulo: Contexto, 1989.

COMISSÃO NACIONAL DA VERDADE. *Relatório - Textos temáticos*. Vol.2. Brasília: CNV, 2014.

____. *Relatório — Mortos e desaparecidos políticos*. Vol.3. Brasília: CNV, 2014.

CONRAD, Robert. *Os últimos anos da escravatura no Brasil*. Rio de Janeiro: Civilização Brasileira, 1978.

COSTA E SILVA, Alberto da. *Um rio chamado Atlântico*. Rio de Janeiro: Nova Fronteira, 2003.

____ (coord.). *Crise colonial e Independência 1808-1830*. Vol.1. São Paulo: Objetiva, 2014.

COSTA, Emília Viotti da. *Da Monarquia à República*. 7ª ed. São Paulo: Unesp, 1999.

____. "O escravo na grande lavoura". In: HOLANDA, Sérgio Buarque de (dir.). *O Brasil Monárquico*: reações e transações. Rio de Janeiro: Bertrand Brasil, 2004, pp.165-225.

____. "Brasil: a Era da Reforma, 1870-1889". In: BETHELL, Leslie (org.) *História da América Latina*: de 1870 a 1930. Vol. V. São Paulo: EdUSP; Imprensa Oficial do Estado; Brasília, DF; Fundação Alexandre de Gusmão, 2008, pp.705-760.

COSTA, Frederico Guilherme. *A maçonaria e a emancipação do escravo*. Londrina: A Trolha, 1999.

COSTA, Sérgio Corrêa da. *As quatro coroas de D. Pedro I*. Rio de Janeiro: Casa do Livro, 1972.

CUNHA, Pedro Octávio Carneiro da. "A fundação de um Império Liberal". In: HOLANDA, Sérgio Buarque de (dir.). *O Brasil Monárquico*: o processo de emancipação. Rio de Janeiro: Bertrand Brasil, 2003.

DEL PRIORE, Mary; Venancio, Renato. *Uma breve história do Brasil*. São Paulo: Planeta, 2010.

DE LUCA, Tânia Regina. "Direitos sociais no Brasil". In: PINSKY, Jaime; PINSKY, Carla Bassanezi (org.). *História da cidadania*. São Paulo: Contexto: 2008.

DREIFUSS, René. *1964, a conquista do Estado*. Rio de Janeiro: Vozes, 2006.

DRUMMOND, José Augusto. *A Coluna Prestes, rebeldes errantes*. São Paulo: Brasiliense, 1985.

DONATO, Hernâni. *Dicionário das batalhas brasileiras*. 2ª ed. São Paulo: Ibrasa, 1996.

FAORO, Raymundo. *Os donos do poder*. 4ª ed. São Paulo: Globo, 2008.

FAUSTO, Boris. *A Revolução de 1930*. 5ª ed. São Paulo: Brasiliense, 1978.

____. *História do Brasil*. 12ª ed. São Paulo: EdUSP, 2007.

____. *Trabalho urbano e conflito social 1890-1920*. 2ª ed. São Paulo: Companhia das Letras, 2016.

FICO, Carlos. *História do Brasil contemporâneo*. São Paulo: Contexto, 2016.

FIGUEIREDO, Joaquim Gervásio de. *Dicionário de maçonaria*. São Paulo: Pensamento, 2011.

FIGUEIREDO, Lucas. *Ministério do silêncio*: a história do serviço secreto brasileiro de Washington Luís a Lula 1927-2005. Rio de Janeiro: Record, 2005.

FIGUEIREDO, Luciano (org.). *História do Brasil para ocupados*. Rio de Janeiro: Casa da Palavra, 2013.

FLORES, Hilda Agnes Hübner. *Mulheres na Guerra do Paraguai*. Porto Alegre: EdiPUCRS, 2010.

FLORES, Moacyr. *História do Rio Grande do Sul*. 9ª ed. Porto Alegre: Martins Livreiro, 2013.

FURTADO, João Pinto. *O manto de Penélope*. São Paulo: Companhia das Letras, 2002.

GASPAR, Tarcísio de Souza. *Palavras no chão*: murmurações e vozes em Minas Gerais no século XVIII. 2008. 452 f. Dissertação (Mestrado em História), UFF, Rio de Janeiro. 2008.

____. "Palavra de Tiradentes". In: FIGUEIREDO, Luciano (org.). *História do Brasil para ocupados*. Rio de Janeiro: Casa da Palavra, 2013.

GASPARI, Elio. *A ditadura envergonhada*. São Paulo: Companhia das Letras, 2002.

____. *A ditadura escancarada*. São Paulo: Companhia das Letras, 2002.

GOMES, Angela Maria de Castro; FERREIRA, Jorge (org.). *Jango*: as múltiplas faces. Rio de Janeiro: Editora FGV, 2007.

GOMES, Ângela de Castro. "Vargas exemplar". In: FIGUEIREDO, Luciano (org.). *História do Brasil para ocupados*. Rio de Janeiro: Casa da Palavra, 2013.

GOMES, Flávio dos Santos. *Negros e política (1888-1937)*. Rio de Janeiro: Zahar, 2005.

____. "Sonhando com a terra, construindo a cidadania". In: PINSKY, Jaime; PINSKY, Carla Bassanezi (org.). *História da cidadania*. São Paulo: Contexto: 2008.

GRAHAM, Maria. "Escorço biográfico de D. Pedro I, com uma notícia do Brasil e do Rio de Janeiro em seu tempo". In: ANAIS DA BIBLIOTECA NACIONAL. Vol.60. Rio de Janeiro: Serviço Gráfico do Ministério da Educação, 1940, p.68-176.

HARARI, Yuval Noah. *Sapiens*. 3ª ed. Porto Alegre: L&PM, 2015.

HERNANDEZ, Leila M. G. *Aliança Nacional Libertadora*. Porto Alegre: Mercado Aberto, 1985.

HERZ, Daniel. *A história secreta da Rede Globo*. Porto Alegre: Tchê!, 1987.

HOFBAUER, Andreas. *Uma história de branqueamento ou o negro em questão*. São Paulo: Ed. UNESP, 2006.

HOLANDA, Sérgio Buarque de (dir.). *O Brasil Monárquico*: o processo de emancipação. Coleção História Geral da Civilização Brasileira Tomo II, vol.3. 9ª ed. Rio de Janeiro: Bertrand Brasil, 2003.

____. *O Brasil Monárquico*: dispersão e unidade. Coleção História Geral da Civilização Brasileira Tomo II, vol.4. 8ª ed. Rio de Janeiro: Bertrand Brasil, 2004.

____. *O Brasil Monárquico*: reações e transações. Coleção História Geral da Civilização Brasileira Tomo II, vol.5. 8ª ed. Rio de Janeiro: Bertrand Brasil, 2004.

____. *O Brasil Monárquico*: do Império à República. Tomo II, vol. 7. 7ª ed. Rio de Janeiro: Bertrand Brasil, 2005.

HOLANDA, Sérgio Buarque de. *Raízes do Brasil*. São Paulo: Companhia das Letras, 2007.

ISAACSON, Walter. *Benjamin Franklin*. São Paulo: Companhia das Letras, 2015.

KANN, Bettina; LIMA, Patrícia Souza (pesquisa e seleção); JANCSÓ, István [et al.] (artigos). *D. Leopoldina*: cartas de uma imperatriz. São Paulo: Estação da Liberdade, 2006.

LACOMBE, Américo Jacobina; SILVA, Eduardo; BARBOSA, Francisco de Assis. *Rui Barbosa e a queima dos arquivos*. Brasília/Rio de Janeiro: Ministério da Justiça/ Fundação Casa de Rui Barbosa, 1988.

LIMA, Manuel de Oliveira. *D. João VI no Brasil*. 4ª ed. Rio de Janeiro: Topbooks, 2006.

____. *O movimento da Independência 1821-1822*. São Paulo: Melhoramentos, 1922.

LIMA, Valentina da Rocha; RAMOS, Plínio de Abreu. *Tancredo fala de Getúlio*: depoimento Programa de História Oral, CPDOC-FGV. Porto Alegre: L&PM, 1986.

LYRA, Heitor. *História da queda do Império*. São Paulo: Editora Nacional, 1964.

____. *História de dom Pedro II, 1825-1891*. Belo Horizonte/São Paulo: Itatiaia/USP, 1977.

LOPEZ, Luiz Roberto. *História do Brasil Imperial*. Porto Alegre: Mercado Aberto, 1982.

LUSTOSA, Isabel. *Histórias de presidentes*. Rio de Janeiro: Agir,2000.

LUZ, Milton. *A história dos símbolos nacionais*. Brasília: Senado Federal, 2005.

MACAULAY, Neill. *A Coluna Prestes*. São Paulo, Difel, 1977.

MAXWELL, Kenneth. *A devassa da devassa*. Rio de Janeiro: Paz e Terra, 1977.

MELLO, Evaldo Cabral de. *A outra Independência*. São Paulo: Editora 34, 2004.

MELLO, José Carlos. *Os tempos de Getúlio Vargas*. Rio de Janeiro: Topbooks, 2011.

MELLO E SOUZA, Laura de. *Cláudio Manuel da Costa*. São Paulo: Companhia das Letras, 2011.

MEREDITH, Martin. *O destino da África*. Rio de Janeiro: Zahar, 2017.

MINELLA, Ary César. *Banqueiros*: organização e poder político no Brasil. Rio de Janeiro: Anpocs, 1988.

MORAES, Maria Lygia Quartim de. "Cidadania no feminino". In: PINSKY, Jaime; PINSKY, Carla Bassanezi (org.). *História da cidadania*. São Paulo: Contexto: 2008.

MORAIS, Fernando. *Olga*. São Paulo: Alfa-Omega, 1987.

MOREL, Marco. *O período das Regências (1831-1840)*. Rio de Janeiro: Zahar, 2003.

____. "Maçonaria na luta". In: FIGUEIREDO, Luciano (org.). *História do Brasil para ocupados*. Rio de Janeiro: Casa da Palavra, 2013.

MOREL, Marco; BRITO, Leonardo (org.). *O Golpe começou em Washington*. Jundiaí: Paco Editorial, 2014.

MOTA, Carlos Guilherme. *A idéia de revolução no Brasil (1789-1801)*. 3ª ed. São Paulo: Cortez, 1989.

MOURA, Clóvis. *Dicionário da escravidão negra no Brasil*. São Paulo: EdUSP, 2004.

NETO, Lira. *O inimigo do rei*. São Paulo: Globo, 2006.

____. *Getúlio*: dos anos de formação à conquista do poder (1882-1930). São Paulo: Companhia das Letras, 2012.

____. *Getúlio*: do governo provisório à ditadura do Estado Novo (1930-1945). São Paulo: Companhia das Letras, 2013.

____. *Getúlio*: da volta pela consagração popular ao suicídio (1945-1954). São Paulo: Companhia das Letras, 2014.

NEVES, Lúcia Bastos Pereira das. "A vida política". In: COSTA E SILVA, Alberto da (coord.). *Crise colonial e Independência 1808-1830*. São Paulo: Objetiva, 2014, pp.75-113.

NICOLAU, Jairo. *História do voto no Brasil*. Rio de Janeiro: Jorge Zahar Ed., 2004.

PAIVA, Eduardo França. *Escravidão e universo cultural na colônia*. Belo Horizonte: Ed. UFMG, 2001.

PATROCÍNIO, José do. *Campanha abolicionista*. Rio de Janeiro: FBN, 1996.

PINSKY, Jaime; PINSKY, Carla Bassanezi (org.). *História da cidadania*. São Paulo: Contexto: 2008.

PRESTES, Anita Leocadia. *Luiz Carlos Prestes*. São Paulo: Boitempo, 2015.

_____. *Olga Benario Prestes*. São Paulo: Boitempo, 2017.

PRESTES, Maria. *Meu companheiro*. Rio de Janeiro: Rocco, 1992.

REIS, Daniel Aarão. *Ditadura militar, esquerdas e sociedade*. Rio de Janeiro: Zahar, 2005.

_____. *Luís Carlos Prestes*. São Paulo: Companhia das Letras, 2014.

REIS, João José. *Rebelião escrava no Brasil*. São Paulo: Companhia das Letras, 2003.

REIS, João José; SILVA, Eduardo. *Negociação e conflito*. São Paulo: Companhia das Letras, 1989.

REZZUTTI, Paulo. *D. Leopoldina*. Rio de Janeiro: Leya, 2017.

RICUPERO, Rubens. "O Brasil no mundo". In: COSTA E SILVA, Alberto da (coord.). *Crise colonial e Independência 1808-1830*. São Paulo: Objetiva, 2014, pp.115-159.

RODRIGUES, Sérgio. *Elza, a garota*. Nova Fronteira, 2008.

RUSSEL-WOOD, A.J.R. "O Brasil Colonial: o Ciclo do Ouro, c.1690-1750". In: BETHELL, Leslie (org.) *História da América Latina*: América Latina Colonial. Vol. II. São Paulo: EdUSP; Imprensa Oficial do Estado; Brasília, DF; Fundação Alexandre de Gusmão, 2004, pp.527-592.

SANT'ANNA, Sonia. *Inconfidências mineiras*. Rio de Janeiro: Jorge Zahar Editor, 2000.

SANTOS, Luiz Carlos. *Luiz Gama*. São Paulo: Selo Negro, 2010.

SEITENFUS, Ricardo Antônio Silva. *O Brasil de Getulio Vargas e a formação dos blocos*, 1930-1942. São Paulo: Companhia Editora Nacional, 1985.

SCHUMAHER, Schuma; BRAZIL, Érico Vital. *Dicionário mulheres do Brasil*. Rio de Janeiro: Zahar, 2000.

SCHWARCZ, Lilia Moritz. *As barbas do imperador*. São Paulo: Companhia das Letras, 1998.

SCHWARCZ, Lilia Moritz; STARLING, Heloisa Murgel. *Brasil:* uma biografia. São Paulo: Companhia das Letras, 2015.

SILVA, Elisiane da; NEVES, Gervásio Rodrigo; MARTINS, Liana Bach (org.). *José Bonifácio*. Brasília: Fundação Ulysses Guimarães, 2011.

SILVA, Hélio. *O poder militar*. 3ª ed. Porto Alegre: L&PM, 1987.

SILVA, Hélio; CARNEIRO, Maria Cecília Ribas. *Vargas*. São Paulo: Comunicação Três, 1984.

SILVA, Juremir Machado da. *Jango*. Porto Alegre: L&PM, 2013.

_____. *1964*. 6ª ed. Porto Alegre: Sulina, 2015.

SILVA, Michel. *Maçonaria no Brasil*. Jundiaí: Paco Editorial, 2015.

SILVA, Tiago Cesar da; FARIA E SILVA, Vanessa. "O outro lado da abolição: o envolvimento dos maçons e dos negros no processo de emancipação do trabalho escravo". In: *Escritos, Revista da Fundação Casa de Rui Barbosa*, Ano 4, nº 4, 2010, pp-319-339.

SOARES, Mozart Pereira. *O positivismo no Brasil*. Porto Alegre: AGE/Editora da UFRGS, 1998.

SODRÉ, Nelson Werneck. *A Intentona Comunista de 1935*. Porto Alegre: Mercado Aberto, 1986.

SOUZA, Paulo Cesar. *A Sabinada*. São Paulo: Brasiliense, 1987.

SOUZA, Octávio Tarquínio de. *Diogo Antônio Feijó*. História dos fundadores do Brasil. vol.7. Rio de Janeiro: José Olympio, 1960.

____. *Três golpes de Estado*. História dos fundadores do Brasil. vol.8. Rio de Janeiro: José Olympio, 1960.

____. *José Bonifácio*. Rio de Janeiro: Biblioteca do Exército/José Olympio, 1974.

TAVARES, Luís Henrique Dias. *História da sedição intentada na Bahia em 1798*. São Paulo/Brasília: Pioneira/INL, 1975.

____. *Da sedição de 1798 à revolta de 1824 na Bahia*. Salvador/São Paulo: EDUFBA/ UNESP, 2003.

TELAROLLI, Rodolpho. *Eleições e fraudes eleitorais na República Velha*. São Paulo: Brasiliense, 1982.

TENDLER, Sílvio; DIAS, Maurício. *Jango — Como, quando e por que se derruba um presidente*. Porto Alegre: L&PM, 1984.

THORNTON, John. *A África e os africanos na formação do Mundo Atlântico 1400-1800*. Rio de Janeiro: Elsevier, 2004.

TRESPACH, Rodrigo. *Histórias não (ou mal) contadas - Segunda Guerra Mundial*. Rio de Janeiro: HarperCollins Brasil, 2017.

____. "O golpe da maioridade". In: *Revista Leituras da História*, São Paulo, SP, n.95, p.58-62, 2016.

____. "O enlace que libertou o Brasil". In: *Revista Leituras da História*, São Paulo, SP, n.101, p.28-35, 2017.

VALIM, Patrícia. "Maria Quitéria vai à guerra". In: FIGUEIREDO, Luciano (org.). *História do Brasil para ocupados*. Rio de Janeiro: Casa da Palavra, 2013.

VARGAS, Alzira. *Getúlio Vargas, meu pai*. Rio de Janeiro: Objetiva, 2017.

VARGAS, Getúlio. *Diário*. São Paulo/Rio de Janeiro: Siciliano/FGV, 1995.

VERGARA, Luiz. *Fui secretário de Getúlio Vargas*. Rio de Janeiro: Globo, 1960.

VAINFAS, Ronaldo. *Trópico dos pecados*. Rio de Janeiro: Nova Fronteira, 1997.

VIANNA, Helio. *História do Brasil*. 7ª ed. 2 vol. Rio de Janeiro: Melhoramentos, 1970.

VIANNA, Maria Lúcia Teixeira Werneck. *Getúlio Vargas (1883-1954)*. Rio de Janeiro: Três, 2005.

VIANNA, Marly de Almeida Gomes. *Revolucionários de 35*. São Paulo: Companhia das Letras, 1992.

____. *Política e rebelião nos anos 30*. São Paulo: Editora Moderna, 1995.

VILLA, Marco Antonio. *Jango*. São Paulo: Globo, 2004.

____. *Collor Presidente*. Rio de Janeiro: Record, 2016.

WAINER, Samuel. *Minha razão de viver*. Rio de Janeiro: Record, 1987.

ARQUIVOS, INSTITUIÇÕES, FUNDAÇÕES, ORGANIZAÇÕES, JORNAIS E PERIÓDICOS CONSULTADOS

ACERVO *Folha de S. Paulo*, acervo.folha.uol.com.br

ACERVO *O Globo*, acervo.oglobo.globo.com

ADVOCACIA Gandra Martins, www.gandramartins.adv.br

AHMI — ARQUIVO Histórico Museu Imperial, www.museuimperial.gov.br

BANCO de Dados do Tráfico de Escravos Transatlântico, slavevoyages.org

BN — BIBLIOTECA Nacional, www.bn.gov.br

CÂMARA dos Deputados: www.camara.gov.br ou www2.camara.leg.br

CHDD — CENTRO de História e Documentação Diplomática: www.funag.gov.br

CNV — COMISSÃO Nacional da Verdade, www.cnv.gov.br

CONJUR, www.conjur.com.br

CPDOC-FGV — CENTRO de Pesquisa e Documentação de História Contemporânea do Brasil da Fundação Getúlio Vargas, cpdoc.fgv.br

EL País, brasil.elpais.com

FRENTE Integralista Brasileira, www.integralismo.org.br

FUNDAÇÃO Casa de Rui Barbosa, www.casaruibarbosa.gov.br

FUNDAÇÃO Joaquim Nabuco, www.fundaj.gov.br

GOB — GRANDE Oriente do Brasil, www.gob.org.br

GOSP — GRANDE Oriente de São Paulo, www.gosp.org.br

HEMEROTECA Digital — Biblioteca Nacional, memoria.bn.br

IHGSP — INSTITUTO Histórico e Geográfico de São Paulo, www.ihgsp.org.br

ILCP — INSTITUTO Luiz Carlos Prestes, www.ilcp.org.br

IMS — INSTITUTO Moreira Sales, www.ims.com.br/ims

MARXISTS Internet Archive, www.marxists.org

MEMÓRIAS da Ditadura, memoriasdaditadura.org.br

OPERAÇÃO Lava Jato/Ministério Público Federal, lavajato.mpf.mp.br

PALÁCIO do Planalto — Presidência da República, www.planalto.gov.br

PORTAL da Inconfidência Mineira, portaldainconfidencia.iof.mg.gov.br

REVISTA *Aventuras na História*, aventurasnahistoria.uol.com.br

REVISTA de História da Biblioteca Nacional, edições impressas

REVISTA *Leituras da História*, leiturasdahistoria.uol.com.br

REVISTA *Veja*, veja.abril.com.br

SENADO Federal, www.senado.gov.br

STF — SUPREMO Tribunal Federal, www.stf.jus.br

TIME, The Weekley Newsmagazine, time.com

TSE — TRIBUNAL Superior Eleitoral, www.tse.jus.br

NOTAS

CONJURAÇÃO DE RICOS ENDIVIDADOS

1. Ver os detalhes do dia nos relatos do frei José Carlos de Jesus Maria do Desterro, de 2 maio 1792, em *Autos de Devassa*, vol. 9, p.95-114, e do frei Raimundo de Penaforte, de 30 jun. 1792, Ibid., vol. 9, p.162-177.
2. João Furtado, *O manto de Penélope*, p.21-22.
3. A. J. R. Russel-Wood, "O Ciclo do Ouro", p.519.
4. João Furtado, *O manto de Penélope*, p.24.
5. Kenneth Maxwell, *A devassa da devassa*, p.300.
6. Carlos G. Mota, *A idéia de revolução no Brasil (1789-1801)*, p.63.
7. Tarcísio de S. Gaspar, "Palavra de Tiradentes", p. 466.
8. *Autos de Devassa*, vol. 5, p.37, 122, 142, 143 e 182. Conforme os depoimentos de Tiradentes e de Freire de Andrade, Alvarenga Peixoto teria sugerido o índio, mas este afirma em seu próprio depoimento que foi Cláudio Manoel da Costa o autor da ideia.
9. Júlio Chiavenato, *As várias faces da Inconfidência Mineira*, p.52.
10. *Autos de Devassa*, vol. 1, p.98.
11. Ver descrições dos sequestros dos bens em *Autos de Devassa*, vol. 6, p.57 e seguintes.
12. Kenneth Maxwell, *A devassa da devassa*, p.222.
13. *Autos de Devassa*, vol. 9, p.27-28 e 455-458; vol.7, p.235-238, 252.
14. *Autos de Devassa*, vol.7, p.61.
15. *Autos de Devassa*, vol. 9, p.101.
16. José Murilo de Carvalho, *A formação das almas*, p.68.
17. José Afonso Mendonça de Azevedo, "Inconfidência Mineira", em "Documentos do Arquivo da Casa dos Contos", p.176.
18. José Afonso de Azevedo, "Inconfidência Mineira", p.174.
19. Jarbas Sertório de Carvalho, "O Homicídio do Desembargador Cláudio Manoel da Costa", p.53.
20. *Autos de Devassa*, vol. 2, p.136-138; Jarbas Sertório de Carvalho, "O Homicídio do Desembargador Cláudio Manoel da Costa", p.75-76.
21. Laura de Mello e Souza, *Cláudio Manuel da Costa*, p.190.

(DES)ARRANJO POLÍTICO

22. "Lembranças e apontamentos", em Elisiane da Silva e outros, *José Bonifácio*, p.111.

HISTÓRIAS NÃO (OU MAL) CONTADAS

23. Oliveira Lima, *D. João VI no Brasil*, p.21.
24. Oliveira Lima, *O movimento da independência 1821–1822*, p. 156.
25. Sérgio da Costa, *As quatro coroas de D. Pedro I*, p.20.
26. Alexandre Barata, *Maçonaria, sociabilidade ilustrada e independência do Brasil*, p.224; Octávio Tarquínio de Sousa, *José Bonifácio*, p.140.
27. José Castellani, *Os maçons a independência do Brasil*, p.103.
28. Rodrigo Trespach, "O enlace que libertou o Brasil", p.35.
29. Boris Fausto, *História do Brasil*, p.148; Helio Vianna, *História do Brasil*, vol.2, p.77.
30. AHMI, Maço 49, doc. 2180. Ver Alexandre Barata, *Maçonaria, sociabilidade ilustrada e independência do Brasil*, p.229.
31. Pedro Octávio Carneiro da Cunha, "A fundação de um império liberal", p.281.
32. Otávio Tarquínio de Souza, *Três golpes de estado*, p.89.
33. Lúcia Neves, "A vida política", p.104; Lilia Schwarcz e Heloisa Starling, *Brasil: uma biografia*, p.234.
34. Sérgio B. de Holanda, *Raízes do Brasil*, p.160.
35. *Coleção de leis do Império do Brasil — 1823*, vol.1, p.85.
36. A Constituição de 1824 está disponível no site da Câmara dos Deputados, em www.camara.gov.br.
37. Maria Graham, "Escorço biográfico de D. Pedro I", p.84.
38. "Ideias sobre a organização política do Brasil", em Elisiane da Silva e outros, *José Bonifácio*, p.126.
39. "Representação à Assembleia Geral Constituinte", em Elisiane da Silva e outros, *José Bonifácio*, p.163 e 181.
40. Juliana Bublitz, "A construção do Estado Nacional e o desenvolvimento do Brasil", p.174.
41. "Lembranças e apontamentos", em Elisiane da Silva e outros, *José Bonifácio*, p.117.
42. Rubens Ricupero, "O Brasil no mundo", p.139.
43. Leslie Bethell e José Murilo de Carvalho, "O Brasil da independência a meados do século XIX", p.702.
44. Carta de Bonifácio, de 19 nov. 1825, Sessão de Manuscritos, BN, RJ.
45. Lilia Schwarcz e Heloisa Starling, *Brasil: uma biografia*, p.221.

QUANDO A NAÇÃO DISPENSA A LEI

46. José Murilo de Carvalho, "A vida política", em *A construção nacional 1830–1889*, p.83.
47. Jorge Caldeira, *Diogo Antônio Feijó*, p.11.
48. Otávio Tarquínio de Souza, *Diogo Antônio Feijó*, p. 245.
49. Leslie Bethell e José Murilo de Carvalho, "O Brasil da independência a meados do século XIX", p.718.
50. Hernâni Donato, *Dicionário das batalhas brasileiras*, p.116.

51. Sérgio Buarque de Holanda, *Raízes do Brasil*, p.182.
52. Lilia Schwarcz e Heloisa Starling, *Brasil: uma biografia*, p. 280.
53. Rodrigo Trespach, *Quatro dias em abril*, p. 24.
54. Boris Fausto, *História do Brasil*, p.181.
55. Lira Neto, *O inimigo do rei*, p.31.
56. Lira Neto, *O inimigo do rei*, p.31.
57. José Murilo de Carvalho, *D. Pedro II*, p.39.
58. Otávio Tarquínio de Souza, *Três golpes de estado*, p.172.
59. Lilia Schwarcz, *As barbas do imperador*, p.68.
60. Boris Fausto, *História do Brasil*, p.180.
61. Rodrigo Trespach, "O golpe da maioridade", p.59-60.
62. José Murilo de Carvalho, *D. Pedro II*, p.50.
63. Roderick Barman, *Princesa Isabel do Brasil*, p.33.
64. Lilia Schwarcz, *As barbas do imperador*, p.76.
65. Rodrigo Trespach, "O golpe da maioridade", p.62.

CAMÉLIAS BRANCAS
66. Lilia Schwarcz e Heloisa Starling, *Brasil: uma biografia*, p. 83; Martin Meredith, *O destino da África*, p.12.
67. Alberto da Costa e Silva, *Um rio chamado Atlântico*, p.170.
68. Andreas Hofbauer, *Uma história de branqueamento ou o negro em questão*, p.114.
69. Luís Tavares, *História da sedição intentada na Bahia em 1798*, p.115.
70. Mary del Priore e Renato Venancio, *Uma breve história do Brasil*, p.207.
71. Eduardo Paiva, *Escravidão e universo cultural na colônia*, p.151.
72. Andreas Hofbauer, *Uma história de branqueamento ou o negro em questão*, p.144.
73. Emília Costa, "O escravo na grande lavoura", p.178.
74. Ronaldo Vainfas, *Trópico dos pecados*, p.179-180.
75. John Thornton, *A África e os africanos*, p.357.
76. João Reis e Eduardo Silva, *Negociação e conflito*, p.14.
77. Flávio Gomes, "Sonhando com a terra, construindo a cidadania", p.449.
78. João Reis, *Rebelião escrava no Brasil*, p.102.
79. João Reis, *Rebelião escrava no Brasil*, p.176 e 453.
80. Clóvis Moura, *Dicionário da escravidão negra no Brasil*, p.104.
81. Lilia Schwarcz e Heloisa Starling, *Brasil: uma biografia*, p. 97.
82. Angela Alonso, *Flores, votos e balas*, p.429.
83. Angela Alonso, *Flores, votos e balas*, p.355.
84. Robert Conrad, *Os últimos anos da escravatura no Brasil*, p.331.
85. Robert Conrad, *Os últimos anos da escravatura no Brasil*, p.18.
86. Mary del Priore e Renato Venancio, *Uma breve história do Brasil*, p.210.

87. Robert Conrad, *Os últimos anos da escravatura no Brasil*, p.334.
88. Américo Lacombe e outros, *Rui Barbosa e a queima dos arquivos*, p.11.
89. Robert Conrad, *Os últimos anos da escravatura no Brasil*, p.33.
90. José do Patrocínio, *Campanha abolicionista*, p.275.
91. Clóvis Moura, *Dicionário da escravidão negra no Brasil*, p.181.

AO SOM DA MARSELHESA

92. Relatos diversos. Ver, por exemplo, Heitor Lyra, *História da queda do Império*; José Murilo de Carvalho, *A formação das almas*; e Celso Castro, *Os militares e a República*.
93. Celso Castro, *Os militares e a República*, p.63-64.
94. Mozart Soares, *O positivismo no Brasil*, p.94.
95. Celso Castro, *Os militares e a República*, p.176.
96. Heitor Lyra, *História da queda do Império*, v.2, p.365.
97. Heitor Lyra, *História da queda do Império*, v.2, p.381.
98. Heitor Lyra, *História de dom Pedro II*, v.3, p.97.
99. Boris Fausto, *História do Brasil*, p.245.
100. Lilia Schwarcz e Heloisa Starling, *Brasil: uma biografia*, p. 316.
101. Celso Castro, *Os militares e a República*, p.193.
102. Heitor Lyra, *História de dom Pedro II*, v.3, p.158.
103. Jornal *O Paiz*, 21 abr. 1894, p.1. Hemeroteca da Biblioteca Nacional.
104. "Uma dúvida histórica — a bandeira da revolução de 1889", jornal *O Paiz*, 20 nov. 1912, p.1 e 2. Hemeroteca da Biblioteca Nacional.
105. José Murilo de Carvalho, *A formação das almas*, p.112.
106. Milton Luz, *A história dos símbolos nacionais*, p.77.
107. Celso Castro, *Os militares e a República*, p.79.
108. José Murilo de Carvalho, *Os bestializados*, p.45.
109. Emília da Costa, "Brasil, a Era da Reforma", p.759.
110. Jairo Nicolau, *História do voto no Brasil*, p. 26-27. A Constituição de 1891 está disponível no site da Câmara dos Deputados, em www.camara.gov.br.

PEDREIROS-LIVRES

111. Nicola Aslan, *A maçonaria operativa*, p. 127-130 e 140.
112. Nicola Aslan, *História geral da maçonaria*, p.18; e *A maçonaria operativa*, p. 294 e 297.
113. Célia Barreto, "Ação das sociedades secretas", p.218.
114. David Barrett, *A brief history of secret societies*, p.109.
115. Octávio Tarquínio de Sousa, *José Bonifácio*, p.12.
116. Nicola Aslan, *A maçonaria operativa*, p. 38.
117. Luís Tavares, *Da sedição de 1798 à revolta de 1824 na Bahia*, p.37.
118. Célia Barreto, "Ação das sociedades secretas", p.224.

119. Luís Tavares, *História da sedição intentada na Bahia em 1798*, p.94.
120. Evaldo C. de Mello, *A outra Independência*, p.36.
121. Marco Morel, "Maçonaria na luta", p.134.
122. Nicola Aslan, *História geral da maçonaria*, p.91.
123. Emília Costa, *Da Monarquia à República*, p.80-81.
124. Carlos Dienstbach, *A maçonaria gaúcha*, vol.1, p.25.
125. Alexandre Barata, *Maçonaria, sociabilidade ilustrada e Independência do Brasil*, p.226.
126. Carlos Dienstbach, *A maçonaria gaúcha*, vol.3, p.519; v.4, p.649.
127. José Castellani, *A maçonaria e o movimento republicano brasileiro*, p.123.
128. José Castellani, *A maçonaria e o movimento republicano brasileiro*, p.30.
129. Frederico Costa, *A maçonaria e a emancipação do escravo*, p.140.
130. Tiago da Silva e Vanessa Faria e Silva, "O outro lado da abolição", p.326.
131. Ver *Memória sobre a eleição presidencial*, Rui Barbosa, *Obras completas*, Tomo II, v. 37, p.332, disponível em Fundação Casa de Rui Barbosa www. casaruibarbosa.gov.br.

MULHERES DO BRASIL

132. Rodrigo Trespach, "O enlace que libertou o Brasil", p.35.
133. Paulo Rezzutti, *D. Leopoldina*, p.236.
134. Patrícia Valim, "Maria Quitéria vai à guerra", p.397.
135. Maria de Moraes, "Cidadania no feminino", p.506.
136. Luiz Santos, *Luiz Gama*, p.17-18.
137. João Reis, *Rebelião escrava no Brasil*, p.303.
138. Maria de Moraes, "Cidadania no feminino", p.506.
139. Hilda Flores, *Mulheres na Guerra do Paraguai*, p.42.
140. Gustavo Barroso, *À margem da história do Ceará*, p.263.
141. Hilda Flores, *Mulheres na Guerra do Paraguai*, p.35.
142. Schuma Schumaher e Érico Brazil, *Dicionário das Mulheres do Brasil*, p.302.
143. Roderick Barman, *Princesa Isabel do Brasil*, p.31.
144. Rodolpho Telarolli, *Eleições e fraudes eleitorais na República Velha*, p.17.
145. Schuma Schumaher e Érico Brazil, *Dicionário das Mulheres do Brasil*, p.319.
146. Maria de Moraes, "Cidadania no feminino", p.508.
147. Schuma Schumaher e Érico Brazil, *Dicionário das Mulheres do Brasil*, p.112.
148. Schuma Schumaher e Érico Brazil, *Dicionário das Mulheres do Brasil*, p.147-148.
149. Lilia Schwarcz e Heloisa Starling, *Brasil: uma biografia*, p. 365.
150. Em jornais da época, nome e sobrenome também grafados como "Jenny" e "Gleizer". Sobre a história de Gleiser, ver Maria Tucci Carneiro, *Guerreiras anônimas*.
151. Fernando Morais, *Olga*, p.188.

TENENTES, VERMELHOS E GALINHAS VERDES

152. Glauco Carneiro, *História das revoluções brasileiras*, p.231.
153. Anita Prestes, *Luiz Carlos Prestes*, p.62.
154. Hernâni Donato, *Dicionário das batalhas brasileiras*, p.159-160.
155. José Augusto Drummond, *A Coluna Prestes*, p.11.
156. Chico Castro, *A Coluna Prestes no Piauí*, p.191.
157. Eliane Brum, *Coluna Prestes*, p.59; Neill Macaulay, *A Coluna Prestes*, p.148.
158. Neill Macaulay, *A Coluna Prestes*, p.146; João Alberto Lins de Barros, *A Marcha da Coluna*, p.133.
159. Anita Prestes, *Luiz Carlos Prestes*, p.247; Maria Prestes, *Meu companheiro*, p.188.
160. Referências biográficas de Prestes estão, entre outras fontes, em Anita Prestes, *Luiz Carlos Prestes*. Optamos por usar "Luiz Carlos", com z, como usado pelo próprio e também pelo instituto que leva o seu nome, em detrimento de "Luís Carlos", com s, usado pela bibliografia recente.
161. Aspásia Camargo e Walder de Góis, *Meio século de combate*, p.126.
162. Glauco Carneiro, *História das revoluções brasileiras*, p. 272.
163. Ricardo Seitenfus, *O Brasil de Getúlio Vargas*, p.48.
164. Leila Hernandez, *Aliança Nacional Libertadora*, p.38-40.
165. Aspásia Camargo e Walder de Góis, *Meio século de combate*, p.126.
166. William Waack, *Camaradas*, p.100; Fernando Morais, *Olga*, p.51.
167. Fernando Morais, *Olga*, p.93.
168. Marly Vianna, *Revolucionários de 35*, p.211, 235 e seg.
169. Anita Prestes, *Olga Benario Prestes*, p.131-132.
170. Anita Prestes, *Luiz Carlos Prestes*, p.192.
171. Marly Vianna, *Revolucionários de 35*, p.304.
172. William Waack, *Camaradas*, p.115 e 196.
173. Maria Prestes, *Meu companheiro*, p.23 e 135.
174. Ricardo Seitenfus, *O Brasil de Getulio Vargas*, p.53.
175. Boris Fausto, *História do Brasil*, p.356.
176. Fúlvio Abramo, *A revoada dos galinhas verdes*, p.187.
177. Ricardo Seitenfus, *O Brasil de Getulio Vargas*, p.196; Lira Neto, *Getúlio Vargas (1930-1945)*, p.337.

A ESFINGE DOS PAMPAS

178. Sobre o dia, ver relatos em Alzira Vargas, *Getúlio Vargas, meu pai*, e Lira Neto, *Getúlio, 1945-1954*.
179. Valentina Lima e Plínio Ramos, *Tancredo fala de Getúlio*, p.61.
180. Ângela Gomes, "Vargas exemplar", p.457.
181. Lira Neto, *Getúlio (1882-1930)*, p.23.

182. Lira Neto, *Getúlio (1882-1930)*, p.120.
183. Luiz Vergara, *Fui secretário de Getúlio Vargas*, p.237.
184. Lira Neto, *Getúlio (1882-1930)*, p.239.
185. Luiz Vergara, *Fui secretário de Getúlio Vargas*, p.234.
186. Alzira Vargas, *Getúlio Vargas, meu pai*, p.27.
187. Getúlio Vargas, *Diário*, vol.2, p.209.
188. Lira Neto, *Getúlio (1882-1930)*, p.520.
189. Boris Fausto, *História do Brasil*, p.376.
190. Rodrigo Trespach, *Histórias não (ou mal) contadas — Segunda Guerra Mundial*, p.148.
191. Tânia de Luca, "Direitos sociais no Brasil", p.484-485.
192. Samuel Wainer, *Minha razão de viver*, p.181.
193. Ver Elisabeth von der Weid, "A expansão da Rio de Janeiro Tramway Light and Power ou as origens do 'Polvo Canadense'", disponível no site da Fundação Casa de Rui Barbosa; e Angela Lúcia Ferreira e outros, "Os donos da luz", disponível em http://www.ub.edu/geocrit/Simposio/cFerreiraetal_Osdonos.pdf.
194. Boris Fausto, *História do Brasil*, p.542.
195. Getúlio Vargas, *Diário*, vol.1, p.60.
196. Getúlio Vargas, *Diário*, vol.1, p.119.
197. Lira Neto, *Getúlio (1945-1954)*, p.324.
198. Maria Lúcia Vianna, *Getúlio Vargas*, p.209.
199. Getúlio Vargas, *Diário*, vol.1, p.116; Lira Neto, *Getúlio Vargas (1930-1945)*, p.468.
200. Maria Lúcia Vianna, *Getúlio Vargas*, p.181.

A DEMOCRACIA ESTRAÇALHADA

201. Elio Gaspari, *A ditadura envergonhada*, p.111-115.
202. Moniz Bandeira, *O governo João Goulart*, p.25.
203. Moniz Bandeira, *O governo João Goulart*, p.26.
204. Marco Antonio Villa, *Jango*, p.237.
205. Depoimento de Maria Thereza, em Angela Maria de Castro Gomes e Jorge Ferreira, *Jango*, p.25.
206. Marco Antonio Villa, *Jango*, p.33.
207. Juremir da Silva, *Jango*, p. 371. Ver entrevista de Bandeira à revista *Carta Capital*, em 13 nov.2013, disponível em https://www.cartacapital.com.br/politica/a-memoria-de-jango-esta-sendo-dilapidada-5675.html.
208. Denise Assis, *Propaganda e cinema a serviço do golpe*, p.31; René Dreifuss, *1964, a conquista do Estado*, p.247; Boris Fausto, *História do Brasil*, 453.

209. Moniz Bandeira, *O governo João Goulart*, p.174-175.
210. Hélio Silva, *O poder militar*, p.169.
211. Moniz Bandeira, *O governo João Goulart*, p.164; Juremir da Silva, *1964*, p.31.
212. Alberto Dines, *Os idos de março e a queda em abril*, p.340.
213. Hélio Silva, *O poder militar*, p.411.
214. Sílvio Tendler e Maurício Dias, *Jango — Como, quando e por que se derruba um presidente*, p.83.
215. Boris Fausto, *História do Brasil*, 475; Mary del Priore e Renato Venancio, *Uma breve história do Brasil*, p.279.
216. Elio Gaspari, *A ditadura envergonhada*, p.130-131.
217. CNV, *Relatório — Mortos e desaparecidos políticos*, p.26.
218. Mark Almond, *O livro de ouro das revoluções*, p.115 e 127. Ver também Rodrigo Trespach, *Histórias não (ou mal) contadas — Segunda Guerra Mundial*, p.61.
219. Elio Gaspari, *A ditadura escancarada*, p.200.
220. CNV, *Relatório — Mortos e desaparecidos políticos*, p.501.
221. A obra de Marighella, *O minimanual do guerrilheiro urbano*, pode ser acessada em https://www.marxists.org/portugues/marighella/1969/manual/index.htm.
222. Daniel Reis, *Ditadura militar, esquerdas e sociedade*, p.54.
223. CNV, *Relatório — Textos temáticos*, p.303-304.
224. Lucas Figueiredo, *Ministério do silêncio*, p.259.
225. Ary Minella, *Banqueiros*, p.134.
226. Daniel Herz, *A história secreta da Rede Globo*, p.239.
227. Daniel Herz, *A história secreta da Rede Globo*, p.25.

IMPEDIDOS

228. A lei e demais informações sobre os processos de impeachment podem ser acessadas no portal da Câmara dos Deputados, em http://www2.camara.leg.br.
229. Lira Neto, *Getúlio (1945-1954)*, p.292.
230. Ver páginas na internet dos jornais *El País*, *O Globo* e *Folha de S. Paulo*.
231. Carlos Fico, *História do Brasil contemporâneo*, p.20.
232. Carlos Fico, *História do Brasil contemporâneo*, p.7.
233. Isabel Lustosa, *Histórias de presidentes*, p.220.
234. Hélio Silva, *O poder militar*, p.175.
235. Lucas Figueiredo, *Ministério do silêncio*, p.464, e Lilia Schwarcz e Heloisa Starling, *Brasil: uma biografia*, p. 493.
236. A íntegra da entrevista está disponível na página da revista *Veja*, em http://veja.abril.com.br/blog/

reinaldo/a-entrevista-que-pedro-concedeu-a-veja-ha-20-anos-e-que-esta-
-na-raiz-do-odio-que-fernando-collor-tem-da-revista/.

237. Ver Elio Gaspari, *A ditadura escancarada*.

238. O parecer sobre o impeachment e outros textos de Gandra Martins sobre política estão disponíveis na página do jurista: www.gandramartins.adv.br. Ver também a página do ConJur: www.conjur.com.br.

239. A íntegra do pronunciamento está disponível na página da revista *Veja*, em http://veja.abril.com.br/politica/leia-a-integra-do-pronunciamento-de-
-dilma-ao-senado/.

240. Sobre a Lava Jato, ver http://lavajato.mpf.mp.br

241. As fontes consultadas foram as mais diversas, todas mencionadas na bibliografia. Ver, por exemplo, *Os presidentes e a República*, publicação do Arquivo Nacional, e os dois dicionários organizados por Alzira Alves de Abreu: *Dicionário histórico-biográfico da Primeira República (1889-1930)* e *Dicionário histórico-biográfico brasileiro pós 1930*, publicados pela Fundação Getúlio Vargas.

NÃO DEIXE DE LER

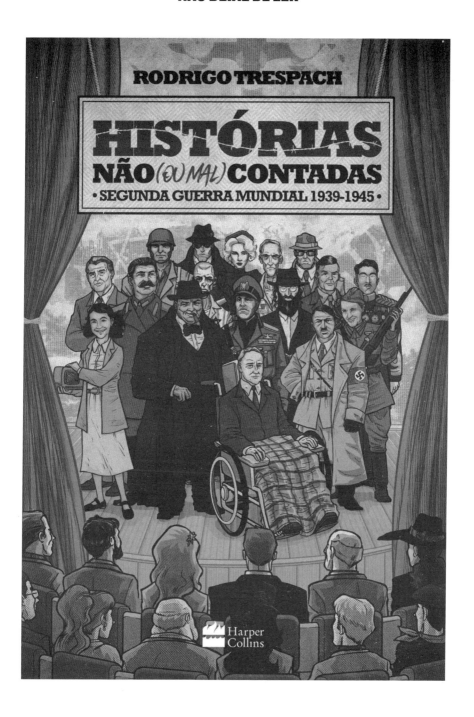

*Este livro foi composto em Leitura Two
e impresso pela Exklusiva sobre papel pólen soft 80g/m²
para a HarperCollins Brasil em 2019.*